사랑과 노동

Dorothee Sölle
LIEBEN UND ARBEITEN: EINE THEOLOGIE DER SCHÖPFUNG

Translated by Kyungmi Park
Korean translation copyright © 2018 by Benedict Press, Waegwan, Korea.
Korean translation rights arranged with Hoffmann und Campe Verlag, Hamburg, Germany

사랑과 노동
창조의 신학

2018년 9월 28일 교회 인가
2018년 12월 6일 초판 1쇄

지은이   도로테 쥘레
옮긴이   박경미
펴낸이   박현동
펴낸곳   성 베네딕도회 왜관수도원 ⓒ 분도출판사
찍은곳   분도인쇄소

등록   1962년 5월 7일 라15호
주소   04606 서울시 중구 장충단로 188 분도빌딩(분도출판사 편집부)
          39889 경북 칠곡군 왜관읍 관문로 61(분도인쇄소)
전화   02-2266-3605(분도출판사) · 054-970-2400(분도인쇄소)
팩스   02-2271-3605(분도출판사) · 054-971-0179(분도인쇄소)
홈페이지 www.bundobook.co.kr

ISBN 978-89-419-1820-2   03230

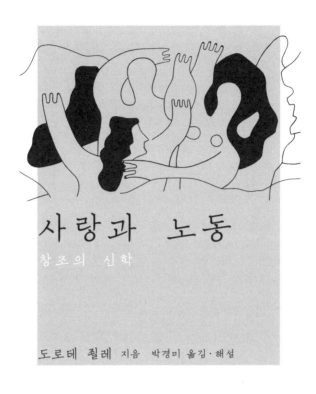

사랑과 노동

창조의 신학

도로테 죌레 지음 박경미 옮김·해설

분도출판사

차 례

이 책은 세계 곳곳을 돌아다니며 긴 여행을 했다. 아메리카와 유럽, 기술 수준이 낮은 과거와 첨단 기술이 발전된 미래, 핵무기 경쟁 시대와 인류를 괴롭고 지루한 노동에서 해방시킬 세계사의 새로운 시기 등을 두루 만나 보았다. 이 책은 내가 1983년 봄에 뉴욕 유니언 신학교에서 했던 강의 "창조, 노동, 성"을 기초로 한 것이다. 학생들은 질문과 열띤 토론을 통해 차이에 대한 나의 의식을 예민하게 해 주었다. 나중에 나는 뉴욕에서 셜리 클로이즈와 함께 녹음테이프, 강의 노트 그리고 다른 자료들로 영어 원고를 만들었다. 이 원고는 『노동과 사랑: 창조의 신학』*To work and to love – a theology of creation*(Fortress Press 1984)이라는 제목으로 출간되었다. 엘리자베스 쉬슬러 피오렌자는 한 서평에서 이 책이 여성해방적 내용으로 채워져 있음에도 '여성해방적'이라는 형용사가 부제에서 빠진 것을 비판적으로 지적했다. 나는 분별력 있는 여성 독자라면 이 책이 여성신학적 관점에서 창조신학을 다루고 있는 책이라는 것을 모를 리 없다고 생각한다.

딩시 슈두트가르트의 크로이츠 출판사 편집자였던 헬무트 바이겔이 이 책을 독일어로 번역했고, 나는 이 번역본에 독일어권의 사례들과 자료들을 첨가했다. 1985년에 출간된 이 독일어 번역본의 원고를 기초로 1998년 가을에 나는 몇 군데 줄이고 일부 수정했다. "창조의 파괴"라는 표현에서 핵의 위협이 두드러졌던 당시 상황이 명확하게 언급되었다. 그러나 창조를 파괴하는 형태들은 다양하다. 시대는 바뀐다. '상황' 신학은 그 변화에 반응해야 한다.

창조와 관련해서 과거나 지금이나 나를 사로잡는 근본적인 물음 가운데 하나는 인간적이고 해방적인 노동의 신학에 관한 물음이다. 그러나 이 물음은 그리스도교적 성찰이 이루어지는 많은 글들에서 빠져 있거나 전적으로 왜곡되어 있다. 제3천년기로 넘어가는 시기에, 또는 제3천년기가 시작되는 시기에(나는 1998년이라고 구체적으로 명시하고 싶다) 이 물음은 예리하게 제기되었다. 오늘날 이 물음은 여러 곳에서 생산적으로 새롭게 숙고되고 있다.[1] 생각 기계들과 컴퓨터가 새로운 '노동 없는 공장들'을 만들어 내는 3차 산업혁명과 관련해서 제레미 리프킨은 자신의 책(1995)에서 "노동의 종말"을 실감나게 비관적으로 기술했다. 세계경제는 어쩔 수 없이 노동 없는 시대로 나아가는가, 아니면 대다수의 사람들이 대가를 받는 노동을 잃게 될 뿐인가? 그리고 인간의 노동은 기계의 노동으로 대체될 것인가, 아니면 인간이 새로운 더욱 창조적인 형태의 노동을 찾아낼 것인가?

산업가부장주의의 영향을 받은 현대 사상은 한 인간의 가치를 그의 노동력의 시장가치로 평가한다. 그러나 자동화된 세계에서 '노동력'이라는 상품은 갈수록 쓸모없게 된다. 임금노동과는 다른 노동에 대한 이해는 없을까? 나는 성경이 이러한 새로운 생각을 하는 데 도움을 줄 수 있다고 생각한다. 노동에 대한 새로운 생각은 신자유주의의 야만성에 대한 당연한 비판을 넘어설 것이다. 우리가 종교라는 태고의 세계 공통 언어와 대화를 하다 보면, 인간의 노동에 대한 인간적이고 지속적인 이해를 위해 어떠한 근본적인 조건들이 있는지 더욱 분명하게 드러날 것이다.

이 빈약한 상품인 노동을 어떻게 하면 더 잘 분배할 수 있을지에 대해 치열하게 토론하다 보면, 신학적 인간학의 한 자락이 필요하게 될 것이라고 생각한다. 노동은 창조라는 더욱 큰 맥락 안에 들어온다. 그리고 지속가능한 생태계와 경제 정의를 결합한 '생태정의'(ecojustice)라는 목표에 좀 더 가까이 다가가려면, 데카르트가 말한 "자연의 주인이자 소유자"로서의 영성과는 다른 영성이 필요할 것이다. 이와 관련해서 임금노동으로 정의되지 않는 노동에 대해 근본적으로 성찰하는 이 책은 그 자체로서 새로운 현실성을 지닌다. 또한 오늘날 인간의 성性은 쾌락에 적대적인 교회의 금령에 의해 여전히 위협받을 뿐 아니라 지나치게 효율적인 소비주의에 의해서도 위협받고 있다. 이러한 인간의 성에 대해서도 이 책은 새로운 현실성을 지닌다고 할 수 있다.

창조와 노동과 성에 대한 나의 성찰은 여러 사람과의 협업을 통해 이루어졌다. 특별히 루이제 쇼트로프와 마리아 미즈, 로즈마리 류터와의 대화는 내가 에코페미니즘에 입문하는 데 도움을 주었다.[2] 좋은 노동에 대한 꿈을 꾸면서 우리는 그 꿈을 조금 이루었고, 만인 공통의 노동권을 좀 덜 개인주의적으로, 그리고 좀 더 협동적으로 추구해 왔다. 멕시코 치아파스의 반군들이 그들의 비전을 공식화한 것처럼, 우리는 "모든 사람에게 자리가 있는" 세계에서 그렇게 해 왔다. 우리는 노동하고 사랑할 수 있도록 창조되었다.

1998년 가을 함부르크에서

도로테 죌레

1
창조의 하느님을 찬미하는 데
어떤 어려움이 있는가?

"하느님께서 보시니 손수 만드신 모든 것이 참 좋았다"(창세 1,31). 인간과 다른 피조물들에 대해 성경의 하느님이 하신 말씀이다. 이 말에 그대로 동조하기는 어렵다. 피조 세계는 정말로 '좋은가?' 하느님이 만드신 것은 모두 '참 좋은가?' 이 책은 하느님의 이 말씀에 동의하고자 하는 바람에서 시작되었다. 나의 바람은 여러 번 좌절되었지만, 결국에는 우리가 피조 세계를 찬미할 수 있게 되었으면 하는 것이 이 책의 목적이다. 겉으로 보이는 세계의 모습과 내가 겪은 부정적인 경험에도 불구하고 나는 하느님의 이 말씀에 동의하고 싶다. 그렇게 한다고 해서 20세기 말에 살고 있는 내가 문제를 해결할 수 있는 것은 아니지만 한 가지는 분명하다. 피조 세계를 찬미할 수 있는 우리의 능력은 우리가 피조 세계에 얼마나 참여하는가에 달려 있다는 것이다. 관계 없이는 동의도 없다. 수동적으로든 능동적으로든 피조 세계에 참여할 때 비로소 우리는 피조 세계를 긍정하고 사랑하고 찬미할 수 있다.

피조 세계에 참여하고 관계를 맺고 또 그것과 협동한다는 말은 무엇을 의미하는가? 시멘트로 뒤덮인 황량한 대도시 뉴욕 브로드웨이 거리에 핀 한 떨기 목련화를 떠올려 본다. 이 목련화와 살아 있는 관계를 맺을 때 비로소 나는 이 한 조각의 자연, 동료 피조물을 찬미할 수 있다. 찬미한다는 것은 온전히 구체적으로 존재하는 이 목련화에 대한 내적 지식을 내가 갖게 되었음을 의미한다. 가만히 피어 있거나 바람에 흔들리는 목련화를 마음속에 떠올려 본다. 밤낮으로 시시각각 변하는 목련화의 색깔들이 나의 기억 속에 아로새겨지고 목련화의 아름다움에 대한 나의 성숙한 자각이 나 자신을 성장하게 한다. 이 꽃을 안 다음 나는 달라졌다.

이와 비슷하게 별을 관찰하는 사람도 멀리서 빛나는 별들을 관찰하고 인식하고 거기에 이름을 붙임으로써 자연의 아름다움에 참여한다. 은하계를 보고 있노라면 피조 세계를 찬미하지 않을 수 없다. 아름다움을 지각하는 과정은 피조 세계의 질서에 대한 우리 자신의 참여에 근거한다. "하늘은 하느님의 영광을 이야기하고 창공은 그분 손의 솜씨를 알리네"(시편 19,2). 이 노래를 부를 때 우리는 천상의 활동에 참여한다. 이 노래에 우리 자신을 맡기면 자신을 잊고 다른 소리들과의 조화 속에 빠져든다. 대규모 성가대에 섞여 함께 노래 부를 때면 자주 시공을 잊는 신비한 일치를 경험하며, 함께 알렐루야를 외칠 때는 잠시나마 염려와 근심이 사라지는 것을 경험할 수 있다. 그러나 이처럼 온전한 존재를 느낄 수 있는 순간은 드물다. 나날의 일상적인 삶 속에서 우리가 진정으로 하느님을 찬미할 기회는 거의 없다. 함께 노래 부르며 일치를 경험하는 일이 드물듯이 목련꽃이나 별들을 바라보는 일도 드물며, 피조 세계 앞에서 경외감을 느끼지도 않는다. 자연에 대한 경외심이 아니라 지배욕이 자연과 우리의 관계를 규정한다.

피조 세계의 선함에 대한 찬미야말로 우리 자신이 살아 있다는 표현이라고 한다면, 결국 우리는 대부분의 시간을 죽어 지내는 셈이 된다. 죽음 앞에서 삶이 가능할까? 이것은 결코 냉소적인 질문이 아니다. 죽음 앞에서 삶을 믿는 데는 용기가 필요하다. 또한 우리가 겪는 고통과 감춰지고 드러난 상처들이 불가항력적인 것도, 자동적으로 죽음으로 이끄는 것도 아님을 통찰하는 데도 용기가 필요하다. 고통과 상처들은 삶의 전체성을 인식하게 해 줄 수 있다. 그러나 흔히 우리는 죽음 앞에서 삶을 신뢰하고 찬미하지 못하며, 삶에 참여하지도 못한다. 거듭해서 우리는 죽어 있는 사람들을 본다. 그들은 살아 있지만 죽음의 세력에 예속되어 있고, 살아 있다는 가면을 썼을 뿐이다. 그렇기 때문에 통상 많은 사람들이 죽음 앞에서도 계속되는 하느님의 선한 창조를 믿고 거기 참여하는 삶을 선택하기보다는 죽음 이후의 삶을 확신하는 쪽을 선택한다. 그것이 훨씬 쉽기 때문이다.

죽음 앞에서 삶을 선택하는 것은 곧 사랑과 노동을 통해 창조의 과정에 참여하는 것이다. 만일 창조와 그 안에서 우리의 역할을 충분히 이해하지 못한다면, 창조와 노동 그리고 사랑이라는 세 개념을 서로 연결시킨 것이 이상하게 여겨질 것이다. 언젠가 프로이트는 "신경증과 무관한 건강한 인격이란 어떤 존재인가?"라는 질문을 받은 적이 있었다. 프로이트는 노동하고 사랑할 수 있는 사람이야말로 건강한 사람이라고 대답했다. 이처럼 노동하고 사랑할 수 있는 사람은 창조자와 일치한다. 창조자와 동일한 힘이 그를 지탱해 준다. 내가 보기에 여기서 프로이트는 유다 전통의 토대 위에 확고히 서 있는 것 같다. 그가 의식적으로는 그토록 열정적으로 유다 전통을 비판했지만 말이다. 사랑하고 노동하는 가운데 우리는 다른 사람들과 함께 창조의 과정에 참여하며, 하느님과 결합된다. 그런데 우리 대부분은 이 사실을 의식하지 못하는데, 그것은 우리의 불의한 체제 — 계급 구조와 잘못된 분업 그리고 성차별적 역할 규정 — 가 창조를 파괴하고, 남성중심적인 노동과 성에 의해 지속적인 창조의 가능성을 왜곡시키기 때문이다. 불평등한 조건 아래서는, 창조적으로 노동하고 창조적으로 사랑하는 인간을 향한 하느님의 위대한 계획이 실현될 수 없다.

지구는 거룩하다. 몇 년 전만 해도 나는 이 거룩함을 절실히 깨닫지 못했다. 우리는 자신이 사랑하는 것이 심각하게 위협받을 때, 비로소 우리 사랑의 근원을 발견하고 우리가 서로 의존해 있음을 새삼 깨닫는다. 피조 세계의 파괴를 향한 어두운 결탁으로 인해 지구의 거룩함에 대한 새로운 의식이 우리 안에서 일깨워진다. 하이데거의 언어로 표현하자면, 우리가 지구를 마음대로 처분할 수 없다는 새로운 의식이 생겨난다. 우리에게는 지구를 처분할 권한이 없다. 지구의 자연 자원 가운데 어떤 것들은 재생 불가능하다. 지구는 우리의 소유물이 아니다. 우리는 지구를 창조하지 않았다. 우리가 무신론적 관점을 취한다고 해도, 지구의 거룩함은 그 나름의 정당성을 지니며 우리로 하여금 순전히 실증주의적인 세계관에서 벗어나게 한다. 생태평화운동의 깊숙한 내면에는 무의식적인 경건이 존재한다. 흔히 그것은 지구를 소유하기라도 한 듯 착각하는 자들과 싸울 때 용기를 줄 종교적 근거와 형태를 필사적으로 추구하는 방식으로 나타난다. 우리 역시 더 큰 사랑을 위해 창조에 대해 신학적으로 다시 새롭게 성찰해야 한다.

내가 창조를 주제로 글을 쓰는 동기는 나의 신학적 사고의 변화와 관련이 있다. '당신은 어째서 그리스도인이며, 무엇 때문에 계속해서 그리스도인으로 남으려 하는가?' 종교를 가지지 않은 사람에게서 이 질문에 대한 답을 요청받고, 나는 서구 문화 발전의 전반적인 형태에 상응하는 나 자신의 종교적 발전의 세 단계에 대해 생각해 보게 되었다. 선조의 종교적 규범, 신앙 내용 그리고 신앙적 관행 속에서 자란 어린 시절에 우리는 대부분 첫 단계를 겪었다. 우리 선조들의 종교적 감수성은 교회가 사회생활과 정신생활의 중심에 있었던 소도시나 마을의 문화적 풍토 속에서 성장했다. 신화와 전승, 가치와 윤리적 규범은 의문의 여지 없이 확고한 전통에 그 근거와 중심을 두고 있었다. 오늘날에도 '마을에서' 일생 동안 종교적 삶을 살아가는 사람들이 있다. 그러나 대다수의 사람들은 대도시로 이주해 갔다. 실제로 이주해 가지 않은 사람들도 감정적으로는 '마을의' 삶을 떠났다. 그들은 기도하고 교회에 가는 일을 중단했다. 이 두 번째 단계에서 종교는 한때 인간의 삶에 미쳤던 모든 영향력을 서서히 그러나 확실하게 상실했으므로 망각되거나 의식적인 비판의 대상이 되었다. 이러한 비판을 통해 사람들은 종교적 사회화가 어떻게 인격의 발달을 규정했는지, 그리고 자신들에게 덧씌워진 종교에서 어떻게 벗어날 수 있는지 알고자 했다. 어떻게 하면 '신이라는 곳'에서 치유될 수 있을까? 대부분의 사람들은 이 두 번째 단계에서 자신의 종교적 유산을 버리고 세속 도시의 탈기독교적 또는 탈유다교적 주민으로 살아간다.

그러나 많은 사람들이 세속 도시의 갈등 속에서 행복하게 살 수 없었다. 그들은 거룩한 근거, 온전한 근원을 추구했다. 이 세 번째 단계에 들어간 사람은 의식적으로 종교적 결단을 한다. 이 결단은 비판을 거친 것으로서 결코 순진한 것이 아니며, 수용적이라기보다는 선택적이다. 철저히 비판적으로 대결하는 두 번째 단계를 거친 후 이러한 결단을 내린 대부분의 사람들은 그들의 교회 및 공동체들과 갈등을 빚게 된다. 그들은 어떠한 종교적 권위든 자기 믿음의 방식을 규정하는 것을 허락하지 않는다. 어떤 종교적 권위에 의해 생활방식이 규정당해야 한다고 생각하지 않는다. 비판적으로 종교를 긍정하게 된 사람은 새로운 믿음의 삶의 방식을 발전시키기 위해 고투한다. 그들은 결코 첫 번째 단계의 종교로 퇴행하지 않는다. 비록 두 번째 단계에 있는 많은 사람들이 그렇게 퇴행한 것이라 의심하지만 말이다.

나의 종교적 발전은 두 번째 단계에서 시작했다. 나는 두 번째 단계의 분위기에서 태어났다. 부모님은 교회에 대해 '계몽된' 관용의 태도를 보였던 독일 중산층의 교양 있는 사람들이었다. 나는 대학에 입학해 철학과 고대어를 선택했는데, 그것은 나의 시민적이고 가정적인 출신 성향에 일치하는 것이었다. 그러나 의식 있는 그리스도인이었던 몇몇 친구를 통해, 아니 그보다는 파스칼, 키르케고르, 시몬 베유 같은 급진적 그리스도교 사상가들에게서 자극을 받은 나는 5학기 이후 실존적 위기에 빠졌고, 이 실존적 위기가 나를 신학 공부로 이끌었다. 이렇게 전공을 변경함으로써 두 번째 단계에서 세 번째 단계로의 이행이 시작되었다.

초기에 나의 신학적 성찰은 하느님보다는 그리스도를 중심으로 이루어졌다. 내가 속했던 유럽의 신학 세대는 그리스도에 집중했다. 나는 그리스도를 통해 하느님을 이해하려고 했다. 그리스도는 내가 그를 통해 아버지의 말씀을 듣고 또 아버지에게 말할 수 있는 형제 같은 존재였다. 신앙고백의 둘째 조항(성자 하느님에 관한 조항 – 역자 주)이 내게 길을 열어 주었고, 첫째 조항(성부 하느님에 관한 조항 – 역자 주)은 부차적인 중요성을 지녔다. 한 인간으로서 그리스도는 무력한 사랑의 힘을 보여 주었고, 그렇게 해서 나를 신앙으로 유혹했다. 그의 진리를 신뢰했으므로, 나는 창조에 대한 이해와 창조자와의 화해를 추구했다.

디트리히 본회퍼와 다른 많은 사람들처럼 내가 이렇게 그리스도를 신학적으로 강조하는 것에 대해 그리스도 중심주의라 말할 수 있을 것이다. 두 차례 세계대전을 겪은 우리 세대는 아버지, 창조자, 통치자, 보존자로서의 하느님에 대한 단순한 신뢰를 잃었으며, 오로지 그리스도에게 주목했다. 하느님에 대한 단순한 신뢰는 불가능해졌으며, 그러한 단순한 신뢰를 회복하는 것이 이 책의 의도도 아니다. 어쩌면 내가 오래전부터 하느님에 대해 향수를 지니고 있는지도 모르겠다. 그러나 그런 향수가 낙원에 대한 표상이라는 더 안전한 어머니 품속으로 다시 들어가게 하지는 못한다. 온전한 땅의 영성을 향한 여정에서 나는 개인적 구원만이 아니라 창조가 내게 무엇을 의미하는지,

그리고 내가 거기에 어떻게 참여하는지 말하고자 한다. 그럼에도 어쩔 수 없이 이 여행의 출발점은 내게 노동과 사랑을 가르쳐 준 갈릴래아 출신의 고문당한 남자다. 그는 노동하는 사람이자 사랑하는 사람이었고, 혁명을 하는 사람이었다. 이 책에서 내가 예수 그리스도에 대해 별로 말하지 않는다고 해도, 나를 절망에서 희망으로 인도한 것은 그에 대한 체험이었다. 그리고 그 희망은 우리가 더욱 더 사랑하는 사람이 되는 것을 배울 수 있는 삶에 대한 희망이다.

오늘날 새로운 삶을 희망하는 근거는 창조에 대한 새로운 이해에서 찾아야 할 것이다. 나는 나자렛 출신 가난한 유다인에게서 구체적인 희망을 얻었지만, 그 희망을 지니지 않은 독자들도 온 땅의 창조에 대한 비전을 추구하는 일에 동참해 주기 바란다. 우리의 생명과 지상의 모든 생명의 근원에 대한 더욱 포괄적인 의식이 필요하다. 자신이 어디서 왔는지 모르는 사람은 장차 어디로 가야 할지 알 수 없다. 미래를 위해 우리는 우리가 원래 받은 약속을 이행해야 한다. 우리가 어디서 왔는지 확인하는 이 과정은 매우 다양한 희망의 원천을 반드시 우리에게 알려 줄 것이다. 그리고 이 길의 특정한 지점들에서 우리를 삶의 근원과 연결시켜 준 성인聖人들과 바보들을 알려 줄 것이다. 이 길은 우리 사이에서 관용의 정신이 자라도록 도울 것이다. 우리는 종교적 다양성을 넘어 지구와 형제자매가 된 사람들 사이에 종교적 일치를 이루기 위해 노력해야 한다. 창조의 선함에 대한 믿음이야말로 다른 사람들과 함께 이 땅에, 지구에 참여하는 길이다.

2
태초에 해방이 있었다

성경의 신앙은 창조신의 활동에 대한 확신이 아니라 역사적 해방 사건에 근원을 두고 있다. 이집트에서의 이주, 이집트 노예 생활에서의 해방은 이스라엘 백성에게 근본적이고 원초적인 경험이었다. 유다교 사상가 에밀 파켄하임은 이것을 "원초적 경험"(root experience)이라 했고, 아르헨티나의 해방신학자 호세 세베리노 크로아토는 "근본적 사실"(radikales Datum)이라 했다.³ 문자적 의미뿐(라틴어로 radix는 '뿌리'를 뜻한다) 아니라 오늘날 해방을 위해 일하는 사람들에게 이 말을 사용할 때 그렇듯이 보다 포괄적인 의미에서도 출애굽은 근본적인(radikal) 사건이다. 이러한 근본적 경험은 역사적으로 열려 있는 사건이며, 동일한 전통 안에서 살아가는 후대 사람들에게도 근본적인 의미를 지닌다.

나무의 뿌리는 줄기와 가지 안에 살아 있다. 그러나 뿌리가 없으면 나무는 죽는다. 뿌리는 과거와 현재의 상호연관성을 상징한다. 이 연관성을 통해 지나간 사건은, 파켄하임의 말대로, "현재에 대해 구속력拘束力"⁴을 지닌다. 유다교 전통과 그리스도교 전통의 뿌리를 다시 성찰한다는 것은 우주의 창조사로서 하느님이 시작했던 존재론적 과업에 앞서 출애굽 사건을 통해 표현된 역사적 해방의 과업을 이해하는 것을 의미한다. 이 두 과업, 즉 역사적 과업과 존재론적 과업은 인간의 자유를 목표로 하며, 또한 이 두 과제는 — 이것이 본서의 주제 가운데 하나다 — 함께 행동하는 인간들을 필요로 한다.

잘 알려진 논문 「구약성경 창조 신앙의 신학적 문제」⁵에서 게르하르트 폰 라트는 이스라엘 백성이 지닌 불굴의 신앙은 과거에 행해진 야훼의 구원 행위에 대한 응답이었음을 밝혔다. 폰 라트의 견해에 따르면 창조 신앙은 비교적 후대에 발전했다. 분명히 이 신앙은 보완적이고 이차적인 특성을 지닌다. 탈출기는 대체로 창세기보다 일찍 수집되었으며, 이것은 해방 신앙의 우선성을 말해 준다. 폰 라트에게 더욱 중요한 것은 이스라엘의 하느님 표상이 그의 백성에 대한 하느님의 역사적 해방 행위에서 생겨났다는 성경 본문에 입각한 통찰이다. 하느님이 선택받은 자신의 백성을 위해 구체적인 역사적 순간에, 구체적인 장소와 특별한 상황에서 해방의 능력을 가지고 활동하신다는 것은 이스라엘의 신앙에서는 하느님과 인간을 이해하는 데 결정적으로 중요한 요인이다.

이스라엘 백성은 군사 강대국의 억압에서 해방되었다. 우리는 이러한 경험에 비추어 창세기 1, 2장의 창조 보도를 읽어야 한다. 출애굽 사건은 유다교 창조 신앙과 그 서사적 표현 형태보다 앞선다. 창조 이야기는 인간 현존의 근원을 묻는 존재론적 언어로 출애굽 사건을 해석한 것이다. 세계 안에서 인간 현존의 의미가 문제가 될 때 우리는 인간은 자유를 위해 창조되었다는 사실에서 출발해서 존재론적 과제를 다룬다. 그러나 이러한 존재론적 과제는 인간의 역사적 과제를 파악할 때 비로소 이해할 수 있다. 창세기는 탈출기를 해석한 것이다. 그렇게 볼 때 비로소 인간의 근원적 현존에 대한 존재론적 구상이 우리 자신의 해방을 위한 역사적 구상에 도움이 될 수 있다.

출애굽 사건은 자신들의 종교 의례를 통해 이 사건을 계속해서 기념했던 제의적 기억 속에 줄기차게 살아 있었다. "너희는 너희가 이집트 땅에서 종이었던 것을 기억하라"(신명 16,12). 이 제의는 그저 하나의 의례가 아니었다. 그것은 이스라엘의 자유에 대한 역사적 의식意識을 확보해 주었다. 유다인 삶의 중심인 안식일 제도는 흔히 세상을 창조한 후 일곱째 날 하느님께서 안식을 취하셨던 것과 관련되는데, 신명기 사가는 이것을 이집트의 종살이에서 이스라엘이 해방된 것과 관련시킨다. "너는 이집트 땅에서 종살이를 하였고, 주 너의 하느님이 강한 손과 뻗은 팔로 너를 그곳에서 이끌어 내었음을 기억하여라. 그 때문에 주 너의 하느님이 너에게 안식일을 지키라고 명령하는 것이다"(신명 5,15). 해방이 창조에 우선한다면, 구원론 역시 우주론보다 우위에 있다(이 책 25쪽 도표 참조). 이스라엘의 고대 신앙고백문은 이러한 신학적 기본 방향을 강조하고 있다. "너희는 주 너희 하느님 앞에서 이렇게 말해야 한다. '저희 조상은 떠돌아다니는 아람인이었습니다. 그는 몇 안 되는 사람들과 이집트로 내려가 이방인으로 살다가, 거기에서 크고 강하고 수가 많은 민족이 되었습니다. 그러자 이집트인들이 저희를 학대하고 괴롭히며 저희에게 심한 노역을 시켰습니다. 그래서 저희가 주 저희 조상들의 하느님께 부르짖자, 주님께서는 저희의 소리를 들으시고, 저희의 고통과 불행, 그리고 저희가 억압당하는 것을 보셨습니다. 주님께서는 강한 손과 뻗은 팔로, 큰 공포와 표징과 기적으로 저희를 이집트에서 이끌어 내셨습니다. 그리고 저희를 이곳으로 데리고 오시어 저희에게 이 땅, 곧 젖과 꿀이 흐르는 땅을 주셨습니다"(신명 26,5-9).

이 구절들에서도 강조점은 해방에 있다. 땅도, 고향도 없이 "떠돌아다니는 아람인"은 별이 빛나는 머리 위 하늘에서 위안을 찾지 않았다. 그들에게 정체성을 부여하고 새로운 땅을 고향처럼 느끼게 해 주었던 것은 하느님의 역사적인 해방 행위였다. "너희는 주 너희 하느님 앞에서 이렇게 말해야 한다"는 말로 이 단락은 시작된다. 이것은 하느님이 노예들을 해방하는 그의 행위를 통해 먼저 말씀하셨다는 사실을 전제한다. 이 단락은 한 백성과 그들의 하느님 사이의 대화다. 이 때문에 회상이 신앙의 불가결한 요소가 되고, 망각은 하느님의 역사적 행위에 대해 아무런 응답을 하지 않는 것이므로 죄가 된다. 회상은 유다교의 지상명령이며, 이 명령은 유다교를 넘어 우리 모두에게 해당된다. 삶의 근원과 연결되어 있으려면 우리는 기억해야 한다. 우리의 자유를 보장하는 것은 창조가 아니다. 거꾸로, 해방의 경험에 대한 우리의 기억이 창조를 이해하는 자리에 서게 한다.

유다교의 이 특별한 해방 전통을 다른 종교적 또는 세속적 전통보다 우위에 놓거나 그 전통들과 대립시켜서는 안 된다. 이 유다교 전통은, 인간이 자유롭게 창조되었으며 자유야말로 인간의 역사적 과제라는 사실을 온 인류 가족에게 알려 준다. 유다교의 출애굽 전통은 억눌린 자들의 자유를 원하는 하느님에 대해 확고하게 말하며('역사적 과업'), 해방하시는 하느님이 곧 창조자임을 증언한다('존재론적 과업'). 다른 민족들의 역사에도 그러한 기본적인 체험, 즉 '원초적 경험들'이 있다. 죽은 이들 가운데서의 그리스도 부활이나 인도양을 향한 간디의 행진 같은 것이 그렇다고 할 수 있다. 여기서 다른 해방 전통들을 배제하려는 의도는 없다. 다만 유다교의 두 가지 원초적 경험, 즉 해방과 창조의 경험 사이에 존재하는 대조점과 연관성을 파악하고자 한다.

우리는 창조를 믿을 수 있기 위해 해방을 필요로 한다. 억눌린 사람들은 억압자들에 대항하여 자신의 편을 들어주는 하느님을 필요로 한다. 해방 전통과 무관한 창조 질서 그 자체는 해방의 힘을 줄 수 없기 때문에 노예와 억압자를 화해시킬 수 없다. 라틴아메리카의 해방 신학은 창조에 입각해서만 논증하는 신학이 불충분하고 이데올로기적이라는 사실을 분명히 해 주었다. 그런 신학은 역사의 죄악을 밝히는 데 소홀하므로 삶을 고양시킬 수 없다.[6] 자칫하면 창조 신앙은 '값싼 화해'의 위험에 빠지게 할 수 있다. 불의가 지배하는 현실에서 해방될 필요가 없는 것처럼 살아가게 만들 우려가 있는 것이다. 시간 이전 태초에 하느님이 확실히 가까이 계셨던 것처럼, 자연의 하느님이 역사의 하느님을 제압하기나 한 것처럼 말이다.

에른스트 블로흐는 창조의 종교에 대해 날카롭게 비판했다.[7] 그는 성경에서 하느님에 대한 두 가지 표상이 서로 대립하고 있다고 보왔다. 하나는 구원자 또는 해방자 하느님에 대한 표상이다. 이것은 출애굽 전통과 예언자 전통, 반항적인 욥과 인자人子 전통에 주로 나타난다. 또 다른 하나는 희생 제물을 바쳐 그 마음을 달래야 하고, 사제 계급에 의해 국가권력을 정당화하는 우주적 힘과 질서의 창조자로서의 하느님에 대한 표상이 있다. 이 창조자 하느님은 본질적으로 억압적이며, 국가권력의 편에서 착취를 정당화한다. 그는 피조물에 대한 자신의 힘과 권위를 염려하고(창세 3,22 참조), 그들에게 부과한 질서를 보존하려 한다. 현실적으로는 악이 지배하는데도 그는 모든 것이 '참 좋다'고 주장한다. 백성들이 계속 노예 상태에 머무르도록 사제들은 인간의 의존성과 피조성에 대한 표현으로서 창조를 끊임없이 상기시켜야 한다. 예식문들은 "태초에 그랬듯이/이제부터 영원까지/영원에서 영원까지" 같은 문구를 통해 영원한 의존성을 표현한다.

그러나 성경의 이 두 전통을 절대적으로 대립시켜야만 하는 것인가? 블로흐의 경우, 역사적 과업이 존재론적 과업을 흡수한다. 그에 따르면 해방적 신앙은 모든 존재론과 결별해야 한다. 자유는 피조성의 표상과 대립되는 것으로만 이해할 수 있다. 블로흐가 의미하는 바에 따르면, '피조물'이라는 말은 동물과 식물, 그리고 다른 모든 형제자매를 포괄하는 명칭이 아니라, 18세기 궁중 문화 어법에서 그랬듯이 의존성, 비굴함, 노예근성을 나타내기 위해 사용되는 표현이다.

그러나 내가 이 책을 쓰는 것은 창조 신앙이 지니는 반동적인 경향을 몰라서가 아니다. 창조자 하느님을 빙자해서 성차별과 인종차별 같은 불의한 질서와 지배 구조를 정당화해 온 반복된 역사가 있다. 그러나 이러한 악용은 성경 전체와 관련해서, 그리고 성경의 두 전통과 관련해서 볼 때 아무 근거가 없다. 오히려 성경은 종살이하던 집에서 구원하신 해방자 하느님이 곧 세계 전체의 창조자이기도 하다고 말한다. 창조에서 하느님의 존재론적 과업을 배제하거나 분리하지 않고 통합할 때 오히려 해방신학의 기초는 강화될 것이다.

창조 전통	대	**해방 전통**
우주론		출애굽 경험
창조		해방
원역사		역사
보편적		구체적
인간의 본성		이스라엘의 구원
우주 질서		역사적 사건

억눌린 사람들은 실제로 인식론적·이론적 이점을 지닌다. 그들은 더욱 위대한 하느님을 기다린다. 창조는 아직 그 목표에 이르지 않았다. 역사적 과업뿐 아니라 존재론적 과업도 인간의 현존을 위한 자유를 목표로 삼고 있으며, 인간의 동역同役을 필요로 한다. 만인의 해방을 지향하는 창조의 존재론적 구상에 참여하는 일은 출애굽을 수행하는 가운데서만 달성된다. 모든 생명의 원천에서 나오는 해방의 힘을 단 한 번이라도 경험한 인간 집단과 민족들은 하느님을 독특한 방식으로 찬양한다. 니카라과에서 짧은 해방의 시간에 나온 전례 예식

과 시들이 바로 그러한 예다.[8] 보편적 생명의 힘은 마음대로 사용할 수 있도록 언제나 우리 앞에 존재하는 것이 아니라, 유다교는 물론이고 그리스도교 전통이 주장하듯이, 구체적인 역사적 경험을 통해서만 얻을 수 있다.

오늘날 미국의 극우파들 사이에서 일정한 역할을 하는 희화화된 신학을 통해 나는 해방 전통에 근거를 두지 않는 창조신학이 어떻게 위험한 이데올로기가 될 수 있는지 밝히고자 한다. 소위 '창조주의자들'은 성경주의자들이다. 그들은 '순수한' 창조 신앙을 대변하며, 가령 현대의 자연과학적인 학교교육을 반종교적이라 하여 배격한다. 그들은 성경의 해방 전통에 대해 정신적 몽매로 이끄는 문자주의적 신앙 속에서 살아간다. 또한 그들은 신앙이 지니는 두 가지 위대한 힘이라고 할 수 있는 회상과 희망을 결여한 즉물적이고 냉소적인 세계관에 빠져 있다. 창조주의자들처럼 창조 신앙을 해방 전통의 맥락에서 분리하는 사람들은 "너희는 이집트에서 종노릇한 일을 잊지 말라"는 말씀을 망각하고 있는 것이다. 이로써 창조 신앙은 그 성경적인 '삶의 자리', 즉 이스라엘 민족의 해방 경험을 상실하게 되며, 결과적으로 이 집단은 잠재적인, 또는 공공연한 반유대주의를 드러낼 뿐이다. 과거에 일어난 해방 사건에 대한 기억 없이는 희망도 없다.

창조주의자들처럼 해방 전통을 외면하면, 창조 신앙은 이스라엘을 이집트에서 해방한 하느님 안에 있는 자신의 역사적 뿌리를 잃게 되고, 인간의 삶에 아무 실질적 의미가 없는 과학 이전의 세계관이 되고 만다. 이러한 신학을 옹호하는 자들에게는 사실상 온 세계가 해방에 대한 갈망조차 사라진 이집트의 억압적인 체제로 되어 버린다. 해방의 진리를 창조 신앙의 존재론적 구상 속에서 발견하지 못하는 무능은, 인간의 삶과 사상을 통제하고 자율적 능력을 약화시키려는 시도와 결합되어 있다. 미국 내 '도덕적 다수파'의 통속적 신학도 어떻게 해서든 해방에 대한 성경적 동기를 회피하려는 국가주의적이고 종교적인 이데올로기다. 그러나 "우리의 도우심은 주님 이름에 있으니 하늘과 땅을 만드신 분이시네"(시편 124,8)라는 말씀은 — 여기서 '도움'이라고 소박하게 언급된 — '해방'을 하느님의 선한 창조를 인식하게 해 주는 출발점으로 여긴다. 태초에 해방이 있었다. 이러한 의미의 태초에서 우리는 우리 존재의 피조성의 여러 차원에 다가간다. 우리는 해방 전통을 약화시키는 것이 아니라 해방의 관점에서 창조 전통을 이해함으로써 창조 전통과 해방 전통의 종합을 추구해야 한다.

이제 창세기 1장에 나오는 사제계 문서의 창조 보도(1-2. 4ㄱ)로 눈을 돌려 보자. 이 이야기는 바빌론의 문화와 종교에 반한다. 이스라엘은 우주적·정치적 세력들을 신화화하는 바빌론의 종교적 경향에 맞서 창조와 자연, 그리고 그 안에서 인간의 역할에 대한 그 나름의 이해를 발전시켰다. 포로 생활을 통해 이스라엘 사람들은 강대국 바빌론의 세계관을 알게 되었다. 그들은 만인이 섬겨야 했던 바빌론 왕궁에서 외국인이었다. 수메르 – 바빌론 창조 신화에 따르면, 태초에 무질서한 혼돈이 지배했으며, 많은 신들이 세력 다툼을 벌였다. 결국 가장 강한 신이 다른 신들을 정복하고 승리를 거두어 왕이 된다. 패배한 신들은 독립성을 잃고 그 왕궁의 신하가 되어야 했다. 시간이 흐르면서 이 하위의 신들은 점점 더 늘어나는 '거룩한' 군주의 요구들에 아주 싫증을 내게 되었다. 결국 이 문제를 해결하기 위해 그들은 종을 창조하기로 하는데, 그 종이 바로 최초의 인간이었다.[10]

바빌론 창조 신화는 사회적 불평등을 위한 각본이었다. 왕은 지상에서 신의 대리자였고, 대중은 강제 부역을 당하는 반면 왕궁의 신하들은 권세와 부귀를 누렸다. 바빌론 창조 신화는 신들이 고된 노동의 멍에에서 벗어나기 위해 인간을 창조한 것으로 묘사함으로써 제의적 수단을 통해 위계적인 사회체제를 고착시키는 기능을 했다. 가장 이른 수메르 시대 이래 대규모 경제 사업은 신전 제의와 결부되었다. 민중은 제의를 위해 일했고, 신전과 궁궐을 건설했으며, 식량을 생산했다. 왕과 사제, 지휘관 그리고 그들의 신들을 섬기는 것이 민중의 역할이었다. 인간의 예속을 강조하는 바빌론 신화와 대조적으로 성경의 창조 이야기는 인간을 피조 세계의 주인으로, 하느님의 모습에 따라 창조된 것으로 이야기한다. 마찬가지로 이집트와 메소포타미아의 위대한 종교적 전승들도 인간을 하느님의 모습에 따라 창조된 존재로 이해했다고 하지만, 다양한 고대 동방의 문헌들은 이런 우월한 지위가 왕이나 파라오에게 국한되었음을 나타낸다.

바빌론 종교에서는 별들을 관찰하는 것이 결정적인 역할을 했다. 바빌론 문화에서 천문학은 교육받은 지배 엘리트의 소유물로 국한되었고, 점성술은 대중의 종교적 욕구를 충족시켰다. 왕실 가족들은 각자 자신의 별을 가지고 있었고, 백성은 그 별들을 숭배해야 했다. 별들은 그 크기에 따라 서열이 정해졌으며, 다양한 신의 대리자로 여겨졌을 뿐만 아니라 지배 세력의 종교적 상징으로 여겨졌다. 바빌론 사람들에게 별들은 천상의 신적 존재였다.[11] 이와 대조적으로 창세기 1장에 따르면 별들은 더 위대한 한 신의 작품이며, 그분은 땅을 밝히고 낮과 밤을 구분하기 위해 별들을 하늘에 등불로 걸어 놓으셨다. 하느님은 땅 위에 사는 인간들을 위해 별들을 창조했다. 성경에 따르면 별들은 유익한 도구이지 결코 신이 아니다.

성경 전통에 따르면 하느님과 세계는 서로 분명하게 구별된다. 창세기 1장 사제계 문서의 창조 보도는 하느님이 세상과 동일시될 수 없음을 증언한다. 그리스도교는 하느님과 세상을 구분하고 인간 사이에는 위계질서가 없다는 이스라엘의 창조관을 받아들였다. 그러나 바로 이 지점, 즉 그리스도교가 하느님과 세계, 인간과 자연을 구분하고 분리한 이 지점에서 그리스도교 전통에 대한 검토와 질문을 시작해야 한다. 만일 우리가 창조 신앙을 해방신학의 관점에서 보고자 한다면 이렇게 질문해야 한다. 창조 신앙과 창조신학의 어떤 요소들이 해방의 성격을 지니며 또 어떤 요소들이 억압적인 성격을 지니는가?

히브리 창조 신화가 인간에 대한 인간의 지배를 요구하지도, 전제하지도 않는다는 사실을 인식하는 것은 해방적인 의미를 지닌다. 전통적으로 성경 신화가, 특히 창세기 2,4ㄴ-3,24의 야훼계 문서의 창조 보도가 가부장적 성차별의 근거로 이용되곤 했지만, 성경 신화는 국가권력이나 인종차별, 성차별을 정당화하지 않는다.[12] 하느님과 세계를 지나치게 구별하고 또 분리하는 것이 그리스도교의 많은 오류들의 원인이었다. 나는 여기서 하느님과 피조물의 통일성을 강조하는 다른 창조 신화를 인용하려 한다.

　　모호크족 인디언 추장 사코크웨논크와스는 이렇게 말했다. "하느님은 우주를 창조하실 때 자신의 손을 만물 위에 얹어 만물이 그의 정신으로 충만케 하셨다. 이 위대한 신비를 우리는 믿는다. 내가 아는 한, 하느님께서는 우리 모호크족에게 사물을 분리할 것이 아니라 당신께서 창조하신 모든 것을 신적이고 거룩한 것으로 여기고 그에 합당한 경외심을 가지고 대하라고 분부를 내리셨다."[13]

　　이에 반해 서구 신학은 하느님의 절대적 초월을 부각시키기 위해 창조자와 피조 세계의 분리를 강조했다. 창조 개념을 설명하면서 정통주의[14] 신학 전통은 ― 이교적이고 신비주의적인 전통과 대조적으로 ― 하느님을 그의 피조 세계에서 물러나게 하고 하느님의 전적인 타자성을 지나치게 강조하는 방향을 취했다. '그분'은 절대적이고 초월적인 주主로 여겨졌다.

　　이처럼 하느님과 세계를 분리할 수 있는 단서는 창세기와 오경 전체에 존재한다. 오경에 전승된 설화들은 바알과 아스타롯, 므로닥, 그외 다른 자연신들에 대한 야훼의 우월성을 입증하기 위해 쓰였다. 구약성경의 다른 모든 부분에서는 세계 안에서 하느님의 현존이 매우 분명하게 나타나는 데 반해서 창조 설화에서는 뒤로 밀려나 있다. 이스라엘은 이방신들에 대한 제의적 숭배에서 범신론적 특징들을 보았고, 그것에 맞서 싸웠다. 그리스도교, 그중에서도 정통주의 신학은 이러한 반反범신론적 경향을 더욱 강화했으며, 결국 하느님과 세상을 완전히 분리하기에 이르렀다. 그리스도교 안에서 범신론은 이단이나 다름없었다. 모든 생명의 유일한 원천으로서 하느님은 무無로부터의 창조자(creator ex nihilo)와 동일시되었고, 타자성은 신적 존재의 즉자적 특징이자 대자적 특징이 되었다. 하느님의 독립성은 신적 존재의 고유한 특징으로 이해되었고, 관계 없음이 하느님의 위대함과 영광스러움의 표징이 되었다.

하느님의 절대적 타자성에 대한 지배적인 신학적 표상은 하느님과 세계와 인간 현존에 대해 세 가지 결과를 초래했다. 하느님이 절대적으로 초월적이라면, 그의 존재와 활동에 대한 인간적 유비가 존재하지 않게 되고, 그는 비가시적이고 불가해한 창조자가 된다. 그분과 우리 사이에는 아무런 상호작용이 있을 수 없다. '그분'께서는 그 자신은 굳이 그럴 필요가 없었지만 자유의사에 따라 세상을 창조했다. '그의' 창조는 절대적 자유와 의지에서 비롯된 행위였다. 절대적 초월은 '관계없음'과 동일한 의미를 지닌다. 고전적인 주류 신학에서 관계없음의 반대, 즉 관계를 갖는 것은 약점으로 여겨졌고, 고통을 당함으로써 생겨나는 애정에 의해 다른 존재들에게 의존하는 것으로 여겨졌다. 이러한 의미에서 절대적 자유를 누리는 초월적 하느님상은 독립적인 왕, 전사, 영웅의 전형과 가부장적 세계관이 투사된 것이다.

이와 대조적으로 흑인 시인 제임스 웰던 존슨은 하느님이 고독해서 세상을 창조했다고 하며, 따라서 하느님을 결핍된 존재로 본다.[15] 그는 전혀 다른 창조 이야기를 제시한다.

그리고 하느님이 우주 공간에 나와서

주위를 둘러보고 말씀하셨다.

나는 혼자다.

나는 나를 위해 세상을 만든다.

하느님의 고독과 자기 밖에 있는 무엇인가에 대한 갈구가 창조의 시
작이었다. 만일 우리가 하느님의 절대성을 가정한다면, 창조 행위는
자의적인 결정에 지나지 않는다. 창조를 수행하거나 창조가 이루어지
게 한 하느님의 자유를 신학적으로 지나치게 강조하는 경향은 상호의
존의 영역을 넘어 관계와 사랑과 정의의 피안에 상상적으로 존재한다
고 여겨지는 절대적인 자유의 왕국에 진입하고자 하는 정통주의 남성
신학자들의 희망을 반영한다. 그러나 누가 그런 하느님을 필요로 한
단 말인가? 앞서 언급한, 창조 시를 쓴 흑인 시인은 당연히 그런 하느
님을 필요로 하지 않는다.

　존슨의 시는 또 한 가지 중요한 점에서 지배적인 신학 전통과 구
별된다. 창세기 1장 사제계 문서의 보도에 따르면 하느님의 활동은 하
느님의 말씀의 결과다. 하느님이 "빛이 있어라!" 하고 말씀하시니 빛
이 있었다. 하느님은 기술자나 수공업자처럼 일하지 않았다. 하느님
은 신적인 말씀의 권위와 능력을 통해 피조 세계를 현존케 했다. 존슨
은 하느님의 창조 행위를 전혀 달리 서술한다.

　그리고 하느님의 눈이 사방을 바라보니,

　어둠이 만물을 덮고 있었다.

칙칙한 수렁 깊은 곳의
수많은 밤보다 더 검은 어둠이.

그때 하느님이 웃으셨다.
그러자 빛이 비치고
어둠이 한쪽으로 밀려났다.
빛은 다른 것들을 밝게 비추었다.
하느님이 "좋다!" 하고 말씀하셨다.

다음에 하느님은
빛을 손으로 잡았다.
그리고 하느님은 빛을 손으로 둥글게 빚어
해를 만들었다.
그리고 그분은 이 불타는 해를 하늘에 두었다.

이 이야기체 시에서 하느님은 육체노동을 한다. 그는 창조하기 위해 웃어야 했고, 자신의 손과 발을 사용했다. 이 창조 이야기에서 하느님의 전능한 말씀이라고는 하느님이 자기 세계 안에서 일어나는 모든 새로운 현상을 보고 기뻐하면서 하는 말, "좋다!"가 전부다.

　　존슨의 시에서는 야훼계 문서(J)와 사제계 문서(P)의 창조 보도의 다양한 요소가 서로 결합되어 있다. 그는 창세기 1장의 틀과 서사적 흐름을 사용했고, 하느님을 기술자로 그린 2장의 신인동형론적 묘

사를 사용했다. 권위적인 힘과 독립성, 절대 자유를 강조하는 신학과
대조적으로 이 시는 상대성과 상호성, 모성의 신학으로 가득 차 있다.

그리고 나서 하느님은 주위를 거닐면서,

그분이 만든 모든 것을

둘러보았다.

그분은 해를 바라보았다.

그리고 달을 바라보았다.

그리고 작은 별들을 바라보았다.

그분은 자신의 세상과

그 위에 사는 생물들을 보았다.

그리고 하느님은 말씀하셨다.

나는 아직도 혼자이구나.

다음에 하느님은 조용히 생각에 잠길 수 있는

언덕 기슭에 앉아,

깊디깊은 강가에 앉아,

머리를 손으로 싸매고

이리저리 궁리하다가

결국 이렇게 마음먹었다.

"나를 위해 인간을 만들어야지!"

이 하느님은 상대를 필요로 한다. 이 하느님은 고독을 느낄 수 있고 그 때문에 괴로워한다. 이 하느님에게 관계를 맺는 능력은 본질적인 것이다.

사랑은 다른 존재의 현존을 필요로 하며, 또 그와의 관계를 필요로 한다. 사랑은 상대 없이 성립될 수 없다. 자기 안에서 만족하는 것은 고독하고 고립된 '사나이'의 전형이다. 피조 세계를 관계성 없는 고립의 체계로 파악하는 사람은 피조 세계로부터 그 중심적 요소인 사랑을 박탈하게 된다. 창조자와 창조, 피조 세계 등의 개념에서 우리가 어떠한 의미를 발견하든 그것은 사랑과 관련이 있다. 어째서 서구 신학은 '무로부터의 창조'(creatio ex nihilo)에 대한 가르침은 발전시켰으면서도 '사랑으로부터의 창조'(creatio ex amore)는 생각하지 못했을까? 하느님이 사랑에서부터 세상을 창조하지 않았다면 창조에 대한 모든 개념은 무의미하고 공허하다.

우리는 세상에 나오기 전부터 이미 기다려지고 사랑받았던 존재로 우리 자신을 이해할 수 있어야 한다. 부모가 자신을 달가워하지도, 필요로 하지도 않는다는 느낌을 받으며 자란 아이는 세상에 대해 근원적인 신뢰를 갖기 어렵다. 부모의 사랑을 확신하는 아이는 전혀 다르다. 그 아이는 세계와 자신에 대한 신뢰로 가득 차 있기 때문에 세상에 태어나기 이전의 시간에까지 자신의 존재를 투사시켜 이렇게 물을 수 있다. "내가 태어나기 전에는 어땠어? 내가 보고 싶지 않았어?" 우리의 자긍심과 인간다운 품위는 자신이 필요한 존재라는 사실에 근거한다. 부모든 우리를 소중히 여기는 다른 어떤 사람이든 누군가 우리를 필요로 한다. 이처럼 꼭 필요한 존재가 되고자 하는 인간의 기본적 욕구에 대한 종교적 표현을 우리는 창조 신화에서 발견하게 된다. 창조 신화에서 하느님은 우리를 기다리며, 우리를 필요로 한다. 지배적인 신학적 흐름과 반대로 그 근저에 흐르는 신비주의 신학은 이 점을 거듭 표현했다. 파울 게르하르트는 「저 여기 당신의 구유 곁에 섰습니다」라는 찬송에서 하느님과 영혼이 서로 의존하는 깊은 경지에 이르러 이렇게 노래했다.

> 내가 아직 태어나기도 전에
> 당신은 나를 위해 태어나시고
> 나를 당신의 것으로 삼으셨네.
> 내가 당신을 알기 전에
> 나를 선택하셨네.
> 내가 당신의 손으로 창조되기 전에
> 당신이 어떻게 나의 것이 될 것인가를
> 당신은 홀로 생각하셨네.

이 성탄 노래에서는 하느님의 역사적 과업, 즉 베들레헴의 마구간에서 예수가 탄생한 것에서부터 실존적인 창조신학의 존재론적 과업으로 이행하는 것을 볼 수 있다. 하느님은 이미 만 세 전부터 '나의 것이 되려고' 하신다. 그러나 빛이신 해방자가 '죽음의 깊은 밤'을 비추는 역사적 시간 속에서 비로소 나는 그것을 이해하게 된다. 하느님이 '나

36

를' 창조하셨다는 믿음은 내 생애의 시간을 넘어 심원한 시간에 하느님이 나를 원하셨다고 나 자신에 대해 이해하는 것을 의미한다. 나는 그냥 우연히 태어난 것이 아니다. 하느님이 나를, 그리고 당신을 필요로 하신다. 그리고 우리가 삶에 의욕을 잃고 하느님을 잃는다면, 하느님은 마치 잃어버린 자식을 그리워하는 어머니처럼 우리를 그리워할 것이다. 하느님은 몇 개 연대쯤은 잃어버려도 끄떡없는 초연한 군사령관이 아니다.

하느님의 절대적 타자성에 대한 신학적 전제에서 비롯되는 두 번째 결과는 땅과 우리의 관계에 관한 것이다. 현대 자연과학이 발전시킨 현실 개념은 피조 세계의 신학적 차원을 필요로 하지 않는다. 데카르트는 인간을 자연의 주인이자 소유자로 이해하려 했다. 인간은 자연을 무한정 지배할 수 있는 존재라는 것이다. 하느님과 세계는 두 개의 분리된 실재로 이해되고, 자연은 그 모든 거룩한 성격을 잃었다. 세속적 실재로서 자연은 자기 안에 근거를 두고 있으며, 기껏해야 진화의 이전 단계를 가리킬 뿐 하느님을 가리키지는 않는다. 우리에게 땅은 거룩하지 않으며, 단순히 객체일 뿐이다. 우리가 무언가를 우리의 생각 속에서 객체로, 이용 가능한 대상으로 만들면 그것은 일상화되고, 습관적인 억압으로까지 이어진다. 자연에 대한 제국주의가 성립된다. 한편으로 하느님의 전적인 타자성에 대한 주장은 근대 신학이 과학자들과 대화를 피할 구실이 되었다. 사실상 신학은 자연 세계를 과학에 넘겨주었다. 그러자 과학은 점점 더 실재와 창조 사이의 관련성을 무시했으며, 대부분의 그리스도인들에게도 창조 신앙은 우주의 단순한 사실성, 우주의 순수한 '사실'(daß)을 인정하는 것으로 끝나고 말았다. 이처럼 알맹이 없는 창조 신앙은 세상이 창조되었다고 증언하는 것이 무엇을 의미하는지 알 수 없게 되었다.

하느님이 전적인 타자라면, 세계는 하느님 없는 장소가 되고, 거룩한 것, 신적 현실은 더 이상 세계 안에 존재하지 않게 된다. 세상은 사실들과 사물들로 축소된다. 신적 현실이 우리가 사는 이 세상에서 전적으로 분리되고, 무관한 것이 된다면, 경외심과 두려움의 근거가 없어진다. 거룩한 것에 대한 비합리적인 부정이 이루어지고, 그것이 정상적인 것으로 여겨진다. 실증주의적 세계관이 유행하며, 이 세계관은 시공을 초월한 하느님께 의지하는 사람들에게도 전염된다. 내재성을 결여한 초월은 인격적으로 우리와 아무 관계가 없고 세계와 우리의 관계를 규정하지도 못하는 무의미한 교리적 주장으로 전락한다. 성사聖事적 감수성을 상실한 채 하느님이 세계를 창조했다는 진술에만 매달리는 신학적 창조 개념은, 내재성과 연결되어 있지 않기 때문에, 피조 세계의 영성에 대한 감수성을 모두 상실한다. 그것은 메마른 개념이다. 그 경우 우리는 세계 전체를 하느님의 존재 안에서 볼 수 있는 내면의 눈을 잃어버린다.

인디언 추장 시애틀이 워싱턴에 있는 '대추장'에게 한 연설은 19세기의 명언 가운데 하나로 꼽힌다.[16] 정치적인 것과 종교적인 것이 한데 녹아 있는 이 연설은 아마도 인디언들이 조상 대대로 물려받은 땅을 미연방정부에 넘겨주었던 1854년에 행해진 것으로 보인다.

"어떻게 사람이 하늘을 사고팔 수 있으며 땅의 온기를 사고팔 수 있는가? 이런 생각은 우리에게는 낯설다. … 이 땅의 어느 하나도 우리 부족에게 거룩하지 않은 것이 없다. 반짝이는 전나무 잎, 바닷가 모래사장, 어두운 숲속의 안개, 숲속의 빈터, 윙윙대는 벌레들, 이 모든 것이 우리 부족의 생각과 경험 속에서는 거룩하다. 나무속에 흐르는 수액은 붉은 사나이(인디언)의 기억을 담고 있으며 … 개울과 강에 굽이치는 반짝이는 물은 그저 물이 아니라 우리 선조들의 피다. 우리가 당신들에게 이 땅을 팔 때 당신들은 이 땅이 거룩하다는 것을 알아야 하며, 당신의 자녀들에게 이 땅은 거룩하며 호수의 맑은 물에 스쳐 지나가는 영상들은 내 부족의 삶 속에서 일어났던 사건들과 전승들에 대해 이야기하고 있다는 것을 가르쳐 주어야 한다. 졸졸 흐르는 물소리는 내 선조들의 음성이다. 강들은 우리의 배들을 실어 나르고 우리의 자녀들을 먹여 살린다.

우리가 우리의 땅을 당신들에게 팔 때, 당신들은 이것을 기억하고 자녀들에게 가르쳐야 한다. 강들은 우리의, 그리고 당신들의 형제다. 그러니 이제부터 당신들은 형제를 대하듯 강들에게 친절해야 한다. 새벽안개가 산에서 아침 해를 보고 물러나듯이, 붉은 사나이는 침입하는 백인 앞에서 언제나 쫓겨났다. 그러나 우리 조상들의 유골은 거룩하며, 그들의 무덤은 신성한 곳이다. 그리고 이 언덕들과 나무들, 이 땅은 우리에게 신성하다. 우리는 백인이 우리의 방식을 이해하지 못한다는 것을 안다. 백인에게는 어느 땅이나 다른 곳과 다를 것이 없다. 그는 밤에 와서 필요한 것을 땅에서 빼앗아 가는 이방인이기 때문이다. 땅은 그의 형제가 아니라 적이다. 그는 땅을 빼앗고는 계속 진격

한다. 그는 자기 조상의 무덤을 버려 놓고도 아무 걱정도 하지 않는다. 자식의 땅을 훔치고도 아무렇지도 않다. 조상의 무덤과 자식의 생득적 권리는 망각된다. 그는 어머니인 땅과 형제인 하늘을 양이나 진주같이 사고팔며, 약탈해서 팔아넘길 수 있는 물건처럼 취급한다. 그의 욕망은 땅을 삼키고 마침내는 황무지만 남겨 놓게 될 것이다.”

땅의 거룩함에 대한 이 인디언 남자의 증언은 자연을 파괴하는 백인의 능력에 대한 분명한 정죄로 끝난다. 땅에 대한 아메리카 원주민의 태도는 자연과의 깊은 결속감에 뿌리박고 있으며, 자연과의 하나 됨에 근거하고 있다. 하느님은 자연을 위해 창조된 세계 안에 존재하며, 결코 그 위에 군림하는 절대적인 지배자나 주인이 아니다. 하느님은 그의 혼을 피조 세계에 불어넣었으며, 그렇기 때문에 땅은 마음대로 착취할 수 있는 단순한 물질이 아니다. 자연과 긴밀히 결부되어 있는 종교적 전통에 비추어 보면, 창조 신앙은 우리 자신의 생명뿐 아니라 땅 위에 있는 모든 생명의 거룩함을 고백하는 것을 뜻한다. 자연에 대한 제국주의적 관점은 지나치게 초월적이고 유일신적이며 가부장적인 종교에 깊이 뿌리박고 있다. 그리스도교 창조론의 해방적 요소들은 억압적 요소들에 의해 희석되었다. 가장 오래된 억압과 수탈의 대상이 바로 땅이다.

오늘날 신학이 당면한 가장 긴급한 과제 중 하나는 종교적 유산의 해방적 요소들을 재발견하는 것이다. 오늘날 새로운 하느님상에 대한 연구를 가장 창조적으로 수행하고 있는 사람들은 그리스도교 전통의 억압적 요소들로 인해 가장 심한 피해를 입은 사람들이다. 여성신학자들은 이러한 노력의 선봉에 서 있다. 이들은 지난 여러 해 동안 가장 뛰어나고 역동적인 활동을 벌여 왔으며, 대담한 형식의 새로운 전례문을 만들어 냈다. 카터 헤이워드의 글을 예로 들 수 있다.[17]

태초에 하느님이 계셨다.
태초에 만물의 원천인 그분이 계셨다.
태초에 그리움인 하느님이 계셨다.

하느님 – 신음하는 여인,
하느님 – 해산의 고통 속에 있는 여인,
하느님 – 출산하는 여인,
하느님 – 기쁨에 설레는 여인,
하느님, 그녀는 자신의 피조물에 대한 사랑으로 가득 차서
말씀하셨다. 좋구나!

그러고 나서 하느님은
모든 좋은 것이 고루 나누어지기를 바라면서
땅을 부드럽게 두 팔로 껴안았다.
하느님은 하나로 연결되기를 원했다.
하느님은 좋은 땅을 다른 이들과 나누어 갖기를 원했다.
인간은 하느님의 이 소망에서 태어났다.
우리는 땅을 나누어 가지려고 태어났다.

이것은 여성해방적 전례문이다. 이 시를 여성신학자가 썼고 하느님을 '그녀'라고 부르기 때문만은 아니다. 이것이 여성주의적인 까닭은 여성 저자가 창조를 지배의 관점에서가 아니라 자비로움의 관점에서 보고 있기 때문이다. 하느님과 인간은 서로 땅을 공유한다. 하느님은 대지의 어머니像을 통해 표현되었다. 사랑이 서로에게 의존하는 것이듯이, 이 어머니는 기다리는 아이에게 의존하고 있다.

하느님의 절대적 초월성에 대한 서구 신앙의 세 번째 부정적인 결과는 인간의 역할과 관련이 있다. 성경의 창조 신화는 땅에 대한 인간의 지배를 강조한다. 창세기에서 인간은 짐승들이나 그 외 자연과 구별되는 존재로 묘사된다. 자연의 형제자매인 동물과 식물 그리고 인간 사이의 차이가 지나치게 강조된다. 그렇게 예리하게 구별한 결과 인간 이외의 다른 생물들과 우리가 똑같이 가지고 있는 것들에 대한 의식이 사라졌고, 그와 함께 생명에 대한 경외감도 사라졌다. 사실 우리는 다른 생물들과 똑같이 공기, 물, 빛, 먹이에 의존해서 살아간다. 우리도 다른 생물들처럼 상처를 입으며 죽는다. 그러나 자연에 대한 제국주의적 태도로 인해 우리는 이러한 공통의 운명을 망각하고 외면한다. 시애틀 추장은 우리의 이 공통적인 운명을 상기시킨다.

"모든 생물, 짐승과 나무, 인간이 똑같이 숨을 쉬기 때문에 공기는 붉은 사나이(인디언)에게 소중하다. 생물은 모두 똑같은 숨을 쉰다. 백인은 그가 숨 쉬는 공기를 느끼지 못하는 것 같다. 마치 여러 날 전에 죽은 사람처럼 그는 악취에 대해 무감각하다. 그러나 우리가 당신들에게 우리의 땅을 팔 때 당신들은 공기가 우리에게 소중하다는 것을, 공기는 자신이 품은 모든 생명에게 자신의 영을 나누어 준다는 사실을 잊어서는 안 된다. 바람은 우리 조상들에게 첫 숨을 주었고 마지막 숨을 거두어 갔다. 그리고 바람은 우리 자손들에게도 생명의 영을 주어야 한다. 우리가 당신들에게 우리의 땅을 팔 때, 당신들은 그 땅을 특별하고 신성한 땅으로, 바람결에 향긋한 아네모네 꽃 냄새를 맡을 수 있는 곳으로 여겨야 한다.

우리의 땅을 팔라는 무리한 요구에 대해 우리는 숙고해 보았다. 우리가 그 요구를 받아들이기로 했을 때는 한 가지 조건이 있다. 백인은 이 땅의 동물들을 형제처럼 대해야 한다.

나는 야인野人이다. 그래서 달리 이해하지 못한다. 나는 백인이 달리는 기차에서 총을 쏘아 죽이고 버려둔 썩은 물소 수천 마리를 보았다. 나는 야인이다. 그래서 연기를 뿜어 대는 철마가 어째서 물소보다 더 소중한지 이해하지 못한다. 우리는 목숨을 유지하기 위해서만 물소를 죽인다. 짐승들이 없다면 인간은 어떻게 될까? 모든 짐승이 사라진다면 인간도 깊은 영적 고독 속에서 죽고 말 것이다. 짐승들에게 일어나는 일은 머지않아 인간들에게도 일어난다. 모든 사물은 서로 얽혀 있다. …

우리는 땅이 인간에게 속한 것이 아니라 인간이 땅에 속해 있다는 것을 안다. 우리는 정말 이 점을 알고 있다. 가족이 피로 하나 되어 있듯이, 만물은 서로 결합되어 있다. 만물은 결합되어 있다."

만일 우리가 살아 있는 모든 것들의 하나 됨을 깨달을 수 있다면, 피조 세계 앞에서 겸손한 태도를 회복할 수 있을 것이다. 하느님의 전적인 타자성이라는 신학적 개념은 우리를 이 땅에서 낯선 자로 만든다. 그 개념은 지배와 권력의지를 위한 전제다.

이와 같이 고전적인 그리스도교의 창조 교리는 세 가지 억압적인 결과를 초래한다. 첫째, 하느님의 전적인 타자성과 남자와 여자, 짐승들과 온 땅에 대한 '그의' 지배. 둘째, 그저 단순한 사실들로만 이루어진 무신적인 세계. 셋째, 세속화된 세계를 이용할 줄만 알고 자연 속에서 하느님의 거룩한 실재를 경건하게 예배할 줄 모르는 인간의 지배. 시애틀 추장이 말했듯이, 자연에 대한 이런 제국주의는 인간의 깊은 고독을 자아냈으며, 이 고독이 인간 현존의 불변적인 본질인 것처럼 여기게 되었다. 오늘날 인류에게 닥쳐오는 생태계의 재난에 대해서는 그리스도교 전통도 책임이 있다. 창조에 대한 새로운 이해를 발전시키려면 우리의 신앙에 내재된 파괴성에 대해 비판적으로 의식할 필요가 있다. 우리의 신학과 신앙의 전통에서 억압적인 요소와 해방적인 요소를 분명하게 구별해 내야 한다. 창조신학은 어떻게 우리가 땅을 더욱 사랑할 수 있는지를 가르쳐 주어야 한다.

3
흙으로 만들어졌다

창조신학의 목표는 우리가 위대한 긍정을 하는 것, 즉 '아멘, 그대로 이루어지소서, 참 좋습니다'라고 말할 수 있도록 하는 것이다. 그러나 어떻게 하면 우리는 그렇게 말할 수 있을까? 우리의 현실 경험은 결코 피조 세계의 선함을 찬미하는 데로 이끌지 못한다. 그리로 이끄는 '자연적인' 길은 없다. 이런 의미에서 하느님을 자명한 존재로 이해하려 했던 자연신학에 대한 개신교의 비판은 정당하다. 정통주의자들이 말하듯이, 하느님은 먼저 이해할 수 있게 되어야 한다. 전승되어야 하며, 이름이 불려지고 '계시되어야' 한다. 하느님은 예수가 하느님에 대해 사용했던 비유들을 필요로 한다.

자연신학은 존재론적 과업을 역사적 과업에서 독립시키려는 시도다. 다시 말해 세상을 통과하는 기나긴 길을 거치지 않고, 쫓겨났던 낙원으로 직접 돌아가려는 시도다.[18] 자연신학은 역사와 유리되어 자신의 강점일 수도 있는 것에 대해, 즉 자기 안에 존립 기반을 설정하는 세계의 결함, 피조물의 불완전성, 하느님에 대한 피조물의 의존성에 대해 기만한다. 극심한 시련과 곤궁을 당하는 사람들에게도 피조 세계를 좋은 것으로 긍정하려는 근원적 욕구가 있다. 신뢰는 불신보다 낫고, 보는 것이 보지 못하는 것보다 낫다. 우리는 자신의 경험을 부정하고 다른 사람의 고난에 대해 민감하게 반응하지 못하게 하는 값싼 긍정을 추구하려는 것이 아니다. 우리는 믿음에서 우러나오는 긍정을 추구한다. 믿음은 언제나 의심과 절망에 대한 투쟁의 결실이다.

우리의 창조 신앙을 뒷받침해 줄 수 있는 신학이 있을까? 신학은 의심과 절망 앞에서 우리의 생각을 밝혀 주고 우리의 믿음을 강화해 주는 이성적인 보조 수단이 되어야 한다. 그러나 창조에 대한 전통적인 신학적 이해는 그러한 역할을 수행하지 못한다. 그것은 내가 창조의 하느님을 찬미하는 데 도움이 되지 않는다. 전통적인 창조론은 고유한 나의 인간성을 희생시키는 대가로 '그분'을 주님이자 '제작자'로 묘사하기 때문이다.

우리가 창조를 찬미하는 데 어려움을 겪는 것은 한편으로 창조 행위의 주체, '주님'으로서의 하느님과 다른 한편으로 창조의 객체로서 먼지로 만들어진 '재료'로서의 인간 사이에 설정된 전통적인 사상적 분열 때문이다.

그러나 실제로 성경이 창조자와 피조물 사이의 무한한 차이에 대해 말하고 있는가, 아니면 우리의 전통이 성경에서 자의적으로 이러한 이분법을 만들어 낸 것인가? 우리는 근본적인 질문을 해야 한다. 만일 우리가 창조자 하느님을 한쪽 끝에 놓고 세상을 피조물로 다른

하느님과 세상 사이의 전통적인 구별

하느님	세계
창조자	피조물
주님	종
생산자	생산물
예술가	예술품
의지 또는 형상	재료 또는 물질
원인	결과
주체	객체

쪽 끝에 놓는다면 인간의 자리는 어디인가? 우리는 객체, 즉 생명 없는 흙덩이, 옹기장이의 손에 있는 질그릇인가? 예레미야서(18,1-6)에 나오는 질그릇과 옹기장이에 관한 은유는 우리가 누구인지 나타내 주는가? 우리는 자신을 이런 방식으로 이해할 수 있는가? 그리스도교 전통에서 이 상징은 인간존재인 우리를 낮추기 위해, 우리의 자유를 부정하기 위해, 우리를 재료로, 생명 없는 물질로 격하시키기 위해 사용되었다. 옹기장이/창조자에게 모든 힘을 부여하고 그가 만든 질그릇은 격하시키는 종교적 전통을 나는 노여운 마음으로 거부한다.

창조자와 피조물 사이의 소위 건널 수 없는 단절이 지니는 문제는 이러한 이분법을 다른 영역에 적용할 때 — 역사적으로 보면 불가피하게 그러한 적용이 이루어진다 — 분명하게 드러난다. 한 예로 성적으로 세계를 이분화하는 것을 들 수 있는데, 남성적인 것에는 '신적인' 특징들(예컨대 '의지')을 부여하고, 여성적인 것에는 '세상적인' 특징들(예컨대 '물질')을 부여하는 것이다. 이 경우 존재론적 사고 모델이 성차별적 의미로 악용되었다. 어쨌든 하느님과 인간을 과도하게 분리함으로써 그와 같은 잘못된 이분법이 수없이 생겨나고 또 정당화되었다. 인종차별과 가난한 사람들에 대한 억압도 비슷하게 기능한다. 그러한 차별과 억압은 생명을 객체로 만들고 생명에서 고유한 존엄성과 동등한 하느님의 형상을 빼앗음으로써 가능해진다. 그러나 유다-그리스도교 전통 안에 머무르려면, 창조자와 자연에 대한 제국주의적 이해를 지지해야만 하는 것일까? 창조를, 그리고 하느님과 세상과의 관계를 다른 방식으로 생각할 수는 없을까? 종교와 지배는 뗄 수 없이 서로 결합되어 있는가? 어떻게 하면 우리는 창조에서 협동적 창조와 공동 창조로, '무로부터의 창조'에서 '사랑으로부터의 창조'로, 전능한 주의 강압적 힘에서 생명의 설득하는 힘으로 나아갈 수 있을까?

나는 신적인 것과 인간적인 것 사이의 관계에 대해 새로운 이해가 필요하며, 절대적이고 독재자적인 창조자의 자유 개념을 비판해야 한다고 생각한다. 정통적인 하느님 개념이 지닌 포괄적인 지배 구조는 주님을 나타내는 라틴어 속에 이미 담겨 있다. 라틴어 dominus는 그리스어 kyrios와 마찬가지로 봉건적인 전제군주를 나타내는 말이다. 자신의 신하들을 지배하는 하느님상은 세계에서 억압과 수탈을 유지하고 정당화하는 데 가장 적합하다. 다시 한 번 묻자. 하느님과 세상 사이의 관계에 대한 새로운 이해를 가능하게 하는 비제국주의적 창조 개념은 없는가?

나는 여기서 창조신학과 관련해서 고전적 제국주의를 극복하고자 하는 세 가지 현대적 시도를 소개하려 한다. 과정신학과 여성신학, 유물론적 성경 해석이 그것이다.

신적인 것과 인간적인 것 사이의 관계를 달리 이해해 보려는 시도가 과정신학이다. 알프레드 노스 화이트헤드와 그의 후계자들, 특히 찰스 하츠혼의 철학에서는 기본적인 존재론적 범주를 '존재'가 아니라 '생성'으로 본다. 이 사고에서는 살아 움직이고 성장하는 모든 것이 실체가 아니라 과정으로 파악된다. 하느님도 이처럼 역동적인 존재론에서 제외되지 않는다. 이렇게 해서 과정적 사고는 창조의 궁극적인 범주로 '존재'를 중시하는 고전적인 서구 철학의 지배적인 경향을 수정한다. 고전 철학의 자명한 전제, 즉 현실은 우연적이고 우발적으로만 서로 관련되어 있는 불가해한 실체들로 이루어졌다는 전제가 문제시된다. 마찬가지로 자기 안에 근거를 둔 하느님, 자유롭고 임의적인 결정에 따라 자의적으로 자기 이외의 것과 관계를 맺는 하느님 '그 자체'(a se)에 대한 고전적 개념도 극복된다.

하느님 그 자체라는 개념과 대조적으로 과정사상은 관계성을 우리가 하느님이라고 부르는 존재의 필연적이고 본질적인 요소로 여긴다. 무엇인가와 관계를 맺는 것은 하느님에게 본질적인 것이며, 우연적이거나 부수적인 특징이 아니다. 마르틴 부버는 "태초에 관계가 있었다"고 말했다.[19] 하느님에게는 '관계'가 결코 우연적인 요소가 아니고, 따라서 세계도 우연적이거나 우발적으로 생겨난 것이 아니라고 본다는 점에서 과정사상은 부버와 일치한다. 현실은 서로 연결된 과정들과 사건들, 경험들로 이루어진 총체적 관계다. 하느님의 절대성은 이러한 표상에 의해 상대화된다.

과정사상은 양극적인 언어로 현실을 기술한다. 잠재성과 현실성, 변화와 영속, 상대성과 절대성, 생성과 존재가 그것이다. 화이트헤드의 언어로 말하자면 이렇다. 비록 창조 행위 이전에 하느님이 혼자였다고 해도 그는 세상을 창조할 잠재력을 가지고 있었으며, 다만 이 잠재력을 아직 현실화하지 않았을 뿐이다. 마찬가지로 하느님의 영속성은 변화할 수 있는 하느님의 능력에서, 자신을 다양한 방식으로 표현할 수 있고 다양한 형태로 계시할 수 있는 능력에서 성립된다고 말할 수 있을 것이다. 과정신학자 하츠혼은 이것을 "하느님은 자신을 넘어서면서 만물을 넘어서는 분"이라고 아름답게 표현했다. 하느님은 다른 모든 것보다 위대할 뿐 아니라 하느님 자신보다 더 위대하고 포괄적이다. 하느님은 그가 지닌 잠재성 때문에, 어느 특정 순간의 하느님보다 언제나 더 위대하다. 그러나 만일 하느님이 자기 안에 머물러 있는 변함없는 하느님이라면, 그의 잠재성은 현실화될 수 없을 것이다. 모든 작용은 상호작용이며 모든 관계는 상호 관계라는 과정사상의 원리는 바로 여기서 의미를 지니게 된다. 어떠한 신적 행위나 인간적 행위도 그 자체 안에서, 또는 자기 자신 안에서 성립되지 않는다. 하느님의 지속성, 또는 불변성은 그가 끊임없이 새로운 가능성들을 열어 놓는다는 데서 나타난다. 바꾸어 말하자면 하느님은 항상 우리를 사랑한다. 하느님은 자신에게 충실하며 언제나 자신을 넘어선다. 이 두 가지 사실은 자신의 사랑을 늘 새롭게 제공함으로써 실증되고 입증된다. 하느님에게서 변함없는 것은 사랑이다. 그러나 하느님의 영속성은 정적靜的인 것이 아니다. 하느님은 우리의 모든 가능성을 알지만 우리가 어떤 가능성을 실현할지는 모른다. 하느님은 우리의 능력을 안다. 그러나 그녀(하느님)는 우리의 능력이 실현되기를 기다려 주고, 우리의 자유를 위한 여지를 남겨 둔다.

하느님의 사랑은 상호작용을 통해 계시되며, 과정신학에서 말하듯이 상호작용을 통해 세계는 하느님의 몸이 된다. 모든 생물은 다른 생물들과 접촉하며, 생물들은 서로 영향을 주고받는다. 같은 방식으로 우리는 하느님께 영향을 미치며, 하느님은 우리를 통해 경험한다. 우리의 행동은 하느님께 작용한다. 과정신학적 관점에서 보면, 하느님은 역사의 피안에, 초세계에 거주하는 것이 아니라 그와 반대로 우리와 똑같이 역사 안에, 그리고 역사를 통해 살며 활동한다.

그러나 이러한 전제들 아래서 신학 사상의 중심 개념, 예컨대 하느님의 능력과 잠재력 또는 전능, 하느님의 힘과 같은 개념도 재해석되어야 한다. 여러 가지 희망의 신학들에서는 이 개념들이 비판적으로 유보되거나 그냥 계속 전해졌다. 고난받는 인간 세계의 사회정치적 현실을 거의 다루지 않는 단순한 철학 이론으로서 과정신학에 대해 포괄적으로 비판하는 것은 비교적 쉬운 일이다. 그러나 그것이 나의 관심사는 아니다. 나는 전통 신학의 하느님과 인간 사이의 관계에 대한 견해가 내포하는 제국주의를 극복하고자 하며, 이를 위해 도움이 되는 과정신학의 특징들을 밝히고자 한다. 우리는 하느님의 능력을 어떻게 이해해야 하는가? 그의 행위가 '작동하는 방식'을 어떻

게 규정해야 하는가? 아우구스티누스에서 토마스 아퀴나스, 루터, 칼
뱅을 거쳐 카를 바르트에 이르기까지 서구 신학에서 전통적 유신론
은 하느님의 능력을 강제력으로, 강제적인 전능으로 생각했다.[20] 철학
에서 '능력'은 내재적 능력과 타자를 움직이는 능력으로 나뉜다. 내재
적 능력은 개별 존재가 그 자신으로 존재하게 하는 원인이자 능력이
다. 즉, 개별 존재가 스스로 행동할 수 있게 하는 원인이자 자기 결정
의 능력이다. 예를 들어, 미국의 운동 가요 가운데 '풀의 힘'에 대해 노
래하는 것이 있는데, 그것은 풀 안에 깃들어 있는 내재적인 힘을 말한
다. 그 힘은 풀 안에서 풀이 존재하게 하는 원인이자 성장하고 꽃피울
수 있게 하는 힘이다. 반면 타자를 움직이고 변화시키는 능력은 한 생
명체에 의해 다른 생명체에게 행사된다. 이 경우 두 가지로 형식이 구
분된다. 타자에게 영향을 주는 능력은 강제적이거나 설득적일 수 있
다. 즉, 그 능력은 힘의 행사를 받는 자의 협력 없이 강제로 어떤 결과
에 도달할 수 있다. 이 경우 결과는 양자에 의해 수행된 것이 아니다.

　결과가 타자를 움직이는 행위자의 힘에 의해 일방적으로 얻어진
것이라면, 이 경우 존재론적 의미에서 강제가 행해진 것이다. 하느님
의 능력을 이런 형태로 생각할 수 있을까? 강제력이 최고의 속성인
가? 전능이 우리가 생각할 수 있는 지고의 존재인 하느님에게 적합한
것인가? 타자를 움직이는 힘을 일방적으로 행사하지 않을 때, 그 힘은
설득적인 힘이 된다. 그 결과 힘의 영향을 받는 존재 안에서 변화가 일
어나며, 이 존재는 타자의 힘과 만남으로써 자신 안에 내재하는 고유
한 힘과 접하게 되고, 변화시키는 힘에 대해 주체적으로 응답을 할 수

있게 된다. 이 경우 그 결과는 상호적인 것이며, 적어도 두 행위자의 협력에 근거한 쌍방 활동의 결과다. 설득시키는 선한 능력은 언제나 자신을 전달하는 능력이며, 타자로 하여금 자신의 능력에 참여케 하는 능력이고, 타자를 굴복시키기보다는 자신의 상대가 되게 하는 능력이다. 능력(power)이란 언제나 능력을 줄 수 있는 능력(empowerment)을 말한다.

물론 교사라면 누구나 잘 알듯이, 강제하는 힘과 설득하는 힘 사이에는 중간 형태가 있다. 그러나 하느님이 우리에게 누구인지를 생각하려 할 때는 이 두 가지 형태의 힘을 분명히 구별해야 하며, 우리가 사랑하고 존경할 수 있는 하느님은 설득하고 마음을 끄는 힘일 수밖에 없다는 것을 증언해야 한다. 즉, 기꺼이 긍정하도록 우리의 마음을 끌어당기는 내적인 매력의 힘일 수밖에 없다는 것을 증언해야 한다.

유신론적 하느님 표상은 하느님의 강제력에 정향定向되어 있으며, 오늘날 대다수 현대인들이 종교 전통과 겪는 심각한 어려움도 거기에 있다. 전능하다는 점에 그 위대성이 있고, 절대적인 무로부터 피조물을 창조했다가 그것들을 다시 무로 돌릴 수 있는 하느님, 그의 지배 의지에 인간이 전적으로 굴복해야 하는 하느님은 오늘날 믿을 수 있는 하느님이 아니다. 그러한 하느님은 인간들 사이에서 '자유'라 부르는 우리의 내재적 자결自決 능력을 부정할 뿐만 아니라, 그 자신의 타동적 능력, 즉 타자를 움직이는 능력도 강제적인 힘으로 잘못 사용한다. 이 전능자는 공상적 존재가 아니라 오늘날 하나의 이데올로기적·정치적 실재다. 신학자 카를 하인츠 라트쇼우는 평화에 관해 논하면서 이렇게 말했다. "핵무기의 위협을 두려워하는 사람은 하느님을 믿지 않는 자다." 그는 한 학생 선교 대회에서 "두려움에서 절대적으로 벗어나라"라고 학생들을 격려했다. 역사를 이끄는 것은 인간이 아니라 하느님이기 때문에 그리스도인은 핵전쟁에 대해 불안해할 필요가 없다는 것이다.[21] 이러한 신학 배후에 있는 하느님은 핵무기 비축 상태나 과학적 개연성과는 관계없이 핵전쟁을 저지하거나 일으킬 수 있는 전능한 천상적 존재다. 그러나 실제로 평화운동이 믿는 하느님은 설득의 힘, 즉 타자를 납득시키고 권유하는 비폭력적 힘을 참된 힘으로 가지고 있는 하느님이다. 그러나 그리스도교 공동체 안에는 전혀 다른 주장을 하는 사람들이 있다. 이들의 신앙은 하느님의 전능성을 향해 있으며, 이들은 거리낌 없이 스스로 전능(군사 용어로는 '철통같은 안보')을 확보하려 한다.

이러한 강제력의 하느님은 가부장적인 하느님이기도 하다. 여성 신학도 창조자와 피조물, 힘 있는 자와 힘없는 자 사이의 전통적 신학적 분열을 극복하려 한다. 예를 들어, 헤이워드는 하느님과 인간 사이의 관계가 단순히 하느님에 대한 인간의 의존을 의미하지 않고 "양편 모두에게 선하게" 되도록 그 관계를 "상호적이고 역동적"으로 생각하려고 한다.[22] 헤이워드는 하느님을 "상호적인 관계의 능력, 즉 인류와 피조물 전체와 관계를 맺을 수 있는 능력"이라고 정의했다. 우리의 사명은 "상호적인 관계(인류)에 있어서나 관계 능력 자체(하느님)에 대해서 우리 현존의 피조성을 진지하게 받아들이는 것"이다. 전통적인 창조신학에서 볼 수 있었던 것과 같은 권력에 대한 예속에서 해방되는 것이 중요하다. 예속이 아니라 결속이 하느님에 대한 우리의 관계를 규정할 때, 우리는 사랑과 정의의 힘으로 창조적이고 동반자적으로 하느님과 함께 일할 수 있다. 헤이워드는 신적인 것을 무상황적이고 비관계적인 것으로 해석하려는 고전적이고 신정통주의적인 경향에 반대한다. 그녀에 따르면 특히 신정통주의는 "지배와 종속에 근거한 관계를 정당화하는 하나의 뚜렷한 예다. 그러한 관계에서는 상급자가 진리를 가지고 있어서 이 진리를 하급자에게 하사하며 하급자는 황공한 마음으로 이 진리를 받아들여야 한다". 여성신학은 하느님의 능력에 대한 물음에 새롭게 답하며, 이제까지 신학을 독점했던 남성들의 힘에 대한 환상에서 신학을 해방시킨다. 헤이워드는 개념적으로 권세(exousia)와 능력(dynamis)을 구분한다. 이러한 구분은 예수의 삶의 모습에서 얻어 낸 것이다. 예수는 그의 삶과 죽음을 통해 권세와 (지배)권력(exousia)을 포기하고 다른 능력(dynamis)을 보여 주었다. 그러므로 우리는 예수를 통해 하느님의 능력을 이해해야 한다. 모든 능력을 '전적인 타자'에게 귀속시키는 정통주의 사상은 예수와 무관한 것이며, 이는 극복되어야 한다. 헤이워드의 개념 체계에서 '권세'(exousia)는 한 사람이 다른 사람에 대해 갖는 사회적으로 허락된 특권적인 능력이며, 따라서 종교 당국이나 국가 당국과 관련되는 능력으로서 폭력에 근거한 능력이다. 헤이워드가 신약성경적 의미에서 dynamis라 부르는 다른 능력은 자발적이고 근원적이며 독자적이고 비특권적인 힘이다. 그것은 명령하지 않고 권유하고 설득하는 힘이다. 과정신학적으로 표현하면 dynamis는 공동체적이고 상호적인 설득력이다.

'권세'와 '능력'에 대한 헤이워드의 구분은 선하고 설득적인 힘과 익하고 강제적인 힘 사이의 구분과 일치한다. '능력'(dynamis)이라는 의미에서 힘이 있는 사람은 나누어 주기 위해, 그리고 다른 사람이 참여하도록 하기 위해 힘을 사용한다. 반면 '권세'는 나누어지지 않고 한 사람이나 집단에게 독점되는 것으로 악착같이 지키고 옹호해야 할 특권의 성격을 지닌다. 그러나 나누어지는 힘만이 선한 힘이다. 진정한 힘은 한 사람에 의해 독점되는 것이 아니다. 하느님의 힘이든, 인간의 힘이든 지배에 이바지하는 악한 힘은 이와 전혀 다르다.

과정신학과 여성신학 외에도, 창조에 대한 새로운 이해에 이를 수 있는 또 다른 토대가 있다. 바로 철학적 유물론이다. 정통 그리스도교 신학은 관념 철학을 받아들이고 철학적 유물론을 배격했다. 관념론적 사고는 물질에 대한 정신의 지배를 강조하며, 물질은 정신에 종속되어 있다고 본다. 이와 대조적으로 철학적 유물론은 물질을 진지하게 취급한다. 최근 유물론적 주석이라는 새로운 성경 해석이 논의되고 있다.[23] '관념론적' 해석과는 달리 이 해석에서는 신체성身體性과 사회가 진지하게 취급된다. 이로써 주석적인 연구의 새로운 발전이 이루어졌을 뿐 아니라 철학적, 또는 조직신학적 문제 제기 방식에 전환이 일어났다. 철학적 유물론의 관점에서 실재는 동적인 물질이며, 이 실재를 해명하는 데 다른 원리는 필요하지 않다. 그러나 철학적 유물론자들은 사유, 의지, 감정을 포함하여 세계 안에 있는 모든 것을 비변증법적 방식으로, 죽은 물질로 설명할 수 있다는 이론을 주장하지는 않는다. 오히려 그들은 물질, '재료' 또는 신체성을 살아 있는 운동 과정으로 이해하며, 그 운동 과정의 창조적인 힘을 인식해야 한다고 본다. 노동과 사랑이라는 지상적 현상에 비추어 창조를 해석하려는 나의 시도는 철학적·유물론적 해석의 한 예다. 이것은 일종의 시적 유물론이며, 살아 움직이는 사물들의 감각과 아름다움을 긍정하는 것이다.

육화의 신학적 상징은 인간 현존의 지상적·물질적 구성을 나타낸다. 하느님이 그리스도 안에서 육신이 되었다. 몸을 감옥이 아니라 육이 된 영으로 파악한다는 것이 중요하다. 우리는 몸으로 살아 있는 존재들이다. 이러한 인식이 우리의 자기 이해를 위해 어떠한 의미를 지니는지는 독일어의 두 단어를 통해 잘 알 수 있다. 독일어에는 Leib(몸)와 Körper(육체)라는 말이 있다. Leib(몸)는 생명과 관계하고, Körper(육체)는 생명 없는 기계적인 사물을 의미한다. 나의 Leib(몸)는 살아 있고 통전적이지만, 나의 Körper(육체)는 통제하고 지배할 수 있는 물체이며, 잠재적으로는 시체다. 나의 몸에 대해 말할 때 나는 나 자신의 존재를 의미한다. 나는 내 몸이다. 나는 내 몸을 가지거나 소유하는 것이 아니다. 내 몸이 곧 나다. 육체만이 소유와 지배의 범주에 속하며, 몸은 존재의 범주에 속한다.

유물론과 몸에 대한 앞의 언급들을 이제부터 내가 세 가지 기본 명제에 입각해서 전개하려고 하는 몸의 신학을 위한 서곡으로 이해해 주기 바란다. 첫 번째 명제는 "나는 흙으로 만들어졌다"는 것이다. 두 번째 명제는 인디언 추장 시애틀이 1854년에 행한 연설에서 따온 것이다. "땅이 인간에게 속한 것이 아니라 인간이 땅에 속해 있다." 세 번째 명제는 시편 24편의 첫 구절인 "땅은 주의 것", 또는 과거와 현재 라틴 아메리카에서 일어났던 수많은 농민반란 때 농민들이 외쳤던 말, "땅은 주 하느님의 것"(Del Señor es la tierra)이다.

"나는 흙으로 만들어졌다"는 말은 어떤 의미를 지니는가? 이 명제를 놓고 이리저리 연상하다 보니 다음과 같은 명상에 이르렀다.

> 나는 시간과 공간의 제약을 받으며,
> 나의 역량과 능력에는 한계가 있다.
> 나는 상처를 입을 수 있고 무상하며 죽는다.
> 나는 나의 생물학적 조건에 매여 있고,
> 내가 결정을 내릴 수 있는 영역은 한정되어 있으며,
> 나의 신체적 현존에 의존하고 있다 …

예를 들면 나는 월경을 한다. 그것은 여성인 나의 삶에 속한 일이다. 월경은 나 자신의 일부를 죽이거나 나의 현존에 속한 어떤 것을 파괴하지 않는 한 내가 극복하거나 사라지게 할 수 없으며, 그러기를 바라지도 않는다. 나는 흙으로 만들어졌기 때문에 나의 가능성은 제한되어 있다. 여기서 다음과 같은 신학적 물음이 제기된다. 나는 나 자신을 흙으로 만들어진 존재로 받아들일 수 있는가? 나는 나의 피조성에 대해 "참 좋다"고 말할 수 있는가? 흙으로 만들어진 내가 어떻게 자유를 위해 창조되었다는 존재론적 구상과 일치할 수 있는가? 달리 묻는다면, 내가 태어나기도 전에 나의 존재가 긍정되었다는 것을 안다고 해서 나는 나의 피조성을 받아들이고 존중할 수 있는가? 나는 단순히 우

연적으로 이 땅 위에 있게 된 것은 아닐까? 나는 필요한 존재인가? 나는 마음대로 할 수 있는 객체가 아닌가? 나는 자유와 평등을 누리도록 정해진 존재인가?

우리는 처음부터 인류에게 부여된 존재론적 과업 속에서 태어났다. 우리는 해방의 역사적 구상 속에서 하느님의 존재론적 구상을 경험하게 된다. 인간으로서 우리는 해방의 과정 속에서 태어났다. 이 과제를 소홀히 하면 우리는 삶을 그르치게 된다. 우리는 하느님의 형상에 따라 창조되었고, 흙으로 만들어졌다. 만일 우리가 우리 자신의 피조성을 긍정한다면, 지상적 존재로서 우리의 취약성과 죽을 수밖에 없는 운명을 부정할 수 없으며, 하느님이 우리 모두에게 뜻하신 존재론적 구상, 즉 해방을 지향하는 존재론적 구상을 부정할 수 없다. 우리는 하느님이 원하고 계획한 존재며, 필요로 하고 또 유용한 존재라는 사실은 우리 삶에 대한 최대의 확신이다. 이러한 자기 확신은 우리가 창조된 존재라는 사실에서 비롯된 것이다. 그럼에도 우리는 흙으로, 먼지로 만들어졌다. 우리의 자기 이해에 존재하는 이러한 양극단 사이의 긴장은 우리의 피조성에 대한 긍정이 우리 존재의 변증법적 상황이 지니는 양 측면을 포괄해야 한다는 사실을 인식하기 전에는 해소되지 않을 것으로 보인다.

그리스도교 역사는 '먼지', 또는 '흙'이라는 지상적 요소와 이 두 요소가 함축하는 두 가지 기본적인 차원, 즉 신체성과 사회성을 도외시해 왔다는 특징을 지닌다. 나의 몸은 내가 고통을 느끼고, 굶주림과 성적 욕망을 지니고 있음을 내게 알려 준다. 내 몸을 통해 나는 여기

지상에서의 삶이 '참 좋은' 것만이 아님을 알게 된다. 욕망을 지닌 몸을 부정함으로써 이러한 모순을 해결하려는 것은 잘못이다. 모든 신체적 욕망에서 벗어난 관념적 영성을 위해 욕망을 지닌 몸을 부정하고 억압하는 것은 잘못이다. 관념적인 영성이야말로 피조성에 근거한 영성의 적이다. 그것은 그리스철학에서 물려받은 육체와 정신의 이원론에 근거한 것이다. 플라톤의 『파이돈』에서 소크라테스는 이렇게 말한다. "우리가 사는 동안 최대한 몸과 아무 관계도 맺지 않고 ─ 몸과 관계 맺는 일은 꼭 필요한 일도 아니다 ─, 몸의 본능으로 우리를 채울 것이 아니라 신神 자신이 우리를 해방할 때까지 우리를 몸으로부터 깨끗이 지킬 때 비로소 우리는 인식에 가장 근접하게 된다"(67a).

우리 대부분은 자신의 신체에 대한 부끄러운 감정, 자기 신체에서 벗어나려는 바람, 자기 신체에 대한 혐오를 알고 있다. 흔히 영혼은 신체에 대해 이질적이며, 신체를 떠나게 되기를 동경한다. 이 경우 몸은 감옥으로 경험된다. 영적 이원론은 이러한 이질감을 이데올로기화해서 왜곡한다. 즉, 신체의 영역을 위계적 체계의 가장 낮은 단계로 격하시킴으로써 왜곡한다. 그러나 만일 우리가 몸을 멸시한다면, 우리의 감정을, 그리고 우리 자신을 감각적으로 표현할 수 있는 능력을 잃게 되며, 또 다른 사람과 관계 맺을 수 있는 능력을 포기하게 된다.

우리가 흙으로 만들어졌다는 것은 우리가 처음부터 사회적 존재임을 의미한다. 우리가 서로 관련되어 있다는 것은 인간존재의 본질적 특징이다. 개인에게서 출발하는 인간학은 성경 전승과 일치하지 않는다. 우리는 서로를 위해 만들어졌으며, 서로를 향해 창조되었다.

우리의 사회적 실존은 피조 세계의 선함이 증언되고 의심되고 확증되는 자리다. 태초에 관계가 있었다.

소위 '더 높은' 차원을 위해 몸과 사회성의 영역을 기피하는 모든 신학은 우리가 흙으로 만들어졌다는 사실을 진지하게 받아들이지 않는다. 예를 한 가지 들겠다. 부자 청년의 비유(마르 10,17-22)에 대한 한 텔레비전 토론에서 부흥사 빌리 그레이엄은 이 이야기가 제기하는 부富라는 주제와 물질의 의미에 관한 물음들을 교묘하게 회피해 버렸다. 대신 그는 이 본문을 예수에 대한 한 청년의 결단에 관한 이야기로 만들었다. 예수가 부자 청년에게 한 "가진 것을 팔아 가난한 이들에게 주어라"라는 말에 대해서는 일언반구도 없었다. 이 부흥사의 이야기를 들은 사람은 아무도 이 비유가 돈과 관련이 있는 비유일 수 있다는 생각을 하지 못했을 것이다.

나는 부자 청년에 관한 비유가 영적 억눌림과 그 원인에 관한 이야기라고 생각한다. 부자 청년은 필요한 모든 것을 다 가지고 있었지만 내적 공허감 때문에 불안했다. 그가 예수에게 했던 질문, "제가 영원한 생명을 받으려면 무엇을 해야 합니까?"라는 질문은 소유와 물질적 욕구 충족을 넘어선 무언가에 대한 동경을 나타낸다. 오늘날에는 이렇게 물을 것이다. 내 삶을 어떻게 다시 시작해야 할까요? 어떻게 하면 철저하게 비타협적이고 분명하고 온전한 삶을 살 수 있을까요? 미지근한 삶에서 벗어나려면 어떻게 해야 할까요? 가진 것을 팔아 돈을 가난한 사람들에게 나누어 주고 자신을 따르라는 예수의 요구는 영적 만족을 원하는 청년이 얼마나 진지하게 그것을 추구하고 있는지 확인할 수 있는 시험대다. 이 제안을 받고서 부자 청년은 "슬퍼하며 떠나갔다. 그가 많은 재물을 가지고 있었기 때문이다"(마태 19,22).

부자 청년은 충만한 삶에 이를 수 있었을 것이다. 청년이 예수에게 한 질문은 그가 자신에게 무언가 결핍되어 있음을 알고 있었고 삶에서 무언가 더 나은 것을 기대하고 있었음을 나타낸다. 그러나 영원한 생명에 대한 그의 생각은 근본적으로 잘못되어 있었다. '나는 모든 것을 가지고 있고 모든 종교적 계명을 준수하고 있다. 내게 없는 단 한 가지는 영적 완성이다. 내 영혼을 위한 양식을 구할 수 있다면 모든 것이 만족스러울 텐데'라고 그는 생각한다. 그러나 예수는 그의 기대를 깨뜨린다. '너는 너무 적게 가진 것이 아니라 너무 많이 가졌다. 너무 많은 너의 물질이 너를 하느님에게서 분리시킨다.' 빌리 그레이엄의 해석에 따르면, 이 본문은 오로지 영혼과 관련된다. 즉, 예수에 대한 결단의 의지만이 중요하다. 이 이야기에 대한 그의 해석은 '땅'이라는 요소를 전혀 고려하지 않았다.

이와 관련해서 언젠가 우아한 옷차림을 한 부인이 뉴욕의 주교좌 성당에서 했던 설교가 생각난다. 그녀는 하느님이 지으신 세상에 대해 말했으며, 남아메리카 순방 여행에 대해, 적도 위의 탁 트인 하늘에 대해, 그리고 남반구의 특별한 아름다움에 대해 말했다. 그녀는 피조 세계의 영광을 찬양하고 "만물은 우리의 것이다. 만물은 우리에게 선물로 주어졌다!"는 말로 이야기를 마쳤다. 그녀의 영성은 형체 없는 고상한 것이 아니라 매우 생생하고 구체적이었지만, 우리가 사는 사회 현실에 대한 이해가 전혀 없었다. 그녀는 계급 차별의 현실에 대한 의식이 전혀 없었고, 자신이 여행했던 나라들에서 살아야 하는 사람들에 대한 인식도 없었다. 그녀는 칠레 사람들에 대한 생각을 조금도 하지 않았다. 대신 그녀는 품위 있는 표현으로, 그리고 여행자의 관점에서 칠레의 인상 깊은 경치에 대해 말했다. 그녀가 "모든 것이 우리의 것이다!"라고 외쳤을 때 나는 그 자리에서 뛰쳐나갈 뻔했다. 아마도 그녀는 자신이 무슨 말을 하고 있는지 몰랐을 것이다. 하지만 내 귀에는 그녀의 말이 이렇게 들렸다. '만물은 우리의 것이다. 그러니 우리는 그것을 착취하고 지배할 수 있다. 만물은 우리의 것이다. 이에 반기를 드는 자는 누구나 침묵시켜야 하며, 고문하고 죽여야 한다. 만물은 우리의 것이다. 세계의 상류 계층이 여행을 만끽하도록 온 세상이 창조되었기 때문이다.'

하느님의 선한 창조를 참으로 긍정하기 위해서는 여행자의 관점과는 다른 지평이 필요하다. 우리와 함께 사는 사람들이 겪는 굶주림과 착취를 아는 사람만이 하느님이 지으신 선한 세계를 사랑할 수 있다. 관념적 영성은 신체적 현실에 대해서만이 아니라 사회적 현실에 대해서는 더욱 눈이 멀어 있다. 절대 다수의 형제자매들을 도외시한 채 자연의 아름다움에 감격하는 것은 옳지 않다.

그리스도교 신학은 하느님이 우리를 창조했고 원하고 사랑하신다고 주장한다. 그러나 관념론적으로 건너뛰어 세상과 몸과 사회에서 멀어지지 않으면서 어떻게 우리의 피조성을 긍정할 수 있을까? 우리가 흙으로 창조된 존재라는 점을 얼마나 진지하게 고려하는가에 따라, 달리 말하자면 우리의 생물학적·사회·경제적 현실을 포착하는가 여부에 따라 우리는 모든 신학을 판단할 것이다. 우리가 흙으로 만들어졌음을 무시하는 신학은 관념적 현실도피를 조장하며, 조만간에는 인간 현존의 현실적 구조와 아무 관계가 없는 이데올로기적 상부구조가 되고 만다. 그러한 신학은 우리의 현실적 욕구와 희망에 대해 아무 의미도 갖지 못한다. 그러한 신학은 해방의 역사적 과제를 외면하게 한다. 오늘날 보수-그리스도교 신학과 교회에서 땅을 부정하는 경향은 무력한 관념론과 실천적 유물론의 야합에 지나지 않는다.

제1세계에서 다수의 그리스도인들이 바로 이러한 상태에 있다. 많은 교회 공동체들은 그들이 직면한 수많은 문제들을 처리할 수 없다. 만일 솔직하다면, 이 교회들은 자신들이 무력하다는 것을, 즉 어떻게 행동해야 하고 무엇을 말해야 하는지 알지 못한다는 사실을 인정할 것이다. 많은 사람들이 교회에서 압박감을 느낀다. 왜 그럴까? 희망을 품고 역사적 해방의 과제를 위해 함께 일하는 것이 그렇게 어려운가? 무력한 관념론이 소유욕과 이기심으로 가득 찬 실천적 유물론과 짝을 이루어 널리 퍼진 하나의 이데올로기가 되었다.

몸의 신학을 위해 유익하다고 생각되는 두 번째 기본명제는 시애틀 추장의 명제다. "땅이 인간에게 속하는 것이 아니라 인간이 땅에 속한다." 역사적으로 볼 때 땅과 우리의 관계는 자연에 대한 냉혹한 제국주의적 관계로 특징지어진다. 땅의 주인으로서 우리는 자연을 상품으로 만들었다. 마치 땅이 마음대로 늘어날 수 있는 것처럼 자본주의적 생산 법칙을 적용해서 우리는 땅을 투기의 대상으로 삼는다. 생산자와 그의 상품 사이의 관계에 대한 자본주의적 사고가 땅에 대한 우리의 관계에 적용되었다. 이 관계는 더욱 많이 팔기 위해 더욱 많이 생산하는 우리의 능력과 지배력에 의해 규정된다.

카를 마르크스는 학업을 마친 후 쾰른에서 기자가 되었다. 「라인 신문」의 통신원이었던 그는 1842년에 유독 많은 사람이 절도죄로 기소되었다는 사실을 발견했다. 젊은 마르크스는 절도 발생률이 증가한 이유, 범죄가 그렇게 갑자기 증가한 이유를 알고자 했다. 그는 가난한 사람들이 숲에서 땔감 나무를 모으지 못하도록 금지하는 새로운 법을 국가가 공포했다는 것을 알게 되었다. 이전에는 가난한 사람들이 나무, 특히 난로에 땔 장작을 찾아 자유롭게 숲을 헤맸다. 그들은 숲을 자유 영역으로 여겼으며, 땅은 하느님께 속하므로 자신들에게 필요한 것을 숲에서 얻을 수 있다는 생각으로 숲을 돌아다녔다. 관습적이었던 그들의 권리가 갑자기 절도죄가 된 것이다. 나는 마르크스 시대의 이 이야기가 땅에 대한 우리의 관계를 자본주의가 어떻게 바꿔 놓았는지 알려 주는 좋은 예라고 생각한다. 산업화 이전 시대에 토지는 어느 면에서 공짜였다. 숲도 거저였고 강도 거저였다. 땅은 개인의 소유가 아니며, 우리가 땅에 속한다. 이 말이 무엇을 뜻하는지 이해하려면 산업화 이전의 개념들을 가지고 생각해야 하며, 또한 산업화 이후의 해결책을 모색해야 한다.

생태적 제국주의는 정신과 몸의 분열에 근거를 두고 있다. 이 분열은 계속해서 수많은 이분법을 만들어 냈다. 동물 대 인간, 여자 대 남자, 아이 대 어른, 노예 대 주인, 육체노동 대 정신노동 등이다. 이 모든 대립은 창조에 대한 잘못된 이해에 기인한다. 이 대립들은 물질에 대한 정신의 우월성을 믿는 신앙을 강화하고, 약자에 대한 지배를 정당화하는 토대를 제공한다. 우리는 피조 세계와 창조자에 대한 우리의 관계를 나타내기 위해 다른 언어를 찾아야 한다. 다시 말해 현실을 소위 더 높은 부분과 더 낮은 부분으로 위계질서에 따라 분류하는 것과는 분명히 구별되는 언어를 찾아야 한다.

땅은 우리에게 속하지 않는다. 땅은 우리의 욕망과 쾌락을 위해 약탈당하고 착취당하기 위해 존재하는 것이 아니다. 반대로 인간이 땅에 속해 있다. 무엇에 속한다는 것은 상호의존 속에서 살아가는 것을 뜻한다. 우리는 땅에 의존한다. 우리는 땅을 적대시하거나 땅 없이 살아갈 수 없다. 그럼에도 우리는 끊임없이 땅에 대한 우리의 의존성을 부인하거나 지양하려 한다. 우리는 낮과 밤, 여름과 겨울, 잠과 깨어 있음의 리듬을 거스르며 산다. 산업 세계에서는 자연의 리듬에 저항하거나 그것을 무시하는 경향이 있다. 그러나 우리 자신에게 해를 입히지 않으면서 모든 자연의 리듬에 대한 결속을 끊어 버릴 수는 없다. 우리는 절대 독립적인 존재가 아니다. 우리는 우리가 어머니 대지에 의존해 있음을 시인해야 한다. 더 정확히 말하자면, 인간과 땅의 상호의존성이 중요하다. 우리는 피조 세계를 지키고 유지해야 할 책임이 있는 청지기들이기 때문이다.

"땅은 주 하느님의 것이다"(Del Señor es la tierra). 이 세 번째 기본명제는 중세 이래 봉건영주들에 저항한 유럽 농민들이 해방 투쟁에서 외친 구호였다. 오늘날 남미에서는 농민 저항운동에 참여하는 농민들이 이 성경 구절을 인용해서 토지가 극소수의 전유물이 되어서는 안

되고 만인에게 공유되어야 한다는 것을 표현하고 있다. 토지 재분배를 위한 외침은 현재 남미에서 벌어지고 있는 갈등의 핵심 요소 가운데 하나다. 가난한 농민들은 삶에 대한 성경적 이해에 어긋나게 살아가는 지배 계층에게 도전하고 있다. 그들이 땅을 돈을 지불한 사람에게 속하는 상품으로 여겼기 때문이다.

땅을 상품화하는 것은 일종의 범죄다. 땅은 소유자('나의 것' 또는 '너의 것')를 모른다. 땅을 하느님의 선한 피조물로 보는 견해와 사유재산으로 보는 견해는 양립할 수 없다. 만일 토지가 누군가에게 속한다면, 단지 소유권만 가진 사람이 아니라 실제로 땅을 경작하는 사람에게 속해야 한다. 하느님의 창조에 참여하는 사람은 부재지주가 아니라 농부다. 니카라과의 사제이자 시인인 에르네스토 카르데날은 우리에게 이렇게 가르친다. "우리가 신는 신발은 한 노동자가 만들었다. 옷은 또 다른 노동자가 만들었다. 도시들과 그 안에 있는 모든 것, 도로와 다리도 마찬가지다. … 노동자들은 땅 위에서 하느님의 능력을 이어 가고 창조에 동참하여 함께 일한다. 그러므로 일하지 않는 자들 … 신발, 옷, 음식을 가지고 세상을 유람하면서 일하지 않고 씨 뿌리지 않으며 도대체 아무것도 생산해 내지 않는 자들이 아니라, 노동자들이 땅의 주인이어야 한다. 그런데 일하지 않는 자들이 다른 사람들의 노동과 집과 토지의 주인이 되어 있다 …."[24]

땅은 땅을 사고파는 자들이 아니라 일하는 사람들의 것이다. 우리가 땅을 하느님의 피조물로 생각한다면, 땅은 어느 한 인간 집단의 소유물일 수 없다.

4
하느님의 모상대로 창조되었다

뉴욕 유니언 신학교에서 내가 인도한 예배가 끝났을 때 한 동료이자 친구가 내게 다가와 나를 꼭 껴안으면서, "도로테, 나의 공동 창조자(co-creator)!"라고 말했다. 그때까지 아무도 나를 '공동 창조자'라고 부른 일이 없었다. 그런데 이제 이 말이 나에게 새로운 의미를 갖게 되었다. 물론 나는 '창조의 동역'이라는 말을 듣기는 했다. 그러나 그것은 추상적인 표현에 불과했다. 한 여자 친구나 남자 친구를 나의 '공동 창조자'라고 부른다는 것이 나에게는 상상할 수 없는 일이었다. 그것은 과장되거나 주제넘은 일 같았다. 사실 나는 공동 창조라는 말이 무엇을 의미하는지 머리로만 알고 있었을 뿐, 실존적으로는 그 의미를 알려고 하지 않았다. 나를 '공동 창조자'라고 부르는 소리를 들었을 때 나는 우리 모두가 가지고 있지만 흔히 소홀히 하거나 무시하는 나의 창조적 힘을 더욱 의식하게 되었다. 창조적 힘은 다른 사람을 위해, 또는 공동체를 위해 세계를 새롭게 하는 능력이다. 공동 창조자로서 우리는 오늘날 우리가 거주하는 폐허에서 생명의 집을 재건하려 한다.

공동 창조에 대한 사상을 위한 전제는 최초의 창조가 완성되지 않았다는 통찰이다. 창조는 계속된다. 창조는 계속되는 과정이다. 오래전 언젠가 단 한 번 일어난 일로 창조를 축소시키는 것은 창조의 의미를 오해하는 것이다. '시계공 하느님'이라는 표상이 오늘날에도 많은 사람들의 머릿속에 떠돌고 있다. 세상을 자동으로 작동하는 시계처럼 정교하게 만들고 나서 영원 속으로 자취를 감추어 버린 하느님상이다. 이것은 이신론理神論이며, 그리스도교 신앙이 아니다. 창조 사상을 진지하게 받아들이는 사람은 이 시계공 하느님의 성실성에 대한 안이한 신앙과는 전혀 다른 것을 필요로 한다. 참으로 창조에 대해 알려면, 허무에 직면해야 한다.

창조 전승은 하느님이 세상을 무無에서 창조했다고 가르친다. 하느님이 세상을 창조하기 전에는 아무것도 존재하지 않았다. 혼돈과 무가 있을 따름이었다. 창조가 계속된다는 말은 혼돈과 무가 언제나 우리의 현존에 수반되며, '존재의 집'을 파괴하려 한다는 것을 의미한다. 무의 현존은 신적 삶뿐 아니라 인간 삶의 기본적 사실이다. 우리는 무를 두 가지 형태로 경험한다. 그 하나는 흔히 젊은 시절 정체성을 추구하는 과정에서 처음으로 대면하게 되는 우리 자신 안에 있는 공허다. 이러한 내적 공허를 발견한 우리 마음은 불안과 매혹으로 뒤섞이게 된다. 우리는 우리 자신 안에 있는 공허를 보고 움찔하지만, 그 공허는 거역할 수 없는 방식으로 우리를 끌어들인다. 그것은 마치 산의 정상에서 심연을 내려다보는 것과 같다. 우리는 뒤로 물러서지만 우리 발 앞에 있는 거대한 공허에, 무의 힘에 끌리게 된다. 우리 자신 속의 무와 대결할 때에만 우리는 창조적인 해결책을 찾을 수 있으며, 예컨대 청년기의 정체성 위기를 새로운 창조 행위를 통해 생산적으로 만들 수 있다. 창조에 동참할 때 우리는 무에서 생겨나는 죽음에의 욕구를 극복할 수 있다.

우리가 무를 경험하는 두 번째 형태는 첫 번째 형태와 연관이 있다. 그것은 초인격적인 의미에서 세계를 규정하며, 파괴적이고 악한 것이다. 삶을 파괴하는 치명적인 세력인 무의 위협이 세상 안에 존재하기 때문에, 우리는 창조의 과정을 계속 밀고 나가야 한다. 창조는 완결되지 않았으며 우리의 협력을 필요로 한다. 우리는 우리를 삼키려는 무와 대치하고 있다. 공동 창조자가 된다는 것은 정원에 꽃을 심고 거기서 기쁨을 맛보는 것 이상을 의미한다. 창조의 동역자로서 우리는 우리 안에 있는, 그리고 우리를 에워싼 무를 직시하는 법을 배워야 한다. 핵폭탄은 피조 세계를 파멸시키려고 위협하는 무의 사자使者다. 그러나 우리 마음속에서 그에 동조하지 않으면, 죽음의 욕구와 살해 욕구가 우리 속에 없으면 이 폭탄은 설치될 수 없다.

창조와 무는 하느님의 독점적인 영역이 아니다. 하느님만이 아니라 우리도 진정한 창조 행위를 통해 무의 망령과 대결할 수 있다. 쇄신과 치유의 행위를 통해 우리는 미완의 창조를 계속 이어 간다. 전통적인 신학은 이것을 달리 이해하려 했으며, 창조(Erschaffen)와 제작(Machen)을 구별했다. 제작은 인간의 일이며, 주어진 물질에서 물건을 생산하는 것이다. 창조는 오직 하느님의 일인데, 그 까닭은 그가 세상을 무에서 창조했기 때문이다. 그러나 신적 행위를 무에서의 창조와 동일시하고 인간 활동을 단순한 제작 영역으로 한정한다면, 하느님에 대한 우리의 관계는 사실상 파괴된다. 하느님과 인간이 함께하는 삶의 창조적인 힘이 그러한 신학에서는 부정된다.

이처럼 창조와 제작을 구별하는 신학 배후에는, 인간의 발달로 인해 하느님이 의미를 잃고 인간의 창조력이 하느님의 현존 능력을 축소시키지나 않을까 하는 불안이 있다. 그러나 '피조물'이 더 충만한 삶을 누릴 때, 창조자가 왕성한 활력을 잃는다고 생각한다면, 그것은 오해다. 흔히 신학이 그런 기이한 인상을 주기도 하지만, 생명력이란 결코 창조자와 피조물 사이에 불평등하게 분배된, 고정되고 유한한 것이 아니다. 반대로, 한 인격이 자신의 창조적 역량을 발전시키고 해방의 구상을 실현하고 자신의 한계를 넘어서면, 그럴수록 하느님은 더욱 하느님이 된다. 하느님은 '자신의' 창조력에 집착하지 않으며, 자신을 위해 그것을 소유물로 간직하지 않고, 그 힘을 나누어 주는 분이기 때문이다. 하느님은 공유되는 힘만이 선한 힘인 것을 안다.

히브리 성경에서 '창조하다'라는 말은 하느님과 관련해서만 사용되는 것이 사실이지만, 인간의 창조력을 나타내는 대담한 은유를 사용해서 인간의 행위를 서술하기도 한다. 이사야서 58,6-12가 그렇다.

불의한 결박을 풀어 주고
멍에 줄을 끌러 주는 것,
억압받는 이들을 자유롭게 내보내고

모든 멍에를 부수어 버리는 것이다.

네 양식을 굶주린 이와 함께 나누고

가련하게 떠도는 이들을 네 집에 맞아들이는 것,

헐벗은 사람을 보면 덮어 주고

네 혈육을 피하여 숨지 않는 것이 아니겠느냐?

그리하면 너의 빛이 새벽빛처럼 터져 나오고

너의 상처가 곧바로 아물리라.

너의 의로움이 네 앞에 서서 가고

주님의 영광이 네 뒤를 지켜 주리라.

그때 네가 부르면 주님께서 대답해 주시고

네가 부르짖으면 "나 여기 있다" 하고 말씀해 주시리라.

네가 네 가운데에서 멍에와

삿대질과 나쁜 말을 치워 버린다면

굶주린 이에게 네 양식을 내어 주고

고생하는 이의 넋을 흡족하게 해 준다면

네 빛이 어둠 속에서 솟아오르고

암흑이 너에게는 대낮처럼 되리라.

주님께서 늘 너를 이끌어 주시고

메마른 곳에서도 네 넋을 흡족하게 하시며

네 뼈마디를 튼튼하게 하시리라.

그러면 너는 물이 풍부한 정원처럼,

물이 끊이지 않는 샘터처럼 되리라.

너는 오래된 폐허를 재건하고

대대로 버려졌던 기초를 세워 일으키리라.

너는 갈라진 성벽을 고쳐 쌓는 이,

사람이 살도록 거리를 복구하는 이라 일컬어지리라.

이 구절들에서 이사야는 의로운 행위를 지속적인 창조 행위로 표현하고 있다. 나는 할렘의 빈민가를 거닐 때마다 '사람이 살도록 거리를 복구하는 이'에 대한 이사야의 환상이 떠오른다. 우리로 인해 생긴 사회의 폐허를 복구하고 우리 주변의 상처를 치유하기 위해 할 일이 많은데도, 미국과 유럽에는 실업자 수백만 명이 놀고 있다. 누가 '갈라진 성벽을 고쳐 쌓고 … 사람이 살도록 거리를 복구할' 것인가? 누가 창조를 계속 추진할 것인가?

이사야는 공동 창조자가 되고 창조의 과정에 능동적으로 참여하는 것은 "불의한 결박을 풀어 주고" "모든 멍에를 부수어 버리는 것"임을 보여 준다. 그렇게 하면 우리의 빛이 "새벽빛"처럼 비칠 것이다. 자신을 위해 비축하지 않고 굶주린 자들을 위해 베푸는 자들의 빛이 "어둠 속을 비출 것이다". 이사야는 "물이 풍부한 정원"이라는 상징을 쓴다. 이 상징은 네 개의 강으로 둘러싸인 낙원의 동산을 상기시킨다. "너는 … 물이 끊이지 않는 샘터처럼 될 것이다." 이 모든 자연적인 상징들(빛, 대낮, 샘터)은 창조가 어둠에서 밝아지는 지속적인 과정임을 말해 준다. 우리는 과거에 완결된 사실이 아니라 우리의 참된 미래를 보증하는 창조의 과정에 동참하라는 요구를 받고 있다. 악을 제거할 때 우리는 '공동 창조자'로서 창조의 선善에 참여한다.

우리가 창조에 동참함으로써 창조가 계속된다면, 그것은 우리의 하느님 이해를 위해 무엇을 의미하는가? 헤이워드는 "하느님은 어떤 존재자가 아니라, 세상에 육화하기 위해, 선을 행하고 의를 이루고 사랑을 실현하는 인간을 필요로 하는 관계의 능력('관계 속에 있는 능력')이자 초인격적 정신"[25]이라는 결론에 이르렀다. "선을 행하고 악을 제거하는 것은 인간의 책임이다. 하느님은 그렇게 할 수 있는 우리의 힘이다." 관계의 능력은 우리 인간들을 통해 작용한다. 헤이워드는 모든 창조적 관계는 "메시아적 상호 관계"라고 말한다.[26] 이렇게 말함으로써 그녀는 친구가 아니라 신일 뿐인 피안적 메시아에 대한 기대에서 서로 교류하는 우정과 힘을 나누어 주는 능력(empowerment)으로 특징지어지는 하느님-인간-관계로 우리의 기대를 돌리게 한다.

하느님을 관계의 능력으로 파악하는 것은 전통적 관점에서는 이단으로 보일 수 있겠지만, 그것은 성경적으로 충분한 근거를 지니고 있다. 하느님을 창조적인 상호 관계로 보는 여성신학적 하느님 이해와 가장 가까운 것이 성경에 나타나는 '거룩함'의 개념이다. 이 말은 하느님과 인간 둘 다에게 적용된다. 십계명과 관련해서 하느님은 그의 백성에게 이렇게 말한다. "나, 주 너희 하느님이 거룩하니 너희도 거룩한 사람이 되어야 한다"(레위 19,2ㄴ). 산상설교에서도 "여러분은 세상의 빛입니다"(마태 5,14ㄱ), "여러분의 하늘의 아버지께서 완전하신 것같이 여러분도 완전해야 합니다"(마태 5,48)라고 한다. 성경에 따르면, 거룩함은 하느님과 협력하여 인간이 겪는 고통을 경감시키고 세상에서 정의를 이루는 것을 나타내는 말이다. 그런데 도대체 서구 문화 속에서 거룩함에 대한 욕구를 지닌 인간이 있을까? "주님, 저는 제 마음속에서 더욱 거룩해지기를 원합니다"라고 노래하는 미국 흑인영가에 우리는 동조할 수 있을까?

최근에 나는 세속적이고 매우 부유한 한 대학에서 충격적인 경험을 했다. 학생들 가운데 약 절반은 유다인 가문 출신이었는데, 그들은 인간적 고난, 죽는 일과 죽음의 의미에 대해 이야기했다. 그들은 나의 저서 『고난』*Leiden*을 읽었던 것이다. 교실에 들어갔을 때 나는 교실 안에 약간의 긴장이 감돌고 있음을 느꼈다. "고난의 한계란 어디까지죠?" 예쁘고 건강해 보이는 18세 소녀가 날카로운 목소리로 나에게 물었다. 나는 그녀가 지금까지 살아오면서 한 번이라도 참된 고난을 겪어 보았는지 알고 싶었다. "어느 정도까지 우리는 고난을 당해야 하는 겁니까?" 그녀는 계속 물었다. 그 반 전체가 고난에 대한 나의 관점에 어떤 반응을 보이는지 알고 싶었기 때문에, 나는 그녀의 물음에 곧바로 대답하지 않았다. 학생 몇 명은 내가 그들에게 온 세상의 고난을 짊어질 것을 요구한다고 느끼고 있었다. 처음에 질문했던 소녀는 나의 무언의 답에 대해 지나친 요구라고 느끼고 있었다. 다른 사람들의 고난에, 특히 대부분 제1세계에 사는 우리가 야기한 제3세계인들의 고난에 동참하라는 것은 지나치다는 것이다. 그녀는 또다시, 이번에는 화를 내면서 나를 다그쳤다. "모든 일에는 한계가 있지 않겠어요?"

그 순간에 마태오복음의 구절이 생각났다. 베드로가 예수에게 이렇게 물었다. "주님, 제 형제가 제게 죄를 지으면 그를 몇 번이나 용서할까요? 일곱 번까지 할까요?" 예수의 대답은 신랄한 데가 있다. "일곱 번까지가 아니라 일흔 번을 일곱 번까지라도 하시오"(18,21-22). 이 이야기를 꺼내자마자 다수의 학생이 격한 말을 내게 퍼부었다. "나는 예수가 아니에요!" "예수? 예수는 잊어버려요!" "선생님은 우리를 뭐로 보는 거지요? 우리가 성자라도 되는 줄 아세요?" 고난의 참된 원인에 대해 묻지도 못했기 때문에 확실히 토론은 피상적인 데 머물고 말았다. 그러나 이 토론은 다른 이들의 고난을 대하는 젊은 엘리트들의 고도로 발달된 방어기제를 보여 주었고, 그들이 고난에 대한 어떠한 책임도 거부하고 있으며, 다른 민족과 문화에 대한 유대감도 결여되어 있음을 알려 주었다. 하느님이 거룩하기 때문에 우리도 거룩해야 한다는 나의 희망은, 고난, 특히 다른 사람들의 고난을 직시하기를 거부하는 이 학생들의 완강한 반대에 부딪혔다. "나는 예수가 아니에요!" 하는 외침에 매우 당혹했지만, 나는 "왜 아니란 말이오?" 하고 반문했다. 그래도 우리는 전혀 다르게 살아 보려고 노력할 수는 있는 것이다. 어째서 우리는 함께 행동하고 함께 고난받으면서, 참으로 공감하면서 창조적인 유대를 맺으려 하지 않는 것일까? 나는 우리가 신앙, 신뢰, 거룩함, 초월이라고 부르는 것들에 대해 이 학생들에게 아무 말도 해 줄 수 없었다. 나는 그들이 '탈종교적'(postreligiös)이라고 느꼈으며, 격렬한 토론을 벌였지만 차가운 인간이라고 느꼈다.

"나, 주 너희 하느님이 거룩하니 너희도 거룩한 사람이 되어야 한다"(레위 19,2)고 성경의 하느님이 말한 그 순간은 종교사에서 결정적으로 중요하다. 이 계명이 말하고 있는 바는 분명하다. 하느님만이 아니라 우리 인간은 거룩하도록 정해져 있다. 우리는 하느님과 일치하라는 부름을 받았다. 우리는 사랑과 정의를 행함으로써 우리의 행동을 통해 하느님의 고유한 성품인 거룩함에 도달하도록 초대받았다. 야훼를 안다는 것은 정의를 행하는 것을 의미한다. 거룩함에 대한 이런 이해에 기초해서 유다교 전통은 하느님에 대한 모방을 강조한다. 탈무드는 하느님의 행위와 유사한 행동을 할 수 있는 우리의 능력에 대해 분명하게 증언하고 있다. "인간이 하느님처럼 거룩하다고 생각할 수 있다."[27] 유다교에서는 하느님의 거룩함이 인간의 거룩함을 능가하고, 라삐들이 하느님의 절대적 거룩함을 강조하기도 하지만, 그럼에도 불구하고 거룩할 수 있는 인간의 능력이 부정되지 않는다. 우리는 하느님의 형상대로 창조되었으며, 그렇기 때문에 하느님과 일치될 수 있다. 우리는 하느님을 본받도록(imitatio dei) 부름 받는다. "주 너희 하느님을 따르라는 말씀은 무슨 뜻인가?" 탈무드는 이 물음에 답변하면서 그 성경 구절(신명 13,5)의 의미를 이렇게 설명한다. "그가 헐벗은 자에게 옷을 주었듯이 … 너도 헐벗은 자에게 옷을 주어라! 찬양받으실 거룩한 분이 병자를 방문했으니 … 너도 병자를 방문하여라! 찬양받으실 거룩한 분이 슬퍼하는 자들을 위로하셨다. … 너도 슬퍼하는 자들을 위로하여라!"[28] 행위를 통해, 세계의 쇄신을 통해 하느님과 비슷하게 되는 일이 실제로 가능하다는 것을 입증하기 위해 탈무드는 히브리 성경 구절들을 거듭 인용한다. 그리스도교의 유다교적 뿌리를 다시 성찰함으로써 우리는 인간의 자비심과 정의에 대한 신뢰를 회복할 수 있다고 생각한다. 실제로 우리는 "신들보다 조금만 못하게"(시편 8,6) 창조되었다.

성경에는 삶의 거룩함, 인간 현존의 통전성, 그리고 하느님과 우리의 일치를 나타내는 적극적인 상징과 증언이 많이 있다. 우리는 은총을 받는 단순한 그릇이 아니다. 반대로 우리는 생동하는 사랑의 능동적인 파트너다. 에르네스토 카르데날은 『솔렌티나메 농부들의 복음』에 니카라과의 한 농부 여인의 멋진 주기도문 해설을 담았다. "당신 이름을 거룩하게 하소서"라는 기원에 대해 그녀는 이렇게 말했다. "거룩하게 한다는 것은 찬송을 부르고 기도하고 행렬을 벌이고 성경을 읽는 것이 아니다. 하느님의 이름을 거룩하게 하는 것은 이웃을 사랑하고 다른 사람들을 위해 무엇인가를 행하는 것을 뜻한다. 우리가 예전처럼 기도와 행렬로만 하느님을 찬양한다면, 그것은 결코 그의 이름을 거룩하게 하는 것이 아니다. 달리 말하면, 비록 하느님의 이름을 전혀 언급하지 않는다고 하더라도, 사랑을 행하는 것이 하느님의 이름을 거룩하게 하고 이 땅에 그의 존재를 알리는 것이다."[29]

하느님의 거룩함에 대한 여인의 이해는 ― 북미의 학생들처럼 ― 하느님과 인간의 분리를 강조하는 것이 아니라 일치를 강조한다. 거룩하게 한다는 것은 정의를 실현한다는 뜻이다. "당신의 이름을 거룩하게 하소서"보다 나은 번역으로 카르데날은 "당신의 인성을 고백하게 하소서" 또는 "당신을 인정하게(정의를 펼치게) 하소서"를 제안한다.

많은 개신교 교회들은 의로운 행위를 통해 하느님을 모방하고 그와 일치될 수 있는 인간의 힘을 약화한다. 창조의 과정에 우리가 참여하는 것을 찬양하는 대신 개신교는 흔히 세상의 변혁 불가능성과 인간의 죄성을 지나치게 강조한나. 인간은 악하고 능력도 없기 때문에 자신을 변혁할 수 없다는 것이다. 이처럼 인간을 멸시하는 어투는 우리에게 굴욕을 안겨 주고 하느님에 대한 신앙과 그의 선한 창조에 대한 참여에서 우리를 분리시킨다. 대부분의 개신교 교회들의 고질적인 인간학적 비관주의는 구약성경의 증언에 기초한 것이 아니다. 구약성경의 증언에 따르면 우리는 하느님과 같은 모상을 지닌 존재로 창조되었으며, 우리가 사랑 그 자체가 될 때까지 사랑 속으로 계속 성장할 수 있는 능력을 부여받았다. 창조자로서 하느님의 존재에 참여하고 창조에 협력하는 것을 부정하는 이러한 인간학적 비관주의를 극복하는 것이 오늘날 신학의 과제다.

그리스도교 역사에는 하느님과 인간의 관계에 대한 두 가지 대립적인 신학적 견해가 있는데, 그것은 '타자성'과 '일치성'이란 말로 구별된다. 첫째 견해에서는 하느님이 언제나 '전적인 타자'다. 둘째 견해에서는 하느님과 인간이 신비적 합일에 이를 수 있다. 하느님이 전적인 타자라면, 헤겔이 자신의 초기 저작에서 표현했듯이, 그는 소외된 민족을 지배하는 낯선 존재다. 하느님의 타자성은 하느님을 낯선 존재로 만들고, 인간을 땅 위의 이방인으로 만든다. 그들은 고향에 있다고 느끼지 못하고 아브라함처럼 유랑한다. 여기서 하느님과 인간의 간격은 무한하며, 넘을 수 없는 것이다.

예를 들어, 칼뱅과 카를 바르트는 '합일'에 대해, 하느님에게 너무 가까이 접근하거나 하느님과 신비적 합일에 이를 수 있는 가능성에 대해 지나친 두려움을 보이고 있다. 정통 개신교는 하느님과 인간의 '일치', 또는 동일화의 가능성에 대해 깊은 불안을 지니고 있기 때문에 신비주의를 두려워한다. 신비주의는 인간의 신격화로 여겨졌다. 하느님은 인격으로, 특히 복종을 요구하는 아버지상으로 이해된다. 이는 하느님의 전적인 타자성이 지니는 윤리적 측면이다. 하느님이 전적인 타자라면 '그'가 근본적으로 우리에게 바라는 것은 복종이다. 그렇게 되면 우리의 구원은 하느님의 뜻에 대한 우리의 복종에 달려 있다. 구원은 법정에서 의로움을 선포하는 것과 같은 뜻이 된다. 죄인이 의롭게 되었다, 즉 구원받았다고 하느님 또는 그리스도가 선언한다. 구원은 가련한 죄인에게 심판자로서 궁극적 판결을 내리는 하느님의 자유의지에 따른 것이다. 이 경우 우상숭배와 불복종은 죄로 여겨진다.

타자성	합일
무한한 간격	신비적 합일(unio mystica)
'전적인 타자'로서의 하느님	영혼 안에서의 하느님의 탄생
인격, 아버지상으로서의 하느님	심연, 근원, 바다로서의 하느님
하느님에 대한 복종	하느님을 통한 능력 부여 (= empowerment)
구원 = 의화	구원 = 거룩하게 됨
죄: 우상숭배, 불복종	죄: 하느님에게서 떨어져 있음, 공허
정통 개신교	신비주의

'합일'이라는 표제 아래서는, 우리와 함께 있는, 우리 안에 있는 하느님, 우리와 동일시될 수 있고 합일할 수 있는 하느님에게 강조점이 있다. 이 전통의 상징들은 흔히 자연에서 유래한 것들이다. 깊이, 심연, 생명의 원천, 물, 바다로서의 하느님이 그렇다. 신비주의적 관점에서 말하자면, 구원은 하느님과 합일하는 것과 동일한 의미며, '타자성'을 강조하는 신학의 죄 개념과 대조적으로 하느님에게서 멀리 떨어져 있는 것, 공허함이 죄다. 죄는 불복종과 우상숭배와 관련이 있다기보다 절망과 관련이 있다. '의롭게 되는 것'만이 아니라 거룩하게 되는 것이 구원의 결과다.

5
창조의 영성

우리는 하느님의 모상에 따라 창조되었다. 그러나 이것은 하느님과 인간의 완전한 신비적 합일을 뜻하지도 않고, 하느님의 전적인 타자성을 뜻하지도 않는다. 여하튼 나는 모든 좋은 신학은 신비적 요소를 포함한다고 생각한다. 하느님을 통해 인간이 능력을 부여받는다는 사실을 전적으로 부정하는 것은 신학적으로 불가능하다.

　　우리가 하느님을 관계의 힘으로 이해하고 우리를 이 힘의 일부로, 그리고 이 힘에 의해 지탱되는 존재로 이해한다면, 이 신앙은 우리로 하여금 피조 세계를 선한 것으로 증언하게 한다. 해방을 위해 싸우는 그리스도교 여성주의 집단과 여러 집단들 중심에는 피조 세계와 우리 자신의 피조성을 찬미하는 새로운 양식에 대한 커지는 욕구가 있다. "전능하신 하느님을 찬양하라"는 전통적 표현 방식은 점점 더 불만족스럽게 여겨진다. 한편으로는 전능을 숭상하는 인습적 표현들이 우리에게 의미를 잃었고, 다른 한편으로는 피조 세계를 찬미할 수 없는 이 시대의 무력함, 절망에서 유래한 침묵을 받아들이고 싶지 않기 때문에 우리는 다른 언어를 찾고 있나. 낡은 종교적 언어노, 새로운 세속석 언어도 여러 집단에서 감지되는 창조의 영성에 대한 갈망을 충족시킬 수 없다. 아직 우리는 하느님에 대한 새로운 이름을, 그리고 우리와 필연적 관계에 있는 것에 대한 새로운 표현 방식을 찾고 있다. 카터 헤이워드는 하느님에게 "관계의 능력"이라는 이름을 붙였다. 나는 독자들에게 다른 이들과 함께 하느님의 적절한 이름을 찾고, 하느님이 우리에게 누구인지 이름 붙이는 종교적 모험을 하도록 권한다.

성경에서 내가 가장 좋아하는 이야기 가운데 하나는 마르코복음 9장에 나오는 간질을 앓는 아이를 치유하는 이야기다. 이것은 간질을 앓는 아이의 아버지에게 요청을 받고도 '악한 영'을 몰아내지 못한 제자들의 무능과 무력에 대한 이야기다. 제자들은 '악령 들린' 아들과 그 불행한 아버지의 고통 앞에서 어찌할 바를 모르며, 율법학자들과 바리사이들에게 공공연하게 조롱과 비웃음을 당하고 있다. 거기에 나타난 예수는 제자들을 위로하기는커녕, 아이를 치유하지 못하는 그들의 무능은 믿음이 부족한 탓이라고 대놓고 말한다. 예수는 그들을 "믿음이 없는 세대"라고 불렀다. 만일 그들이 "관계의 능력"을 믿는다면, 그들에게도 이 능력이 주어질 것이고, 그들도 예수만이 할 수 있다고 생각되는 일, 즉 기적을 행할 수 있을 것이다.

아이의 아버지가 아들을 고쳐 달라고 예수에게 간청하면서도 "선생님께서 하실 수 있다면"이라고 의심쩍게 물었을 때, 예수는 그를 꾸짖었다. "'할 수 있다면' 이라고요? 믿는 사람에게는 어떤 일이든 다 가능합니다"(마르 9,23). 달리 말하자면 이렇다. 언제야 너는 '당신이 정말 그 일을 할 수 있습니까?'라는 불안해하는 소리를 그치겠느냐? 언제야 너는 무기력과 나약함을 떨치고, 우리 안에 있는 하느님의 치유하는 능력에 대한 불신을 극복하겠느냐? 언제야 너는 굶주린 자를 배부르게 하고 병자를 치유하고 마귀를 추방하는 하느님의 일을 시작하겠느냐? 언제야 너는 하느님의 능력에 참여하는 자는 모든 일을 할 수 있다는 것을 깨닫겠느냐? 하느님의 이름 가운데 하나는 — 나는 이 이야기를 통해 이 이름을 배웠다 — '어떤 일이든 가능하다!'이다. '모든 일이 가능함'을 알지 못할 때 '모든 일이 가능함'에 대해 말할 수 없다. '모든 일이 가능함'을 믿지 않을 때 나는 죽은 것이다. 나는 '모든 일이 가능함'이 바로 지금 우리의 현실이 되기를 기도한다.

창조 신앙을 나타내는 새로운 언어를 추구하면서 가장 먼저 떠오르는 것은 명사가 아니라 동사다. '놀라다, 경탄하다, 경외하다, 피조 세계의 율동 속에서 새로워지다, 피조 세계의 아름다움을 느끼고 생명의 원천을 찬미하는 데서 기쁨을 느끼다.' 이것들은 내 속에서 점점 커지는 욕구들이다. 이 동사들을 나열하면서 나는 하느님이 모든 피조물을 창조했으며 이 피조 세계는 '좋다'고 믿는 활달한 사람들을 연상한다. 그러나 나는 경탄하고, 자기 자신을 혁신하며 스스로 기뻐하는 것을 배우지 못한 수많은 형제자매들 역시 잊을 수 없다. 나는 근원적 신뢰와 선을 경험하지 못한 사람들을 생각한다. 일상 언어로 우리는 그런 사람들을 — 남자든 여자든 — '고장 난 존재', 망가진 존재, 외톨이, 무용지물이라고 말한다. 원래 '고장 나다'라는 말은 사물과 기계에만 사용할 수 있는 말이다. 고장 난 인간들의 세계에서는 다른 인간들과의 결속감이 없다. 관계는 파괴되어 있거나 전혀 존재하지 않는나. 고장 난 인간은 다른 사람과 소통할 수 있는 언어를 구사하지 못한다. 그는 자신이 느낀 것을 표현하지 못한다. 세상에 대한 그의 지각은 어리석은 방식으로 제약되어 있으며, 그의 능력들은 방치되어 있다. 망가진 인격은 피조 세계에 대해 신뢰를 갖지 못하며, 자신의 피조성을 깨닫지 못하고, 위대한 능력에 참여하는 존재로서 자신이 지닌 가능성들을 의식하지 못한다. 고장 난 인간형은 피조 세계 앞에서 경외하고 경탄하며, 자아를 혁신하고, 아름다움을 감지하고, 기뻐하며, 감사와 찬양을 할 수 있는 모든 인간적 능력을 위협받고 있는 문화의 사회적 산물이다. 그러면 누가 이런 '고장 난 인간'인가? 우리 모두 그런 인간을 너무나 잘 알기 때문에 굳이 내가 이 물음에 답변할 필요는 없다.

한 우울한 학생과 긴 대화를 나눈 끝에 그의 이야기에 지쳐 버린 나는 그 젊은 남성에게 이렇게 물었다. "당신이 기쁨을 느꼈던 일이 지난해에 있었나요?" 그는 2년 전부터 '기쁨'이란 말을 사용해 본 적이 없다고 했다. 실제로 이 말을 사용할 일이 자기에게는 없다고 그는 덧붙였다. 놀라거나 놀라워하는 것을 그는 배우지 못한 것 같았다.

놀람은 모든 철학의 시작이다. 그러나 놀람은 우리 일상의 경험이기도 하다. 내 아이가 시계 보는 법을 배우고 나서 어느 날, "엄마! 일곱 시 오 분 전이라니 얼마나 놀라운 일이야!" 하고 외쳤던 일이 기억난다. 어린이들이야말로 놀라움의 가장 위대한 전달자일 것이다. 그들에게 사소하고 범상한 일은 없다. 그들은 모든 일이 이미 있었고 되풀이된다는 평범하고 무감각한 관점에서 우리를 해방한다. 피조 세계를 긍정한다는 것은 놀람과 환희의 자유 속에 들어간다는 것을 뜻한다. "보라, 내가 만물을 새롭게 한다"는 말은 종말에 대한 기대에서 나왔다. 그러나 이 말은 우리가 무엇인가를 새롭게, 처음으로 감지하는 원초적 시간과 관련되어 있다. 어떠한 사물도 단순히 처리될 수 있고 사용될 수 있고 주어진 것으로 받아들여지지 않는다. "고장 난 인간"은 이렇게 대꾸할 것이다. "무엇이 그리 대수롭단 말인가? 늘 그랬던 것 아닌가!" 놀랄 줄 아는 능력보다 모든 사물을 사소하게 만드는 능력이 그에게는 훨씬 더 크다. 그의 감지 능력은 마비되었고, 그의 정신은 신비주의자들의 말대로 눈물도 없고 생기를 돋우는 물도 없이 '메말라' 있다. 그러나 이 고장 난 인간은 성공한 경영자의 이면일 뿐이다. 그는 피조 세계를 간단히 '환경'으로 환원시키고, 자기 방식으로 그것과의 관계를 유지한다. 서구 유신론에서 형성된 피조 세계와의 관계는 일종의 식민지로 여겨진 자연에 대한 지배에 근거를 두고 있다. 한낱 재료(에 불과한 자연)에 대해서 범신론적 경탄을 느낄 리 만무하다. 그들의 기본 태도인 지배가 경외를 밀어내고 파괴했다. 피조 세계는 더 이상 존재의 근원과 관계가 없고, 오늘날 제국주의의 핵심어로 말하자면, 주변부에 관계될 뿐이다. 자연에서 벗어나려는 시도를 통해 자연 세계에 대한 관심은 사라졌고, 전적으로 사적인 사안들에만 매달리는 종교 역시 자연에 대한 관심을 주제로 삼지 않는다.

어린이들과 예술가들은 피조 세계의 영성을 가르쳐 주는 교사다. 그들은 창조된 사물들을 새로운 상호 관련성 안에 배열하며, 일상적인 것을 기적으로, 그리고 그냥 있는 것을 창조된 것으로 변화시킨다. 그들을 통해 우리는 암담하고 진부한 삶을 버리게 되며, 그들은 우리에게 기쁨에 찬 경이를 가르쳐 준다. 우리는 목련화를 처음 본 것처럼 다시 보게 된다. 우리는 다른 눈을 배운다.

피조 세계에 대한 영성의 본질적 요소는 아름다움을 지각하는 능력이다. 인간은 사물을 목적의식 없이 직관할 수 있는데, 이는 심미적 희열이라 불린다. '지각하다'(wahrnehmen)라는 동사는 '진리'(Wahrheit)와 관계가 있다. 아름다움에 대한 지각은 우리를 진리로 이끈다. 윌리엄 블레이크에 따르면 "지각의 문들이 깨끗해지면" 우리는 더욱 잘 보게 되고 피조 세계를 다른 방식으로 알게 된다. 사물은 더 이상 마음대로 처분할 수 있는 죽은 물질로 보이지 않으며, 살아서 성장하는 유기체로 보인다. 심미적 의미에서 우리는 만물에 살아 있는 영혼이 내재한다고 믿는 물활론자들이다. 우리가 아름다움을 지각할 때, 우리 눈앞에 있는 대상들은 말을 한다. 우리 문화에서는 대상을 그저 죽어 있는 것으로 여기지만, 이제 관찰자와 대상 사이에 대화가 시작된다. 태양이나 나무와 대화하는 가운데 우리는 피조 세계의 의미 관련성을 파악하고, 어쩌면 태초에 하느님이 "보아라, 참 좋다"고 말했을 때 그가 보았던 것처럼 우리도 피조 세계를 바라보게 될 것이다. '좋다'라는 히브리어 토브*tov*에는 '아름답다'는 의미도 있다. 그러므로 세상을 창조했을 때 하느님은 "보라, 모든 것이 참 아름답다!"고 말했던 것이다.

피조 세계를 사랑한다는 것은 아름다움을 기대하기 가장 어려운 곳에서도 피조 세계의 아름다움을 인식하는 것이다. 우리의 지각 능력을 확대하는 심미적 교육은 엘리트들의 사치가 아니라, 문화적으로 누구에게나 반드시 필요한 일이다. 창조에 대한 신앙은 미학적 감수성을 포함한다. 아름다움을 감지하지 못하는 사람은 하느님을 사랑할 수 없다. 이런 생각을 하고 있자니, 내가 쓴 시 한 편이 떠오른다.[30]

에르네스토 카르데날
그 사람에게 물어보았지
왜 시인이 되는 길을, 사제가 되는 길을,
그리고 혁명가의 길을 걷게 되었느냐고.
아름다움에 대한 사랑 때문이었노라고,
이것이 그의 첫 번째 대답이었지.

이 사랑이 그를
시詩로 이끌었고
(한 걸음 더 나아가)
이 사랑이 그를
하느님께로 이끌었고
(한 걸음 더 나아가)
이 사랑이 그를
사회주의로 이끌었고
(한 걸음 더 나아가)

아름다움에 대한 사랑이란 얼마나 나약한 사랑일까
힌걸 더 아름다운 것을 받아들이지 않는다면.
시에 대한 사랑은 얼마나 미미한 사랑일까
그저 좋은 시구에나 매달린다면.
하느님에 대한 사랑은 얼마나 보잘것없는 사랑일까
하느님 안에서 배부르고
더 이상 주리고 목마르지 않는다면.

복음을 얼마나 적게 사랑하는 것일까
우리가 복음을 삼켜 버린다면.
사회주의적 희망은 얼마나 무력한 희망일까
앞으로 도래할 것을 뛰어넘는 데 불안을 느낀다면.

다시 "고장 난 인간" — 내가 만난 사람이면서 나 자신이기도 하다 —
에 대해 생각해 보면, 이 사람의 삶을 특징짓는 가장 처참한 것은 기쁨
이 없다는 것이다. 유다교 전통에서는 우리가 창조된 존재라는 사실
에 대한 가장 자연스러운 반응이 기쁨이며, 슬픔은 주어진 생명에 대
한 거부이고, 따라서 죄로 여겨진다. 이러한 형이상학적 의미의 기쁨
은 특별한 동기나 선물들과 무관하며, 단순히 생명의 기쁨이고 생명
을 준 데 대한 감사다.

　　그러나 세속화된 문화에서 '생명의 선물'이라는 표현은 대부분의
사람들에게 그 의미를 잃었다. 생명을 주는 자가 사라진 데서는, 생명

을 선물로 여길 수도 없다. 대신 생명은 부수적인 현상, 일종의 부산물로서, 생물학적 우연으로 이해되거나, 설명할 수도 없고 반드시 설명해야 하는 것도 아닌 사실로 이해된다. 사람들은 이러한 문화적 풍토 속에서 기쁨에 대한 아무 교육도 받지 못한 채 성장한다. 종교가 사라진 세상에서는 깊고 무한한 삶의 기쁨이 소멸할 수밖에 없나? 기뻐할 수 있는 우리의 능력에 비추어 볼 때, 인간이 만들었다고 여겨지는 세상에서 사는 것과 하느님이 창조했다고 믿는 세상에서 사는 것은 차이가 있을까? 그 답을 나는 알지 못한다. 그러나 세속화되고 산업화된 문명 속에는 기쁨이 결여되어 있음을 분명히 알 수 있다. 또한 동일한 목표를 위해 투쟁하는 사람들과 함께 창조와 우리의 피조성에 대해 성찰함으로써 기쁨에 대한 나 자신의 의식이 성장하는 것을 알 수 있다. 내가 얼마나 기쁨을 필요로 하는지, 내가 얼마나 간절히 기쁨을 동경하는지 나는 느끼고 있다. 피조 세계의 영성은 우리가 기쁨을 위해 태어났다는 것을 상기시켜 준다.

피조 세계에 중심을 둔 영성의 이러한 모든 요소들 ─ 이를테면 경탄, 새로워짐, 미적 감수성, 기뻐할 수 있는 능력 ─ 은 피조 세계에 대한 의식적인 찬미로 요약된다. 누군가를 사랑한다는 것은 무엇보다도 사랑하는 인물을 찬양하고 그가 아름답고 독창적이고 가치 있는 존재임을 발견하는 것을 뜻한다. 찬미는 인간만이 의식적으로 수행할 수 있는 목적 없는 행동이다. 초기 교부들은, 비록 의식하지는 못하지만, 동물들도 하느님을 찬미한다고 믿었다. 고양이의 울음도 그 나름으로 하느님을 찬미하는 것이다. 누군가를 사랑할 때 우리는 우리의 사랑을 표현하고 싶어 하며, 사랑하는 사람에 대해서 기쁨과 감사를 드러내는 언어로 말하고 싶어 한다. 소유욕이나 병적 의존과 달리 진정한 사랑의 감정에는 삶에 대한 감사가 수반된다. 제임스 웰든 존슨의 시에서 하느님이 피조 세계를 사랑하듯이, 그렇게 다정하게 우리가 피조 세계를 사랑할 수 있을까? 그럴 수 있다면, 자연의 아름다움을 음미하는 것만으로는 부족하고 그 아름다움을 말로 표현해야 한다. 표현할 때 우리의 감정은 더욱 강해지고 뚜렷해진다. 땅이 얼마나 아름다운지 땅에게 말할 때, 우리는 땅을 더욱 훌륭하게 사랑하는 사람들이 된다. 어떻게 피조 세계의 아름다움을 찬양해야 하는지를 배우는 데는 시간이 필요하다. 시간이 흐름에 따라 창조에 대해 감사하는 마음이 다시 싹트고, 피조 세계를 자명한 사실로 보는 자아를 버리게 된다. 우리는 생에 대한 외경을 다시 발견하고, 살아 있는 모든 것에 대한 잃었던 열정을 되찾는다.

나는 지금 부자연스럽고 피상적인 경건을 말하는 것이 아니다. 내가 지도했던 신비주의 세미나에서 있었던 일이 생각난다. 그때 내가 무엇을 피조 세계에 적합한 영성이라고 이해하고 무엇을 아니라고 이해하는지가 분명해졌다. 한 무리의 학생들이 아시시의 프란치스코에 대한 세미나를 준비해 와서 그의 「태양의 노래」를 낭송했다.

나의 주님, 당신은
형제인 바람과 공기,
흐리거나 맑은 모든 날씨를 통해

찬양받으소서,
당신은 이것들을 통해 당신의
피조물들을 번성하게 하십니다.

나의 주님, 당신은
자매인 물을 통해
찬양받으소서,
물은 아주 유익하고 겸손하며
지극히 순결합니다.

나의 주님, 당신은
형제인 불을 통해
찬양받으소서,
당신은 불을 통해 밤을 밝히시며
불은 아름답고 기쁘며 힘 있고 강합니다.

나의 주님, 당신은
우리의 자매요,
어머니인 땅을 통해
찬양받으소서,
땅은 우리를 먹여 주고 부양해 주며,
온갖 열매를 맺고

다채로운 꽃들과 풀들을 냅니다.

나의 주님, 당신은
당신에 대한 사랑으로 용서하고
약함과 불행을 짊어지는 이들을 통해
찬양받으소서.
평화 속에서 기다리는 이들은 복이 있습니다.
지존하신 당신께서 언젠가 그들에게
면류관을 씌워 줄 것입니다.

나의 주님, 당신은
우리의 형제인
육체의 죽음을 통해서
찬양받으소서.
어떤 인간도 살아서는 죽음을 벗어날 수 없습니다.

낭송을 마친 학생들은 전통적인 신학의 언어로 「태양의 노래」에 대한 경건한 해설을 곁들이면서, 그림 같은 일몰과 해변의 백사장 슬라이드를 보여 주었다. 이 끝없는 유쾌한 찬사들이 다른 학생들을 점점 지루하게 만들었다. 결국 내가 끼어들어서 물었다. "여러분이 정말 '자매인 물'을 사랑한다면 어떻게 이처럼 무시간적無時間的인 언어를 쓸 수 있으며, 마치 아무 일도 일어나지 않은 것처럼 행동할 수 있습니까? 여러분이 오늘날 정말 '형제인 바람'을 사랑하고자 한다면, 어찌 대기오염을 잊을 수 있으며, 산성비에 대해 한마디도 하지 않을 수 있습니까? 여러분이 사랑하는 생명이 여러분의 눈앞에서 죽어 갈 때 여러분은 어떻게 피조 세계의 아름다움에 대한 이야기만 할 수 있습니까? 여러분이 정말로 프란치스코에게서 무엇인가를 배웠다면, 그가 오늘날 어떻게 말할 것인가 한번 생각해 보십시오! 이렇게 감상적으로 프란치스코의 영성을 왜곡하면, 프란치스코의 참된 정신을 침해하고, 그 정신을 종교 시장의 상품으로 격하시킨다는 것을 여러분은 정말 깨닫지 못합니까? '자매인 물'에 대한 참된 사랑이 어떻게 우리의 강들이 죽어 가고 있는 현실을 외면할 수 있습니까?" 피조 세계를 찬미한다는 것은 피조 세계의 아름다운 외관에 도취하는 것만을 뜻하지 않는다. 프란치스코는 "신체적 죽음"도 그의 찬송에 포함시켰다.

앨리스 워커의 소설 『더 컬러 퍼플』[31]에는 두 흑인 여성, 셀리와 셔그의 대화가 나오는데, 이 대화는 내가 아는 한 현대문학작품 중 가장 훌륭한 종교적 문구 가운데 하나다. 이 대화는 두 가지 목표를 지니고 있다. 한편으로 그것은 전통적 종교에 대한 비판이며, 하느님에 관한 전통적 종교의 인습적 언어와 진부한 하느님상에 대한 비판이다. 다른 한편으로 그것은 하느님을 새로운 방식으로 진지하게 인식하려는 노력을 묘사하고 있다.

셀리는 지금까지 살면서 품은 하느님상을 이제 지극히 의심스러운 것으로 인식한다. 하느님이 어떻게 보이느냐고 셔그가 묻자 셀리는 단순하게 대답한다. "그는 강력하고 나이가 많고 크고 흰 수염을

갖고 있으며 하얗지요. 그는 흰옷을 입고 맨발로 다닙니다." 그의 눈
빛은 "청회색이며 차갑고 그의 눈은 크지요. 흰 속눈썹 …." 이 하느님
은 흑인에 대한 백인의 권력, 여성에 대한 남성의 권력을 신체적 모습
으로 보여 준다. 어려서부터 기도했던 이 하느님이 백인 남자라는 것
을 깨닫자, 그녀는 "멀리 하늘에만 틀어박혀서 혼자 즐거워하는 이 귀
머거리" 하느님을 자신이 혐오하고 더 이상 필요로 하지 않는다는 충
격적인 경험을 한다. "백인들이 유색인들의 말에 전혀 귀를 기울이지
않듯이", 이 하느님도 흑인 여성 셀리의 탄식을 들어 주지 않았다. 그
녀의 아버지는 린치를 당했고, 어머니는 미쳤으며, 계부는 여러 차례
그녀를 겁탈했다. 셔그를 알기 전까지 그녀의 삶은 혹독한 시련과 굴
욕에 짓눌려 있었다. 그래도 셀리는 하느님과 씨름한다. 백인이고 남
성인 낡은 신을 거부하면서도 하느님에 대한 그녀의 갈망은 지속된
다. "그러나 내 마음 깊은 곳에서 하느님은 내게 소중했어요. 그가 생
각하는 것 … 아무튼 그 없이 살아간다는 것은 쉬운 일이 아니에요."

셔그는 이전에 자기가 지녔던 부정적이고 공허한 하느님상을 이
미 떨쳐 버렸다. "하느님이 백인이고 남자라는 것을 알게 되었을 때
나는 그에게 흥미를 잃고 말았어요." 그러나 이러한 인식은 그녀의 종
교 생활의 끝이 아니라 시작을 의미했다. "늙은 백인 남자" 표상을 극
복한 셔그는 셀리에게 자신의 성숙한 하느님상을 알려 준다. 이 표상
은 백인들의 가부장적 정의定義와는 근본적으로 달랐다. "그것은 …
바로 내가 믿는 그것이야. 하느님은 네 속에 계시고 다른 모든 사람 속
에도 계셔. 너는 이미 하느님과 함께 세상에 온 거야. 하지만 내면에

서 찾는 사람만 그것을 발견해. 그리고 그것은 자주 나타나. 네가 그것을 찾지도 않고 또 무엇을 찾는지 알지 못할 때도 말이야. 내 생각에는 괴로워하는 사람들 대부분에게 나타나시는 것 같아. 아, 그래! 걱정할 때 하느님이 나타나서. 하느님은 스스로 비참을 느끼시는 것 같아." 그녀는 하느님의 창조에 어울리는 영성을 발전시킨다. 그녀에게 "하느님은 '남자'도 '여자'도 아니기" 때문에 "그것"이다. 셔그와 그녀의 하느님 사이에 이루어진 대화는 피조 세계의 만물이 하느님에게서 유래했다는 그녀의 의식과 관련되어 있다. 그녀는 셀리에게 이렇게 말한다. "내 말 좀 들어 봐. 하느님은 네가 좋아하는 것은 모두 좋아하셔. 그리고 네가 좋아하지 않는 하찮은 것들도 많이 좋아하셔." 하느님에 대한 셔그의 이야기는 여성으로서 그녀가 겪은 경험과 삶에 대한 그녀의 사랑에 근거한 것이다.

하느님과 인간의 관계에 대한 셔그의 비범한 생각은 모든 생명의 원천에 대한 열정적인 긍정에서 절정에 달한다. "하느님은 사람들이 무언가에 경탄하는 것을 다른 어떤 것보다 좋아하시지. … 네가 들판에 나가 자줏빛(꽃잎)을 보지 않고 지나칠 때, 하느님은 가장 서운해하셔." 하느님은 통제하는 전능자가 아니다. 하느님은 생명을 다른 존재들과 나누기 위해 자신의 능력을 사용한다. 하느님이 좋아하는 경탄은 피조 세계와 우리가 연결되어 있다는 느낌을 표현하는 것이다.

창조의 하느님을 찬미하는 데 우리는 어려움을 느낀다. 들판에 나가도 우리는 자줏빛 꽃잎을 쳐다보지도 않고 지나친다. 그러나 하느님은 피조 세계 전체와 하나가 되도록 끊임없이 우리를 이끈다.

6
노동과 소외

하느님은 하느님의 모상에 따라 인간을 노동하는 자와 사랑하는 자로 창조했다. 그러나 노동과 인간의 성에 대해 말하려면 오늘날 그것들이 어떻게 소외되었는지를 알아야 한다. 자기소외는 인간의 본질적 특징이 아니라 역사적 현실이다. 그러므로 우리는 소외의 개념을 헤겔과 마르크스의 전통에서 이해해야 한다. 소외는 결코 창조에 어울리는 인간 본성의 영속적인 특징이 아니다. 그것은 '역사적 과업'의 무대 위에 등장한 것이며, 그 무대에서만 지속되거나 극복될 것이다.

창조에 대한 관계가 다르면 우리가 거기에 참여하는 방식 또한 달라진다. 이 장에서는 산업주의적 노동 형식의 파괴적인 결과를 다루는 것으로 소외된 노동에 대한 비판 작업을 할 것이다. 즉, 새로운 탈산업주의적 관점에서 산업주의적 노동 형식을 비판할 것이다.

『철학사전』[32]에 따르면 소외는 "인간관계가 사실들, 사물들 사이의 관계로 나타나고, 인간의 물질적이고 정신적인 활동을 통해 생산된 생산품, 사회적 상황, 제도, 이데올로기가 인간을 지배하는 낯선 세력으로서 인간과 대립해 있는 역사 · 사회적인 총체적 상황이다."

산업주의 이전 전통에서는 노동을 통한 인간의 자기 파괴를 표현하는 데 오래된 그림을 반복해서 사용했다. 발로 돌리는 물레 그림인데, 거기에는 강요된 생산과 기계적으로 진행되는 노동에 예속된 인간의 모습이 그려져 있다. 무의미한 중노동을 뜻하는 물레는 수백 년에 걸쳐 저주로서의 인간 노동을 보여 주는 적절한 그림이었다.

디드로와 달랑베르가 편집한 『백과전서』*Encyclopédie*에서는 이렇게 말하고 있다. "이집트인들, 유다인들, 그리고 로마인들도 물레를 돌리는 데 짐승, 바람 또는 물을 이용하는 경우는 드물었고, 이 힘든 노동을 노예나 전쟁 포로에게 맡겼다."[33]

이 물레 그림은 자본주의 이전 시대에 나온 것이며, 미심쩍은 현대 과학기술의 약속들이 나오기 이전 것이다. 물레 그림은 온갖 단순노동의 의무들을 나타낸다. 나는 여기서 특히 사무직원, 공장에서 상품을 포장하는 여성 노동자, 의류 공장 노동자를 생각한다. 그들은 지루하고 항상 똑같고 불만족스러운 일에 매여 있다.

일상화된 이러한 상황에서는 올바른 인간 노동의 어떠한 요소가 빠져 있는가? 좋은 노동, 성취적이고 소외가 없는 노동의 본질적 요소로 나는 다음의 세 가지를 꼽겠다. 생산물 또는 결과와의 관계, 노동자가 자기 자신이나 자신의 고유한 삶의 리듬과 맺는 관계, 동료 노동자들과의 관계다. 앞서 물레를 돌리는 노예 그림에는 생산물이 없다는 점이 두드러진다. 노예 앞에 생산물이 보이지 않는다. 혹사와 괴로움으로 점철된 노동의 과정은 보이는데, 노동의 생산물은 보이지 않는다. 전통적인 노동 집약형 산업은 대다수의 노동자를 그의 노동의 결과에서 소외했다. 노동자는 자신을 생산자로 느끼지 못한다. 노동자는 무엇인가를 생산하는 기쁨을 빼앗겼다. 생산물과의 관계는 소외된 노동을 가늠하는 기준이다. 여성 노동자는 자신이 하는 일의 목표를 알지 못하며, 자신이 하는 일의 계획에 참여하지 못한다. 소외되지 않은 좋은 노동에서는 노동자가 처음부터, 자신이 생산하는 것에 대해 알고 있다. 소외된 노동을 하는 여성 노동자는 자신이 하는 활동의 최종 생산품을 보지 못한다. 그녀는 그것을 생각할 수 없으며, 노동의 단계를 계획해서도 안 되고, 노동의 성과를 보지도 못한다. 생산자들이 노동의 결실에서 소외되어 있다.

좋은 노동, 소외되지 않은 노동의 또 다른 차원은 노동하는 인간의 자기표현이다. 물레 그림에 나타나는 것은 순환 운동이다. 날마다 돌아야 할 궤도는 똑같고 아침부터 저녁까지 같은 과정이 반복된다. 개별 활동이 바뀌더라도 전체적으로는 변화가 없다. 전체적인 연관성을 알고 책임지는 일이 노동자에게는 허락되지도, 기대되지도 않기 때문이다.

소외된 노동에서는 노동자가 자신의 시간을 마음대로 사용하지 못한다. 우리는 스스로 시간을 관리하고 시간의 리듬을 발견하여 거기 따를 수 있을 때 본질적으로 시간을 자유롭게 경험할 수 있다. 유다교 신비가이자 나치에 저항한 투사였던 시몬 베유는 1934년과 1935년에 파리 교외의 방직공장에서 노동자로 일했다. 그녀는 컨베이어 벨트 앞에서 그것을 작동하는 공장노동자들과 똑같은 조건에서 노동하고, 그들과 같이 먹고, 그들과 같이 허름한 집에서 살고, 그들과 같은 보수를 받는다는 것이 무엇을 의미하는지 몸으로 경험해 보고 싶었다. 그녀는 교사였으나 르노 자동차 공장 노동자가 되려고 교사직을 버렸다. 그녀는 일기에서[34] 공장 문을 들어서는 순간 자신의 시간의 리듬과는 다른 시간의 리듬이 자신을 지배하며, 그것은 다른 모든 동료 여성 노동자들에게도 마찬가지였다고 밝히고 있다. 그녀는 시간에 대한 처분권을 잃고, 오직 기계와 컨베이어 벨트에 의해서 규정되는 낯선 시간 도식에 예속되었으며, 그녀의 시간 감각은 파괴되었다. 주기적인 강약의 변화 속에서 시간을 경험하고자 하는 것은 인간의 자연적 욕구다. 시간적 존재로서 우리는 숨을 들이쉬고 내쉴 때 그러듯이, 우리의 시간을 형성하고 리듬에 맞춰 구분하기를 원한다. 그러나 대부분의 노동과정은 이런 자연적인 생명의 리듬에 역행한다. 오늘날 정보 통신 기술의 발전으로 구조적 변화가 이루어졌다 해도 이 점에서는 달라진 것이 전혀 없다. 오히려 정반대다! 일하는 사람에게는 계속해서 생산 속도가 빨라질 뿐이고, 새로운 노동과정의 리듬은 인간 신체의 리듬과는 더욱더 멀어진다. 컴퓨터는 나노초 단위로, 인간의 감각으로는 파악할 수 없는 극소 단위로 계산한다고 한다. "속눈썹의 떨림은 5억 나노초 이상이다."[35] 그만큼 심리적 압박감이 증가하며, 직업을 잃을지도 모른다는 두려움 역시 커진다.

노예가 돌리는 물레 그림에는 소외되지 않는 노동의 셋째 차원, 즉 동료 노동자 역시 빠져 있다. 그림 속의 노동자는 폭군 같은 구석 기계에 끼어서 다른 노동자들과 교류할 수 없다. 오늘날 컴퓨터의 감독 아래 일해야 하는 사람들은 상호성의 결여에 대해 불평한다. 오늘날 극심한 노동 착취가 이루어지는 세계적 방직 산업은 바느질하고 다림질하는 여성 노동자들이 서로 이야기하는 것을 금지하고 있다. 사람들은 토론을 두려워하며, 공동체성을 깨닫게 되는 것도 두려워한다. 또한 이 직종에서 극단적 형태로 나타나는 인권침해에 저항하는 어떠한 형태의 노동조합 결성도 두려워한다.[36] 살아 있는 존재들 사이의 협력도 없고, 진실한 주고받음 역시 허락되지 않는다. 거기서 열네 시간까지 일한 어린 소녀는 아무것도 배울 수 없고, 배우게 되지도 않는다. 그녀는 자신의 노동을 통해 성장하지 못하며, 착취당하고 대체될 뿐이다.

모든 소외된 노동은 우리가 존재하고 존재할 수 있는 공간보다 더 작은 곳에 우리를 가두어 놓는다. 대부분의 사람들은 인생을 그런 곳에서 살아야 한다. 그들은 자신들의 신체적·감정적·정신적·영적인 수준보다 못한 상태에서 살도록 강요받는다.

대다수의 사람들이 지배에 의해 빚어진 이러한 소외 속에서 산다. 많은 사람들과 달리 내가 누리는 특권은 나의 노동이 내게 기쁨을 준다는 것이다. 나는 내가 하고 싶은 일을 한다. 나는 나의 일에 대한 계획을 스스로 세운다. 정신 빠지는 일들을 해야 할 때도 있지만 그런 일들에서 의식적으로 벗어날 수 있는 시간적 여유가 내게는 있다. 나는 완전히 자유롭지는 않지만 직업적 신분상 내가 아는 많은 사람들보다 많은 자유를 누리고 있다. 소수의 사람들에게만 특권을 허락하고 대다수 사람에게 특권을 허락지 않는 사회체제의 계급 구조는 같은 계급의 구성원 사이에서도 분열과 알력을 낳는다. 연대와 협력은 사실상 사라진다. 노동자들은 그들의 노동 방식 때문에 여러 면에서 인류 가족 전체에서 소외된다.

한 가지 예를 들어 보겠다. 우리 중 일부가 베트남전에 반대하도록 서독의 노동조합원들을 움직여 보려고 했던 때가 생각난다. 그때 오스트레일리아 노동조합원들은 파업에 들어갔는데, 그것은 정치적 이유에서 행해진 소수의 파업 가운데 하나였다. 베트남전을 이유로 오스트레일리아 부두 노동자들은 미국 배에 짐을 싣거나 부리는 일을 거부했다. 우리는 독일 노동자들도 비슷한 파업을 벌이도록 하기 위해 몇몇 노조원과 접촉했으나 실패했다. 그때 나는 처음으로 산업 사회의 노동조건으로 인해 생겨난 인류 가족에서의 소외를 감지했다. 우리가 이야기를 나누었던 노조 지도자들은 베트남 어린이들의 운명에 아무 관심도 보이지 않았다. 수천 킬로미터 떨어진 곳에서 한 민족이 당하고 있는 고난은 그들의 마음을 전혀 움직이지 못했다. 그들은 그런 것에 대해 한 번도 생각해 본 적이 없었다. 이와 대조적으로 초기 노동운동은 처음부터 국제적인 운동이었으며, 이 운동에서 연대성은 같은 회사와 같은 계층에 속한 동료 노동자들 간의 결속 이상의 것을 의미했다. 같은 회사와 같은 계층 안에서 연대성이 시작되지만, 그 목표는 국제적이다.

인류는 모두 하나이며, 인간 됨이란 다른 사람들, 특히 견딜 수 없는 노동조건에 시달리는 사람들과의 관계 속에서 성립한다. 이것은

19세기 노동운동의 중심적 신념 중 하나였다. 노동자들의 연대는 국적에 매이지 않았다. 국민국가는 부르주아에 의해 고안된 것이지만, 노동자들의 연대는 국가의 경계를 뛰어넘었다.

　미국 노동운동사에서 가장 주목할 만한 여성들 가운데 한 사람은 광산 노동자들을 조직했으면서도 국제주의를 표방했던 마더 존스였다. 1830년에 태어난 그녀는 백 년 가까운 생애의 절반을 '그녀의 자녀들' ― 그녀는 광부들과 다른 노동자들을 이렇게 불렀다 ― 의 이익을 위해 열정적으로 투쟁하는 데 바쳤다. 90년이 넘는 생애에 대한 회상을 담은 자서전[37]에서 그녀는 다음과 같은 이야기를 하고 있다. 1919년 철강노조의 파업 집회에서 그녀가 연설을 하고 있었는데, 청중 한 사람이 러시아에 대한 봉쇄와 그로 인해 야기된 굶주림과 전염병에 대한 소식이 담긴 전단을 나누어 주기 시작했다. 파업 지도부가 그를 저지하려고 했을 때 마더 존스가 나서서 그 전단에 무슨 잘못이 있느냐고 물었다. 파업 지도부의 한 사람이 그녀에게 이렇게 대답했다. "아무 잘못도 없어요, 어머니. 단지 이 전단을 나누어 주도록 허락하면 모스크바가 파업을 조종했다는 소문이 내일 쫙 퍼질 거예요. 일을 그르쳐서는 안 됩니다. 이 전단이 유포되지 않도록 해야겠어요." 그러자 마더 존스는 놀라우리만큼 간결하고 분명한 어조로 회중을 향해 말했다. "여자들과 아이들이 봉쇄의 희생물이 되고 있습니다. 그들은 굶주리고 있어요! 의약품 부족으로 남자들, 여자들, 어린아이들이 죽어 가고 있습니다! 어디서 일어나는 것이든 고난을 외면하면 이 파업은 승리할 수 없습니다. 사람이 두려워할 일은 비인간적으로 되는 일, 단 한 가지밖에 없습니다."[38] 우리는 어떤 사람들을 위해 굶주림에 맞서 싸우면서, 또 다른 사람들이 굶주리도록 내버려 둘 수 없으며 그래서도 안 된다. 자식 중 누구는 좋아하고 누구는 내치면서 자식을 사랑한다고 할 수 없다. 마더 존스가 밝혔듯이, 그래서는 절대 안 된다. 그런 부분적인 사랑은 감상적일 뿐이며 가짜 사랑이다.

노동자들의 비정치화와 다른 노동자들이나 인류 가족에서의 분리는 노동을 통해 야기된 소외의 형태다. 산업화나 임금노동에 기초한 자본주의 체제로 인해 어느 정도로 소외가 일어난 것인가, 그리고 어떤 역사적 시점에 소외가 시작된 것인가에 대한 긴 논쟁이 있다. 헤겔은 『정신현상학』(1806)에서 주종 관계에 의해 규정된 노동이 어떻게 자동적으로 인간의 소외를 야기하는지에 대해 기술했다. 주인은 노예의 노동을 점유한다. 주인이 생산력을 지배하기 때문에 노예는 자신의 생산력에서 소외된다. 주인의 지배는 그의 공적이나 업적에 근거한 것이 아니라, 그가 필수적인 생산수단을 소유하고 있다는 데 근거한다. 주인에게 노예나 임금노동자는 착취의 대상일 뿐이다.

임금노동자의 인격은 주인의 소유이므로 그는 자신의 정체성을 상실한다. 그러나 헤겔에 따르면 이 과정에서 변증법적 역전이 이루어진다. 노예의 노동에 의해 살아가는 주인은 생산 활동을 하지 않기 때문에 자아실현의 능력을 상실한다. 이와 대조적으로 노동자는 자신의 능력을 계속 발전시키고 노동 속으로 자기 자신을 외화外化하여 다시 자신을 찾는다. 따라서 노동자는 주인보다 더 강하다. 이처럼 여성 노동자는 수탈당하고 소외되면서도 생산능력을 가지며, 노동을 통해 자아를 실현할 수 있다. 이 중요한 발견을 통해 헤겔은 노동의 의미와 본질에 대해 전혀 새로운 이해에 이르는 길을 제시했다.

후에 마르크스는 헤겔의 분석 중 정치적인 부분을 문제시했으나, 자유화 과정에서 노동의 의미를 문제시하지는 않았다. 실제로 임금노동자가 생산수단의 소유자인 그의 주인보다 강한 것일까? 과연 소외된 노동의 멍에에 시달리거나 고통을 조금이라도 덜기 위해 그 멍에에 적응하는 노동자가 자아를 실현할 수 있을까? 헤겔이 농업 사회의 조건 아래 있는 주종 관계를 분석했다면, 마르크스의 분석은 산업화된 자본주의 체제의 초기 단계에서 노예화된 노동 상황에 대한 관찰을 토대로 했다. 두 체제 모두 노동자의 자아실현을 위협한다.

오늘날 우리는 전혀 다른, 흔히 '후기 산업사회'라고 부르는 노동 세계에 살고 있으며, 소외에 대한 이러한 분석이 여전히 의미를 지닐 수 있는지 물어야 한다. 수백 년에 걸쳐 노예와 농노, 그리고 산업사회 노동자들이 했던 모든 일이 새로운 기술로 더욱 빠르고 확실하고 효율적이고, 그리고 더욱 많은 이윤을 내는 방식으로 수행되고 있다. 그렇다면 임금노동에 다른 인간의 자기'소외'에 대해 헤겔과 젊은 마르크스가 했던 성찰은 어떤 의미가 있을까? 21세기에는 자유시장이 기술 발전으로 인한 실업의 확대를 막을 수 없다는 것은 의심할 수 없는 사실이다. 수많은 사람들이 노동을 할 수 없게 된다는 것은 오늘날 전혀 새로운 의미에서 우리를 위협하지 않는가?

자유시장의 독점적 지배에 대한 사회주의 전통의 인간적 질문들은 노동 집약적 산업 문화의 시대보다 오늘날 더 적합하고 앞으로도 적합하게 될 것이라고 나는 생각한다. 갈수록 임금노동이 사라진다는 것은 노동, 임금, 보수에 관한 문제가 더욱 심각해진다는 것을 의미한다. 다시 말해 자본은 노동자들의 방해를 받지 않고 전보다 더욱 자유롭게 스스로 재생산한다. 그것은 수백만의 인간들을 경제적으로 '쓸모없게' 만든다. 자본주의 소비문화 역시 생산 증대를 위해 필요하지도 않고 증대되는 소비에 대한 환상을 감당하지도 못한다는 이유로 경제적 '소모품'이 되어 버린 인간들의 문제에 답하지 않을 수 없다. 생산하지도 않고 소비하지도 않는다면 그들은 무엇을 위해 존재하는가? 일도 없고 소득도 없는 인간들은 어떻게 될까? 잠재적 범죄자가 될 이 하층계급을 다스리기 위해 우리는 더 많은 감옥을 짓고 더 많은 경찰을 고용해야 할 것인가?

아니면 실은 노동은 인간의 권리이고, 임금노동만을 노동으로 여기는 우리의 정의定義가 잘못된 것인가? 1990년대 초부터 우리는 '소득을 얻기 위한 노동의 종말'을 겪고 있다. 그런데 이 경험은 새로운 해방적 노동 이해, 즉 더 이상 소외를 운명으로 여기지 않는 노동 이해로 이끌어 줄 수 있다. 인간 노동을 임금과 소득 중심으로 보는 노동 이해에 대한 비판의 목소리가 점점 커지고 있으며, 현실화되고 있다. 소득이 없으면 일도 없는가? 아니면 우리는 임금이나 이윤과는 다르게 노동을 정의하는 법을 배워야 하는가? 어쨌든 임금과 이윤은 노동의 유일한 의미가 아니다. 예수가 말한 '나중에 온 사람', 즉 '승자'의 세계에서 '패자들'에 대한 물음이 사라져서는 안 된다. 우리가 창조된 존재라는 사실의 신학적 의미는 우리가 노동과 사랑을 통해 하느님의 모상을 실현하는 하느님의 공동 창조자들이라는 것이다. 공동 창조자로서 우리는 의로운 세상을 위해 일하며, 이러한 의미에서 모든 인간의 노동은 하느님 나라와 관련된다. 어린이의 놀이, 여학생의 학교 공부, 생필품 생산에는 인간 노동의 메시아적 의미가 들어 있다.

이로부터 이끌어 낼 수 있는 결론은 하느님의 모상이 소외된 노동으로 인해 파괴되는 일이 없도록 해야 한다는 것이다. 우리가 노동에 대해 신학적으로 진지하게 말한다면, 노동은 — 매우 넓은 의미에서 — 우리가 지닌 하느님의 모상의 일부로 여겨져야 한다. 그러려면 우리는 거의 의식하지 못할 정도로 우리를 지배하는 이 시대의 중요한 이데올로기들 중 하나에 대해 저항력을 길러야 한다. 그것은 노동을 유급有給 노동과 동일시하는 것이다. 노동에 대한 우리의 이해가 하나의 이데올로기에 사로잡혀 있다는 것은 노동과 임금노동을 동일시하는 데서 드러난다. 노동과 관련해서 우리는 창조가 아니라 돈을 생각한다. 노동이 삶을 유지하고 풍부하게 하고 충만케 한다는 점에서 노동 그 자체를 의미 있는 것으로 보는 대신 노동을 급료와 관련지으며 경제적 소득에 따라 평가한다. 이 이데올로기를 받아들이는 만큼 노동의 의미는 공허해진다. 우리는 노동시장을 떠나서는 아무 의미가 없는 상품으로 노동을 축소시킨다. 자본주의의 야만성은 노동자들에게서 노동의 존엄성을 빼앗는 데 있다. 우리 눈에는 대가를 받을 수 있는 것만이 가치가 있다. 좋은 노동은 많은 대가를 받는 노동이고, 나쁜 노동은 적은 대가를 받는 노동이다. 그리고 주부의 노동처럼 대가 없는 노동은 노동이 아니다.

그런 사회에서 인권이 언론·종교·정치적 견해의 자유처럼 극히 개인수의적으로 이해되고, 노동에 대한 인간의 양도할 수 없는 권리는 존중되지 않고, 노동하는 존재로서 인간이 전혀 존경받지 못한다는 것은 결코 우연이 아니다. 노동을 임금노동으로 규정할 경우에는 그럴 수밖에 없다. 우리 사회에서 노동은 인간의 권리로 전혀 인정받지 못하고 있다. 노동을 임금노동으로 생각하는 한, 노동에 대한 우리의 관계는 사고팔 수 있고 타율적으로 규정되는 사물들에 대한 인간의 관계와 같게 된다. 자유, 평등, 박애가 공장 밖에는 있지만 공장 안에는 없다. 실제적인 노동조건이 자유를 — (노동의) 계획과 형태, 리듬과 기간에 있어서 — 불가능하게 한다.

그러나 무엇보다도 이윤 추구에 고착됨으로써 생산물에 대한 인간 및 주변 세계와의 친화적 관계가 파괴된다. 노동의 목적은 삶에 필요한 상품을 마련하는 데 있다. 그러나 공업사회는 노동하는 인간이 자신의 노동 및 생산력과 맺는 관계를 근본적으로 변화시켰다. 마르크스주의적 언어로 말하자면, 자본주의는 생산품의 '교환가치'를 위해 '사용가치'를 배제함으로써 우리가 접하는 모든 사물을 점차 교환가능한 것으로 만들었다. 생산물은 어떠한 욕구를 충족시켜 주느냐가 아니라, 얼마나 많은 이윤을 가져다주느냐는 관점에서만 평가된다. 사고팔거나 대가를 지불할 수 없는 것은 이윤과 교환가치의 '존재론' 안에서는 전혀 실재하는 것이 아니다.

교환가치의 우월성은 쉽게 예를 들어 설명할 수 있다. 해변을 따라 거닐다가 이제까지 본 것 중 가장 아름다운 조가비를 발견했다고 가정해 보자. 이 조가비는 나를 행복하게 한다. 거기에는 마르크스가 도구주의적인 언어로 '사용가치'라 부른 것이 존재한다. 나는 사람들에게 조가비를 보여 준다. 그들은 어떤 반응을 보일까? 어떤 이는 "참 예쁘구나! 이 조가비는 기념품 가게에 팔아도 되겠는걸" 하고 말한다. 다른 이는 "바보 같은 소리, 조가비에 그림을 그려서 팔아야 해"라고 말한다. 또 다른 사람은 아마 이렇게 물을 것이다. "이걸로 무얼 할 거야?" 교환가치의 의미를 내면화한 우리 문화 속의 사람들은 이렇게 반응한다. 그들은 조가비 자체가 주는 기쁨과 만족을 느끼지 못하며, 돈을 가져다주고 이윤을 남겨 주는 것으로 조가비를 바꾸려 한다.

자본주의 이전 '자연' 사회에서는 개별적 욕구들이 그 욕구에 상응하는 사용가치를 지닌 생산물들을 통해 충족된다. 오늘날에도 여러 대안적 문화에서는 사용가치를 재고하고 도입하려는 시도를 하고 있다. 화폐의 매개 없이 노동이 교환되는 교환 체계, 자유롭고 공동체적이며 종종 생태적으로 의미 있는 노동이 대안적 집단들에 의해 시도되고 있다.[39] 그렇게 해서 수많은 불필요한 물건에 의해 인간이 덜 지배받게 되고, 노동에는 인간적 관점이 부여된다.

이와 전혀 다른 — 결코 자의가 아닌 — 교환경제가 오늘날 러시아에서 이루어지고 있다. 러시아에서는 국민의 삼분의 일 이상이 현금 없이 생활하고 있다. 산업에 의해 충족되지 않는 나머지 극히 일부가 화폐 없이 물물교환과 자급의 원칙에 따라 기능하고 있다. 만평이나 악의적 논평, 공개적 저항을 통해 이러한 상황이 비판받고 있지만, 동시에 노동에 대한 새로운 정의 역시 나타나고 있는 것으로 보인다.

노동은 필요(또는 욕구)와 생산물 사이의 매개다. 우리의 필요가 다양하고 고르지 않고 서로 비교 불가능하므로 노동은 무엇보다도 사용 가능한 생산물을 목표로 한다. 세 가지 요소 — 필요, 노동의 형태, 생산물 — 모두 질적으로 다르다. 볼리비아에서 감자를 재배하는 농민의 노동은 대만에서 청바지를 만드는 의류 공장 여공의 노동과 다르다. 그러나 이러한 질적 차이는 사라지는 경향이 있다. 먼저 생산물이 일정한 교환가치를 지닌 상품이 되며, 다음에 노동 형태도 그 구체적 특징을 잃고 전적으로 추상화된다. 달리 말하면 노동은 임금 액수에 따라 측정된다. 원래 인간의 필요는 교환될 수 없음에도, 상품과 노동은 추상적 단위로 측정된다. 산업사회와 후기 산업사회 생산에서 특징적인 이러한 추상화 과정에서 구체적인 인간의 욕구들을 충족시키는 사용가치와 생산노동은 우리의 시야에서 사라진다.

마르크스는 이처럼 다양한 노동 형태와 사용가치가 지니는 구체적이고 특수한 성격을 부정하는 것을 나타내기 위해 '추상화'라는 표현을 끌어들였다. 이러한 추상화 과정은 인간 노동의 의미와 목적을 잊게 한다. 노동하는 인격이 자신의 욕구를 분명히 규정하고 노동의 형태를 결정하며, 생산물을 냄으로써 자신을 표현하는 일이 불가능해진다. 인간의 모든 욕구가 돈에 대한 보편적인 욕구로 바뀌었다. 생산물의 교환가치는 사용가치와 분리되어 돈이라는 형태로 독자적으로 존재하려고 한다. 이렇게 해서 예전 '자연' 경제의 오래된 순환(상품-돈-상품)이 새로운 정반대의 순환(돈-상품-돈)으로 바뀐다. 생산의 목적은 더 이상 인간 욕구의 충족에 있지 않고, 교환가치의 창출, 특히 우리의 욕구를 매우 간접적인 방식으로 충족시키는 화폐가치의 창출에 있다. 교환가치는 교환가치를 낳는다는 것이 자본주의의 법칙이며, 이 법칙으로 인해 우리가 생산해 낸 사용가치에서 우리 자신의 소외는 더욱 강화되고 심화된다.

인간을 이러한 추상화와 소외의 과정에 적응시키기 위해서는 강도 높은 억압이 필요했다. 질적으로 다양한 욕구들을 양적으로 규정해야 했으며, 다음에 그것들을 망각하거나 억압해야 했다. 이러한 추상화 과정과 억압 과정의 심리적 대가는 엄청나게 컸다. 이 점에 대해서는 성과 소외에 관한 장에서 다시 다루게 될 것이다. 여기서는 이러한 억압 과정이 긍정적인 노동, 즉 동료 인간 및 자연과의 일치 속에서 인격을 발전시키는 긍정적인 노동에 대한 감각을 파괴한다는 점에 논의를 집중하려 한다.

자신이 생산하는 것이 무엇인지 모르는 노동자는 자신의 생산물의 사용가치에서 소외된다. 특히 군수산업과 무기상인들이 전형적인 예를 보여 준다. 흔히 거기서 일하는 여성 노동자들은 자신이 군수산업 분야에 속해서 아주 작은 부품을 생산함으로써 제3세계 여성과 어린이를 살해하고 핵무기에 의한 학살을 준비하는 데 가담하고 있다는 것을 모른다. 교환가치가 거의 배타적으로 그들의 노동관을 규정한다. 그들은 임금에 따라 노동을 평가하도록 배웠다. 그들의 직업이 무의미하고 다른 사람들을 해치며 그들 자신의 생명까지도 위협한다는 사실은 중요하지 않다. 그들에게는 노동의 교환가치가 가장 중요하며, 그에 비하면 다른 모든 것들은 무색해진다.

이러한 종류의 노동은 여성 노동자의 인간적 가치를 훼손하며, 그들을 기계로 만들고, 창조적이고 책임적인 인격의 본질에 대한 집단적 의식을 파괴한다. 온전한 인격에 의해 이루어지는 노동의 목적 없이 그들은 자신의 노동력을 팔 수밖에 없다. 그들은 팔기 위해 자신을 내놓으며, 아마도 임금노동 영역 밖에 남아 있을 자기정체성의 파편을 구하려고 노력한다.

여성 노동자는 상품경제 안에서 형식적인 평등에 만족해야 한다. 그들은 교환가치와 이윤의 논리에 따라야 하며, 자신의 인간적 감정을 억눌러야 하고, 일종의 계산적 이성을 발전시켜야 한다. 이 계산적 이성은 너무 당연시되어서 다른 문화권, 가령 제3세계 사람들을 접할 때에야 비로소 의식하게 된다. 특별히 여성들은 이윤 합리성에 적응하는 데 어려움을 느끼는데, 여성들의 사회화가 남을 배려하고 돕고 귀를 기울이는 것과 같은 전혀 다른 가치관에 따라 이루어지기 때문이다. 교환가치와 이윤의 세계에서 개인들은 원자화되고 고립된다. 노동자들 상호 간의 관계는 교환 가능한 관계로 전락한다. 그것은 이윤 합리적인 노동 세계에서 노동자들의 진정한 욕구가 억압되고 침묵되기 때문이다.

'가치의 타락'에 대한 보수 집단의 탄식은 이유가 있다. 그러나 가치의 타락은 단순히 사생활이나 인간관계 영역에서 시작되는 것이 아니라, 소외가 일어나는 노동 세계에서, 노동의 탈인간화에서 시작되고 확대된다. 소비주의가 새로운 종교가 된 세계에서 고통은 한편으로 완화되는 동시에 배제된다. 오늘날 '노동자 없는 공장'을 목표로 하는 기술혁명의 시대에 과거의 '완전고용'을 기대하기보다는 창조에 대한 다른 관계를 실현할 수 있는 다른 노동 개념을 형성해야 한다.

그러나 여전히 우리의 노동은 매춘과 같다. 창녀는 고객의 돈에 따라 행동한다. 그녀는 고객에 대한 자신의 감정을 드러내서는 안 된다. 그러면 생계가 위태로워진다. 고객이 마음에 들지 않더라도, 고객이 거만하고 악취 나고 야비하더라도 그녀는 돈 때문에 그를 감수해야 한다. 자기 자신을 시장에 내놓아야 하는 노동자도 이와 마찬가지다. 임금노동은 일종의 매춘이다. 초기 사회주의자들은 임금 노예가 무엇인지 알고 있었다. 그들은 더 높은 임금을 위해서만 투쟁하지 않았다. 노동 자체의 변혁을 위해서, 노동자들이 그들의 생산물의 사용가치를 알고, 자신의 능력을 충분히 활용하고, 노동 현장에서 지식을 얻고 넓힐 기회가 있는 의미 있는 활동으로 노동자들의 노동을 바꾸기 위해서 그들은 싸웠다. 우리가 알듯이 임금노동 체계는 사람들이 입을 다물고 임금노동의 규칙에 적응해 주는 것에 대한 대가를 지불하고 있는 것이다.

노동자들이 임금노동 체계에 적응한 대가를 받는다고 해서, 그로써 국민 전체가 노예화되고 노동시장에서 그들의 인간적 욕망과 존엄성이 상실되는 이유를 설명할 수 있는 것은 결코 아니다. 어떻게 그렇게 오랫동안 그들은 자신들에게 파괴적인 임금노동 체계를 감수할 수 있었는가? 어떻게 구성원 대다수의 존엄성을 박탈하는 체제가 기능을 유지할 수 있었는가? 산업주의에는 물론 긍정적인 측면도 있다. 그것은 인간의 평균수명을 늘렸고, 현대 기술을 도입함으로써 가혹한 중노동을 없앴으며, 다양한 상품과 직종을 개발함으로써 인간 공동체에 새로운 가능성을 열었다. 그럼에도 산업사회에서 일어나는 일들은 참으로 기이하다. 산업사회에서는 대다수가 기이한 사회경제 시스템의 포로가 된다. 그 시스템에서는 인간 노동의 의미가 파괴되며, 사고와 행동의 독립성은 소수의 엘리트에게만 허용된다. 반면 체제의 불문율을 무시하면 당장 다수의 사람들이 생계를 잃는다. 달리 말하자면, 기술에 의해 충분한 수단이 확보되자마자 임금노동은 필요 없어진다.

사람들에게 자신의 인간적 존엄을 포기하게 하려면 우선 그들을 세뇌해야 했다. 임금노예제는 자기 스스로 자신의 비인간화에 협력하도록 인간을 조종하는 이데올로기적 체제로 뒷받침되었다. 이 목적을 위해 끌어들인 가장 중요한 이데올로기적 도구 가운데 하나가 종교였다. 개신교 노동윤리는 임금노동 체제를 이데올로기적으로 후원하고 뒷받침했으며, 인간의 노동은 하느님의 뜻에 일치한다는 종교개혁 신앙에 근거해 있었다. 이러한 종류의 노동윤리는 명상에 대해 부정적인 태도를 취한 반면, 노동의 존엄성은 지나치게 강조했다. 이로 인해 명상과 노동 사이의 오랜 균형이 깨졌다. 사회사적으로 볼 때 명상과 노동의 균형은 중세의 성인축일들에 반영되어 있다. 이 축일들에는 농민들이 강제 노동을 면제받았기 때문이다. 종교개혁에서 노동은 예배로 해석되었으며, 부지런한 노동자는 하느님의 충실한 종으로 여겨졌다. 직업은 소명이며 자존심의 근거가 되었다. 인간은 직업으로서의 노동에서 새로운 자기동일성을 찾았다. 어떠한 노동인지, 그리고 노동의 목적이 무엇인지 고려하지 않고 그저 부지런히, 열심히 노동하는 것 자체가 덕이 되었다. 종교개혁의 종교성은 고된 현실을 견딜 만한 것으로 만들었다. 틀에 박힌 무의미한 노동이 '소명'이라 불리게 되었고, 착취적인 노동 상황이 '하느님이 당신을 세운 자리'라는 명예로운 칭호를 얻었다. 이러한 과분한 용어는 이후 불신을 받았다. 그럼에도 노동과 실업에 대한 세속 세계의 판에 박힌 평가에서 나타나듯이, 그러한 견해는 우리에게 영향을 미쳤다.

고도 산업사회의 노동자들은 일자리를 '잃은' 데 대한 책임을 무의식적으로 자신에게 돌린다. 그들의 자존감은 직업 노동과 매우 긴밀하게 결합되어 있기 때문에, 일자리를 지키지 못한 것은 자신의 잘못이라는 결론을 아주 쉽게 내린다. 미국의 사회과학자들은, 1930년대 경제공황기에 일자리를 잃었던 사람들이 그랬듯이, 오늘날 실업자들이 생업이 없는 데 대한 책임을 자신들에게 돌리고 있다는 것을 확인했다. 이것은 자살과 알코올중독, 정신 질환, 살인, 여성과 어린이에 대한 범죄가 증가하는 이유를 설명해 준다. 실업자들은 경제적 곤경을 자기 개인의 탓으로 돌리며, 무직 상태에서 경제적으로만이 아니라 심리적으로도 고통을 받는다.

나는 개신교 노동윤리의 등장이 국가적·시민적 삶을 새롭게 이해하는 데 기여했다는 점을 인정한다. 그것은 공공복지에 대한 관심과 개인이 공동체의 후원을 받을 수 있는 권리 같은 적극적인 요소들을 포함하고 있었다. 그러나 당시에 성립되었고 최근까지 의문의 여지 없이 받아들여진 노동관은 어떤 노동이든 노동은 모두 긍정적인 것이라는 신념에 근거해 있다. 이 공허한 개념이 그동안 지나칠 정도로 널리 받아들여졌는데, 이제 힘을 잃고 있다. 무엇을 생산하든, 설사 유해 화학물질을 생산한다 해도 무조건 노동이 긍정되는 사회에서는 수행된 노동이 노동자의 소외를 촉진시킬 것이다. 그러한 노동은 생산수단과 노동자 조직, 노동 분배에서 노동자를 소외시킬 것이다. 노동하는 인간이 자신의 생산력 사용에서 소외당하는 현상은 점점 더 심해지고 있다. 어떤 노동이든 노동에는 무언가 긍정적인 것이 있다고 보는 견해가 해로운 것과 마찬가지로, 원래 그러한 노동윤리에 포함되어 있는 종교적 불안, 즉 죄에 대한 불안 역시 해로운 것이다. 종교개혁 전통에 따르면, 인간의 노동은 죄의 서식처로 여겨졌던 게으름을 방지하는 수단이었다. 종교 개혁가들은 유혹과 세상적 기쁨을 막고 구원을 확실시하기 위해 노동이 반드시 필요하다고 생각했다.

인간은 복종해야 하며, 복종은 노동을 통해 입증해야 한다는 것이 하느님의 주요 요구라면, 아버지와 소유주, 사장에 대한 불복종은 죄가 된다. 이 권위적인 인물들의 배후에는 '그분 자신', 곧 하느님이 있기 때문이다. 앞 장에서 기술한 하느님의 전적인 타자성에 대한 주장의 실질적 결과는 사회-노동윤리에서 나타난다. 생명의 창조자를 실제로 거스르는 일, 즉 공허와 권태, 무관심 같은 죄는 무시하면서 불복종, 반항, 비판적 저항은 게으름과 죄의 만성적인 징후로 낙인찍힌다. 수동성에 대해서는 보상하지만 실험과 쇄신의 의지에 대해서는 처벌하는 사회체제 안에서 여성들은 특수한 사회화 과정으로 인해 남성보다 훨씬 더 존엄성을 유린당한다.

오늘날 개신교 노동윤리는 무너지고 있으며, 다음 세대에도 그대로 전해질 수 있을 만큼 그 가치들이 내면화되고 있지는 않다. 부지런하고 건실한 노동자들의 자녀들 가운데 적지 않은 수가 자신의 부모는 일의 노예가 되었고 삶의 다른 영역에서 의미와 가치를 찾을 줄 모른다고 비난한다. 오늘날 모든 노동, 예컨대 무기 산업을 위한 노동이 긍정적이라고는 도저히 생각할 수 없기 때문에 특정한 종류의 직업 노동을 거부하는 사람들이 있는데 이것은 건강한 징조라고 할 수 있다. 그들의 거부는, 일찍이 부르주아 종교를 통해 보장받고 교회의 영역을 넘어 광범위하게 그 위력을 떨쳤던 개신교 노동윤리의 핵심을 겨냥한 것이다. 나는 내 일을 정말로 즐겁게 하고 있는가, 이 일은 내가 가장 잘할 수 있는 것인가 하는 질문들을 하지 못하게 해 온 것은 목사들과 그들 배후에 있는 하느님 자신이었다. 개신교 노동윤리 이데올로기에 의해 임금노동 체제가 강화됨으로써 결국 노동자들에게 피할 수 없는 영향을 끼쳤다. 노동은 무조건적 복종을 요구하는 무의미한 의무가 되었다. 노동자들은 문제를 제기해서도 안 되고, 노동조건을 비판하거나 산업재해와 분업에 대해 저항해서도 안 되며, 노동이 노동하는 인간에게 어떠한 영향을 끼치는가 하는 문제를 다루어서도 안 된다고 교육받았다. 아우슈비츠 강제수용소 입구에는 "노동이 너희를 자유롭게 하리라"라는 문구가 쓰여 있었다. 이러한 냉소주의는 오늘날에도 소위 군산복합체를 통해 군림하고 있다.

7
낙원과 저주 사이에서

19세기 산업혁명은 개신교의 노동관에 어느 정도 변화를 주었지만 추상적으로 이해된 노동에 대한 개신교의 거짓된 외경심과 결별하지 못했다. 산업화로 농업경제가 파괴됨으로써 노동은 계량화되고 돈으로 환산되었으며, 생산과정은 점점 경쟁 원리의 지배를 받게 되었고, 성과를 통제할 수 있게 되었다. '하루 일'을 끝냈다는, 노동에 대한 성취감은 오래전에 사라졌다. 노동의 의미를 그저 '돈을 버는' 단순한 행위로 축소시키는 개신교 노동윤리의 세속적 형태가 특히 미국에서 등장했다. 산업화 이전의 윤리는 창의력, 공공의 행복에 대한 기여, 자아발전의 가능성과 같은 표상들을 경제적 소득과 무관하게 노동 개념과 결부시켰다. 세속화된 산업 윤리는 노동에서 이런 모든 가치를 박탈했다. 이제 일자리를 갖는다는 것은 한 계급에 속하게 되는 것을 의미하며, 실업자보다 도덕적으로 우월하다는 것을 의미한다.

따라서 개신교 노동윤리의 잔재들은 오늘날 노동시장의 위기에서 결정적으로 중요한 의미를 지니는 취업자들과 실업자들의 연대를 파괴하는 데 기여하고 있다. 연대성의 결여는 소외된 노동 세계의 특징이다. 노동이 어떤 이는 소유하고 어떤 이는 소유하지 못한 상품이 되었다. 노동을 단순한 돈벌이로 환원시킴으로써 노동에 의미를 부여했던 인간적 가치들이 사라졌다. 예를 들어 창조력과 성취, 타인과의 협업, 자연의 개조는 자연과의 일치 속에서 이루어져야 한다는 관념 같은 것들이 사라졌다.

마르크스는 노동으로부터 노동자가 소외되는 현상이 다른 모든 형태의 자기소외의 근저에 놓여 있다고 보았다. 그렇기 때문에 그는 소외를 일반적인 존재론적 불행이나 심리적 이상증세, 또는 부모가 우리에게 물려준 어떤 것의 탓으로 돌리지 않았다. 우리가 맞붙어 싸우는 불행을 이해하기 위해 마르크스는 노동에서 출발했으며, 소외의 과정에서 역할을 하는 다른 요인들을 노동에 비추어 검토했다. 하나의 사회 계급 전체, 민족, 또는 한 공동체의 집단적 운명에서 출발하는 것과 개인의 심리적 운명에서 출발하는 것은 실제로 결정적인 차이가 있다. 개인에게서 출발하면 결국 희생자가 자신의 운명에 대해 책임을 져야 한다는 결론밖에 나올 수 없다. 그 경우 당사자에게 부디 더 노력하고 덜 괴로워하고 자신의 충동과 욕망을 잘 제어해야 한다고 충고하는 수밖에 없다. 그러나 노동이나 우리의 집단적 운명에 소외의 근원이 있다고 보면, 소외 문제의 해결은 노동조건의 개선을 위해 공동체적으로 노력하는 데 달려 있다는 것이 드러난다.

소외 이론에 근거한 마르크스의 경제 분석은 매우 중요하다. 왜냐

하면 그는 노동에 대한 자본의 우위를 강조하는 모든 자유주의 경제 이론들과 대조적으로 자본에 대한 노동의 우위를 인정하기 때문이다. 노동자와 노동자가 하는 일에 대해서는 희미한 암시조차 없는 경제학 논문들도 있다. 자본주의 체제에서 자본은 자본 이외에 다른 아무것도 산출하지 않으며, 노동하는 인간은 이러한 최종 목적에 종속되어 있다. 그러나 마르크스에 따르면 노동이 가장 존중되어야 한다. 그에 따르면 노동에 깊이 몰두한 사람이 인간의 본질을 최대로 실현한다. 마르크스의 초기 저작들에서 노동, 실천 그리고 자발적 활동은 서로 바꿔 쓸 수 있는 개념들이다. 마르크스는 긍정적인 의미의 노동을 타율적 행위나 임금 노예노동과는 다른 자율적인 행위로 보았다.

노동하는 인간은 인류의 역사적 과업을 수행한다. 신학적으로 말하면 노동은 부단히 지속되는 창조 과정에 대한 살아 있는 상징이다. 그렇기 때문에 소외된 노동으로 인한 인간소외는 창조 자체에 대한 침해다. 소외는 인간의 본질을 부정한다. 노동은 삶에 필수적이고 삶을 충만하게 하는 것이다. 그러므로 한 인간에게서 노동의 가능성을 빼앗는 것은 인간이 하느님의 모상대로 창조되었음을 부정하는 것이다. 인간다운 노동을 박탈당한 사람은 생산과정의 톱니바퀴 속에서 교환 가능한 나사처럼 취급되는데, 그는 노동과 실천, 자율적 활동을 통해 전개되는 창조 과정에 참여한다고 할 수 없다. 우리가 '노동'이라 부르는 자아실현의 실천과 '사랑'이라 부르는 헌신을 상품화할 때, 즉 사랑과 노동을 상품화할 때, 우리는 삶의 근원에서부터 단절된다.

노동하는 인간이 자신의 노동과 동료 노동자들, 인류의 역사적 과업에서 분리된 상황, 이것이 바로 그리스도교 신앙에서 '죄'라고 부르는 것이다. 복수형으로 '죄들'이라고 할 때 가장 먼저 생각나는 범행들은 삶의 근원인 하느님에게서 근본적으로 소외된 데서 비롯된 것이다. 그리스도교적 견해에 따르면, 죄에는 변증법적 긴장 속에 있는 두 차원, 즉 운명과 죄책이라는 차원이 있다. 우리가 죄 중에 태어난 것은 개인적으로 책임질 수 없는 운명이다. 그러나 우리는 죄 된 행동을 하기 때문에 죄책도 있다. 우리는 우리를 자신에게서 소외시키는 상황의 희생물이지만, 다른 사람들을 희생물로 만들며, 그렇게 함으로써 다시 한 번 우리를 우리 자신에게서 소외시킨다. 죄에 대한 그리스도교적 이해는 이러한 순환 구조를 지니고 있다. 그렇기 때문에 루터는 "자기 자신 속으로 구부러진 인간"에 대해 말하기도 했고, 죄에 대한 찬송에서 "나는 더욱 깊이 빠져듭니다"라고 노래하기도 했다.

도덕적인 의미에서 죄는 악한 행동, 인격적인 과실, 그리고 죄책을 의미한다. 실존적인 의미에서 죄는 신뢰의 결핍이고 공허이며 주어진 우연성에 우리의 삶이 예속되는 것이다. '소외'를 죄에 대한 현대적 표현으로 사용하는 것은 죄책에서 벗어나려는 것이 아니라, 죄책과 운명의 상호 관계 — 이 상호 관계로부터 죄가 성립된다 — 에 다시 주목하려는 것이다. 우리는 단순히 더 나은 행동을 한다고 해서 죄에서 벗어날 수 있는 것이 아니라, 하느님의 공동 창조자로서 새로운 삶을 살기 위해 우리 자신의 삶의 목표를 바꿀 때 비로소 죄에서 벗어날 수 있다. 도덕주의적 관점에서 볼 때 노동자의 죄는 나태, 열심이나 관심의 결여, 부족한 일처리 같은 것들이다. 그러나 실존적인 관점에서 죄는 타율적인 강제 노동에서 성립된다. 그러한 강제 노동은 창조의 동역자로서 인간의 본분을 그르친다. 우리 사회에서 노동은 창조와 화해할 수 없으며, 그러한 소외된 노동의 파괴적인 결과는 어떤 대가로도 보상할 수 없다. 노동의 현실과 인간적인 해방의 과업 사이에 존재하는 고통스러운 분열은 화해를 촉구하며, 근본적인 사회 변화를 요구한다. 만일 우리가 스스로 죄인임을 고백하는 것이 무엇을 뜻하는지 정말로 이해한다면, 노동의 근본적인 사회적 변화를 위해 기도해야 한다. 그러한 변화를 통해 우리는 창조의 동역자가 되고 자유롭게 되어야 하는 인간적 과업과 화해할 수 있게 된다.

노동자로서 우리 자신의 고유한 존재로부터의 소외는 자본주의 사회를 지배하는 무기력한 분위기를 조장한다. "우리는 아무것도 바꿔 놓을 수 없다." 이것은 경제적 불평등과 피조 세계의 파괴에 직면해서 많은 사람들이 보이는 일반적인 태도다. 이것은 불신앙의 태도이며, 영적으로 죽은 인간의 답변이다. 이러한 영적인 죽음은 하느님을 믿느냐 믿지 않느냐 하는 사실과는 무관한 것이다. 통계에 따르면 미국인들은 유럽인들보다 훨씬 많은 수가 하느님을 믿는다. 그러나 불신앙의 특징인 무력감이 광범위하게 퍼져 있다는 점에 비추어 보면, 많은 사람이 하느님을 믿는다고 해도 별 의미가 없다. "우리는 아무것도 바꿔 놓을 수 없다." 이것은 실천적 무신론의 목소리이며, 그러한 실천적 무신론은 이론적·관념적 유신론과 쉽게 결합된다.

우리는 노동을 혹사, 지겨움, 우둔함과 연결시키는 대신 기쁨과 연결시키는 법을 배워야 한다. 창조 설화에 따르면 아담은 "에덴동산을 일구고 돌보기"(창세 2,15 참조) 위해 거기에 있게 된다. 여성신학자 필리스 트리블[40]은 '일구고 돌보다'는 '기쁨을 주다'와 같은 의미라는 점을 지적했다. 낙원의 동산은 환희가 넘치는 곳이다. 이 동산을 '일군 다'는 것은 경외하고 존경하며 겸손한 마음으로 동산을 가꾸는 것을 의미한다. 동산을 '돌본다'는 것은 그것을 보살피고 보호한다는 것을 뜻한다. 인간의 노동과 노동하는 인간으로서 '땅의 주민'에 대한 성경의 첫 번째 언급이 일구고 돌본다는 것이다. 이 말은 수탈과 강탈이 아니라 세심한 가꿈으로 이해될 수 있으며, 또 그렇게 이해해야 한다.

히브리어로 '노동하다'(abad)라는 단어는 '섬기다'를 뜻할 수도 있다. 낙원 설화에서 인간과 자연은 주체와 객체로 대립해 있지 않다. 그들은 서로 관계적으로 존재한다. 어쨌든 창세기 2장이 뜻하는 노동은 타락한 인간에게 내린 저주가 아니라, 처음부터 자유롭고 존엄하며 통전적인 존재로 규정된 인간 본성의 표현이다. 인간의 삶은 노동을 통해 수동적인 삶에서 참여하는 삶으로 바뀐다. 그러나 그리스도교 전통에서는 노동에 대한 이러한 이해가 지나치게 무시되었고, 노동은 주로 죄의 결과로만 이해되었다. 정통주의는 인간의 노동을 저주로 해석하려는 경향이 있다. 정통주의에 따르면 노동은 우리의 구원을 위해 아무 역할도 하지 못하며, 창조자 하느님의 위대한 행위에 비하면 저급한 활동이고, 헛된 수고다. 그리스도교 역사에서 하느님의 위대한 창조 행위는 흔히 인간을 낮추고 왜소화하는 데 사용되어 왔다. 인간에게 노동하는 자로서의 존엄성을 부여하는 대신, 흔히 인간의 노동을 불충분하고 무익한 것으로 여겨 왔다.

그러나 낙원에 관한 이야기를 좀 더 주의 깊게 읽어 보면, 노동이 인간 삶의 본질적 요소로 파악되고 있음을 알 수 있다. '파라다이스'(낙원)라는 말은 페르시아어에서 빌려 온 말로 '울타리가 있는 과수원'을 뜻하는데, 이것 역시 인간의 노동을 나타내는 명확한 상징이다. 노동하는 피조물로서 이 동산을 '일구고 돌보며', 그렇게 함으로써 자신의 생명을 유지하도록 땅의 주민들이 창조되어 이 동산으로 보내진 것이다. 노동함으로써 우리는 우리 자신을 외화外化할 뿐 아니라 우리 자신을 창조하고 보존한다.

성경의 창조 설화는 노동은 좋은 것이며 노동 없이는 창조에 대한 신앙도 있을 수 없다는 것을 상기시켜 준다. 하느님이 엿새 동안 일하고 쉬셨듯이, 공동 창조의 책임을 지고 창조된 인간도 노동과 휴식을 통해 비로소 완성된다. 유다교 종교 생활의 가장 중요한 제도인 안식일은 노동과 휴식의 교체를 기린다. 안식일의 평화를 지키고 기림으로써 이스라엘 백성은 좋은 노동을 창조의 본질적인 부분으로 긍정한다. 그러므로 이것은 노동을 저주와 끝없는 고역으로 보는 전통과 배치된다. 유다교 신학자 아브라함 헤셸[41]은 유다교는 노동을 단순히 인간의 운명으로 감수하는 것이 아니라 노동에 신적 존엄성을 부여한다고 했다. 그는 노동을 하지 않는 안식일을 노동의 경시가 아니라 노동의 긍정으로, 노동의 존엄성에 대한 성화聖化로 해석했다.

지난 역사 속에서 그리스도교는 하느님이 땅과 토지, 그리고 최초의 두 인간에게 내린 저주로서의 노동에 주목했다. 성경의 이야기에서 노동은 수고, 괴로움과 결부되었다. 그러나 인간의 수고와 성공 사이의 단절은 창조에 근거를 둔 것이 아니다. 이 단절은 하느님이 원했던 것이 아니라, 인간의 죄에서 비롯된 것이다. '저주로 보는 전통'에서 의미하는 노동은 일구고 돌보는 선한 활동과 전혀 다른 것이며, 공동 창조자의 존엄성이나 피조 세계의 선함을 위해 우리가 맡은 책임과 아무 관계도 없다. '저주─전통'에서 노동은 형벌이다. 그러나 실제로는 아담과 하와의 원초적 불복종이 창조적 참여를 의미하는 모든 노동을 파괴했기 때문에 노동을 부정적인 것으로만 보게 된 것이 아닐까? 성경은 바로 그것을 우리에게 가르쳐 주려고 하지 않는가?

창세기 3장의 이야기를 '원죄' — 이 말은 타락 설화에 전혀 나오지 않는다 — 의 유래에 관한 설명으로 본다면, 내가 보기에 그것은 신화를 지나치게 교리적으로 해석하는 것이다. 이 신화는 키르케고르가 말했던 "몽상적 정신"⁴²의 무책임한 상태에 머물러 있지 않고 선과 악 사이에서 결단해야 하는 책임적인 존재로 인간이 발전하는 것에 관해서 이야기하고 있다. 아이가 부모나 다른 권위 있는 존재를 향해 '아니'라고 말할 줄 알게 된다면, 그것은 이 작은 인격이 인간적으로 발달했다는 표징이다. 그는 '아니'라고 말할 자유를 얻었다. 이것은 훗날 '예'라고 말할 수 있는 능력을 실제로 가질 수 있게 되는 유일한 길이다. 부정 없는 긍정은 없다.

그렇기 때문에, 선과 악을 알게 하는 나무에 열린 금단의 열매를 먹기를 거부했더라면 복종하는 존재로 남을 수 있었던 것처럼 아담과 하와의 '불복종'에 대해 말하는 것은 잘못이다. 따라서 우리는 아버지의 권위와 대결하는 것, 탯줄을 끊는 것을 '죄'로 여기지 않도록 해야

한다. 여러 견지에서 타락 설화는 죄책과 죄 속으로 우리가 '타락'(Fall)
한 것에 관한 이야기라기보다는 인간의 발달, 즉 '상승'에 관한 이야기
다. 이 신화는 어른으로 성장해 가면서 우리 모두 겪게 되는 죄책을 반
영하고 있다. 낙원의 풍부한 강들로 상징되는 모태와 그 속에서의 공
생적인 삶, 그리고 자신을 위해 나무를 간직하려는 명령하는 아버지,
이 모든 것을 떠나서 우리가 스스로 자신의 결정을 내릴 때 겪게 되는
죄책을 이 신화는 반영하고 있는 것이다. "몽상적 정신"의 상태에, 그
리고 모태와 공생적으로 연결되어 있는 상태에 머물러 있으면 성인이
될 수 없다.

볼프람 폰 에셴바흐가 쓴 중세 독일 서사시 『파르치팔』에서 가장
감동적인 장면 중 하나는 소년 파르치팔이 그의 어머니 헤르첼로이데
와 작별하는 장면이다. 그녀는 그가 궁정 생활을 멀리하도록 집요하
게 노력했다. 기사들의 위험에 대해 경고했고, 그를 숲속에 숨겨 두려
했으며, 부가적인 안전 조치로 그에게 우스꽝스럽고 바보처럼 보이는
누더기 옷을 입혔다. 그러나 아들을 자기 곁에 붙잡아 두려는 그녀의
모든 노력은 허사였다. 그는 기사가 되기 위해 어머니를 떠난다. 헤르
첼로이데는 상심한 나머지 죽는다. 나중에야 파르치팔은 어머니가 자
기와 헤어지고 상심해서 죽었다는 것을 알게 된다.

이 신화적 이야기는 성인이 된다는 것이 무엇을 의미하는지에 대
한 것이다. 부모와의 단절 없이, 남은 자에게 고통을 안겨 주는 일 없
이, 죄책 없이 성숙해지는 길은 없다. 고통과 죄책 없이 성인이 되는
길은 없다. 성경의 타락 설화는 바로 이 사실을 말해 준다. 우리가 해

야 할 도덕적 선택은 복종과 불복종 사이에서 결정하는 것이 아니다. 오직 하나의 도덕적 결정이 있을 뿐이다. 그것은 복종하지 않는 것, '인식의 나무 열매'를 먹고 삶의 냉혹한 현실을 이겨 내는 것이다.

이러한 의미에서 부모의 집을 떠나 새로운 길을 감으로써 아버지 하느님의 권위적인 음성을 거스르고 죄책을 자기 스스로 짊어지는 것은 도덕적 결단이다. 아담과 하와는 자신들의 결정권을 내세움으로써 성인이 되며, 비록 창조와 함께 이미 주어졌던 것이지만, 노동과 성性은 새로운 의미를 지니게 된다. 이제 아담과 하와는 그들의 노동과 사랑의 귀결에 직면하게 된다. 용감하게 발걸음을 내딛음으로써 그들이 이전과는 다른 사람들이 되었기 때문에, 관계의 본질인 하느님 역시 다른 존재가 된다. 아버지 하느님이 동반자가 된다. 성경의 신화는 하느님의 모습이 그렇게 변화하는 것을 증언한다. 아담과 하와는 하느님에게서 사형선고를 받지 않았으며(창세기 2,17에서는 죽을 것이라고 했다), 하느님은 그들을 완전히 버려두지도 않았다. 아버지 하느님의 계명을 위반했음에도 하느님은 그들을 돕고 그들에게 옷을 지어 준다(창세 3,21). 이 하느님은 요구하고 명령하는 아버지 하느님을 넘어선다. 아담과 하와가 낙원을 떠날 때 그들과 함께한 하느님은 이 변화된 하느님이다. 그들은 에덴동산의 파수꾼을 떠나는 모험을 했고, 이제 새로운 하느님과 접하게 된다.

그리스도교 정통주의는 불복종에 대한 두려움에 사로잡혀 유아기의 특정 국면을 이상화한 듯한 복종에 매료되었다. 성경을 계몽적인 방식으로 — 여기서는 에리히 프롬의 유명한 책, 『너희가 하느님처럼 되리라』[43]에 근거해서 ― 읽는다면, 우리는 유아적 복종 대신 자유를 선택하라는 요청을 받고 있다. 노동과 성을 소꿉장난하듯 흉내만 낼 것이 아니라 거기 포함된 갈등과 난제들에 실제로 부딪치고, 조화를 추구하기보다 갈등을 해결하는 것을 중시하며, 계속 집에 머물러 성인이 되고 싶지 않은 우리의 바람이 아무리 크다 해도 세상 속으로 나가라고 성경은 우리에게 촉구한다. 만일 우리가 우리의 성인 됨을 긍정하고 ― 아담과 하와만이 아니라 ― 우리 자신을 이미 금단의 열매를 먹은 사람들로 보게 된다면, 우리는 우리의 성과 노동을 단순히 저주로 보지 않고, 그 다양하고 모순에 가득 찬 차원들과 함께 우리 자신의 것으로 향유할 수 있을 것이다. 우리는 낙원 설화와 저주 설화로 상징되는 두 전승을 조정해야 한다. 노동과 성에 대한 저주는 좋은 사랑, 좋은 노동의 동산에 대한 기억을 가린다. 동산 안의 영역을 복종의 세계로 보고 동산 밖의 황야를 불복종의 세계로 두려워하는 것은 우리에게 도움이 되지 않는다. 이러한 정통주의적 견해는 반동적이다. 그것은 노동하고 사랑하는 성인으로서 우리들의 실제적 삶을 저주전통에 종속시키기 때문이며, 또한 모태로의 귀환과 보호받는 동산으로의 복귀라는 퇴행적인 꿈을 조장하기 때문이다. 그리스도교가 자주 대변해 온 세계관은 한편으로는 우리의 노동과 성에 대한 저주를 특징으로 하고, 다른 한편으로는 도피에 대한 약속을 특징으로 하는 것이었다. 그리스도교는 몰래 도망치는 꿈, 집으로 달려가서 다시는 성인이 되지 않으려는 영원한 환상에 불과한 꿈을 전해 주었다.

동산과 황야에 대한 성경의 두 전승을 새롭게 이해하면 복종과 불복종의 도식보다 나은 종합에 이를 수 있다. 복종과 불복종의 도식은 하느님과 인간 사이의 관계에 대한 권위주의적 이해를 강화시킬 뿐이다. 저주가 수의壽衣처럼 우리의 모든 노동과 사랑을 뒤덮고 있다면 어떻게 살아간단 말인가? 낙원에 대한 기억과 전혀 다른 현존에 대한 비전을 낡은 형이상학의 단편적 유물이 아니라 우리의 미래를 창조하는 데 기여할 수 있는 살아 있는 힘으로 어떻게 간직할 수 있겠는가? 에덴동산에서의 삶을 기억하는 것은 우리의 피조성을 긍정하는 것이다. 그 기억은 우리로 하여금 노동하고 사랑할 수 있게 한다. 우리는 끊임없이 변하는 저주의 조건들 아래서 가장 오래된 공동의 꿈을 실현하기 위해 싸운다. 낙원의 전통과 저주의 전통은 분리되면 둘 다 의미를 잃는다. 저주의 현실을 인식하지 못한 채 낙원의 상징에만 집착하면, 유아기적이고 향수 어린, 감상적인 동경에 빠지게 된다. 반면 낙원의 약속을 기억하지 못한 채 저주만 보면, 기존의 상황을 정당화하는 데 기여하게 된다. 이 경우 저주는 세속적인 형태로 계속되고, 지배 권력은 '사랑이 아니라 전쟁을 하라!'는 명령을 계속해서 내린다. 너는 이웃을 사랑해서는 안 되며, 이웃과 전쟁을 해야 한다. 너는 모두의 행복을 위해 일할 것이 아니라 무의미한 활동에 매달려야 한다.

동산과 오아시스, 열매가 달린 나무의 상징은 좋은 노동, 다시 말해 풍성하고 기쁘고 유익한 노동에 대한 비전을 제시한다. 타락을 인간이 절대적으로 파괴되는 것으로, 인간적인 노동과 사랑의 가능성이 절대적으로 파괴되는 것으로 보는 것은 오류다. 타락을 인간과 피조세계 전체 안에 있는 선이 모두 완전하고도 궁극적으로 파괴되는 것이라고 이해하는 것은 아마도 특히 개신교의 오류라고 할 수 있을 것이다. 타락 설화는 부서졌으나 완전히 파괴되지는 않은 존재로 인간을 그리려 한다. 사랑하고 노동하는 우리의 능력이 타락으로 인해 완전히 소멸하지는 않았다. 창조는 오늘도 계속된다. 아담과 하와는 자신들의 실존의 한 단계를 에덴동산에 남겨 두고 그곳을 떠났다. 그러나 그들이 피조 세계를 파괴한 것은 아니다.

신학자로서 우리는 하느님의 창조 행위와 인간의 활동을 구분하는 데 익숙하다. 하느님과 노동자 사이의 관계를 우리는 노동을 매개로 해서 보지 않는다. 젊은 신학도였을 때 나는 하느님의 창조에 대해 전혀 달리 이해했었다. 그 당시 나는 스스로를 하느님의 공동 창조자나 파트너로 이해할 수 없었다. 하느님과 노동하는 인간 사이의 관계는 내 눈에 들어오지도 않았다. 내가 그렇게 눈이 멀었던 것은 아마 노동을 창조와 결부시키지 않고 돈과 결부시키는 부르주아적 세계관 탓이었을 것이다. 노동을 생각할 때 맨 먼저 떠오르는 것이 돈이다. 특히 그리스도교 신앙의 분위기 속에서 부르주아적 출신 성분과 부르주아적 교육이 우리에게 미치는 영향은 막대하다. 내 안에 있는 소부르주아적 근성은 나를 거듭 당혹하게 한다! 내 안의 이 부르주아 근성은 노동과 창조를 나의 삶 속에서 서로 결부시키지 못하게 오랫동안 방해했다. 창조에 대한 나의 성찰은 나의 노동이나 삶과는 아무 관련이 없었고, 순전히 심미적인 것이었다. 부르주아적 신학은 노동이라는 주제를 본질적으로 저주와 수고의 관점에서 다뤘다. 노동에 대한 대안적 신학은 노동의 가치를 한갓 돈벌이로 간주하는 세속적 이데올로기에 의해 거부되었다.

부르주아 사회의 한 가지 근본석 특징은 공적 영역과 사적 영역의 분리다. 노동 세계는 공적인 삶에 속하면서도, 자신의 노동력을 파는 일은 사적인 일로 여겨진다. 마찬가지로 값싼 노동력을 조달하는 것도 기업가의 사적인 문제다. 한쪽이 생산수단의 소유자로서 다른 쪽에 비해 월등히 우월함에도, 겉보기에 평등한 두 당사자 사이의 사적 계약으로 값이 정해진다. 초기 부르주아 시대에 노동과 공동체 전체 이익 사이에 괴리가 생긴 이래 노동의 의미는 갈수록 공허해졌다. 우리는 노동하는 인간에게서 그의 존엄성을 탈취했다. 여성 노동자가 한 일을 평가할 때 우리는 그녀가 일을 하고 받은 임금의 액수에 따라 그 가치를 평가한다. 우리는 노동하는 인간의 자유에 대해 말하지만 그 자유는 공장 문 앞에서 멈춘다. 자유주의는 정부 형태로서의 독재를 혐오하지만, 신자유주의는 노동 현장에서 독재를 묵인한다. 그래서 다국적 대기업은 비용 절감을 이유로 수천 명에 이르는 종업원을 해고할 수 있다. 그러한 독재적인 결정으로 인해 삶의 뿌리를 잃는 사람들과 한마디 상의도 없이 말이다. 우리는 이것을 '기업의 자유'라 부른다.

대기업들의 세력에 대항해서 노동자들이 벌인 투쟁의 예를 한 가지 들어 보겠다. '경제적 대혼란에 관한 서방 국제회의'(Western International Conference on Economic Dislocation)는 1982년 2월 로스앤젤레스에서 기업 폐쇄 또는 기업 이전 문제에 대해 다음과 같은 입장을 밝혔다. "이윤에 대한 관심이 인간의 삶에서 우선적 지위를 차지하고 있음을 보여 주는 고전적인 예를 여기서 볼 수 있다. 기업은 이익을 추구하지만 이익이 주주들을 만족시킬 만큼 크지 않은 경우가 있다. 그럴 경우에 기업은 세금 혜택을 받으려고 폐업하고 최고액을 부르는 사람에게 자산을 팔아 치운다. 그리고 출자자는 다른 분야의 시장에 투자하거나 노동조합이 조직되어 있지 않고, 그래서 임금이 싼 지역으로 회사를 옮긴다. 아니면 노동자 조직을 결성하거나 노조를 설립하려는 모든 노력이 즉시 억압되는 곳, 다시 말해 소요가 일어날 염려가 전혀 없는 제3세계 국가들로 생산 공장을 옮긴다." 전 세계적으로 갈수록 많은 노동자들이 경영상 결정의 희생물이 되고 있다. 그러나 노동자들은 그러한 결정에 참여하지 못하며, 그 결정의 영향으로 인해 실업과 착취, 빈곤에 시달린다.

이와 정반대로 오늘날 벌어지고 있는 여러 해방운동에서 우리는 노동하는 사람들과 노동에 대한 적극적인 이해, 즉 연대 속에서 이루어지는 공동의 창조적 행위로서의 노동에 대한 이해를 발견할 수 있다. 스리랑카의 '그리스도인 노동자 친우회'(Christian Workers Fellowship)는 노동자들의 미사를 개발했는데, 이 미사의 전례문은 대안적인 노동신학에 근거해 있다. 전통적 기름등잔에 불을 붙이면서 노래하는 첫째 절은 '의식화' 내용을 담고 있다.

다른 사람을 희생시켜 한 사람에게 이익을 안겨 주는
편리한 선악의 판단 기준에
적응하려는 우리의 나약한 마음을 태워 주소서.

우리 양심의 짐을 가볍게 하시고,

우리의 뜻을 굳게 하소서.

이 전례문의 둘째 절은 '자아비판'이라 불리는 죄책 고백이다. 그 내용은 다음과 같다.

형제 여러분, 우리의 하나 됨을 파괴하고

우리의 형제애를 해치는 모든 것을

솔직히 털어놓읍시다.

인간에 의한 인간의 착취에

우리는 동조했고,

온갖 사회적 억압을

우리는 묵인했으며,

인종적, 신분적, 계급적, 종교적

차별에 대해 우리는 항거하지 않았습니다.

우리는 곤경에 빠진 형제를 버려두었고

우리 자신에 대한 진실을

외면했습니다.

이 모든 것을 기억합시다.

오늘날 해방신학은 무엇보다도 새로운 정체성을 얻기 위한 노동자들의 투쟁에서 생겨난 새로운 전례문들을 통해 계속 발전하고 있다. 새로운 형태의 전례문들은 정의를 위한 그들의 투쟁에서 생겨난다. 이 투쟁은 억압을 극복하기 위한 것이지만, 노동자들의 정체성을 위해 어떠한 여지도 남기지 않는 전통적 종교의 억압적 특징들에 저항하는 싸움이기도 하다.

우리는 이제 그리스도교의 역사에서 복음의 해방하는 힘에 비추어 신학적 진술을 완전히 새롭게 형성해야 할 시점에 와 있다. 이 과제는 인간의 본질인 성과 노동과 관련해서, 그리고 창조의 보전과 관련해서 수행되어야 한다. 이를 위해 해방신학은 매우 중요한 해석학적 수단을 우리에게 제공했다. 다시 말해 해방신학은 그리스도교에서 억압적 전통과 해방적 전통을 구별해 주었다. 우리는 그리스도교적 가르침의 억압적인 특징과 해방적인 특징을 분간할 수 있는 정도만큼, 그것들을 비판적으로 검증할 줄 아는 정도만큼 교리적이고 권위주의적인 성경 해석에서 벗어날 수 있다. 성경의 무오無誤성을 열렬하게 옹호했던 근본주의자들과 열띤 대결을 했던 것이 생각난다. 그들은 억압적 전통과 해방적 전통을 전혀 구분하지 않는데, 노동에 대한 성경의 가르침을 이해하는 데는 그러한 구분이 결정적으로 중요하다.

노동을 타락에 대한 형벌로 보는 '저주-전통'은 그리스도교의 억압적 전통에 속한다. "땅은 너 때문에 저주를 받으리라. 너는 사는 동안 줄곧 고통 속에서 땅을 부쳐 먹으리라. 땅은 네 앞에 가시덤불과 엉겅퀴를 돋게 하리라"(창세 3,17-18). 이 본문은 타락 이전에는 인간이 풍성한 자연을 자유롭게 향유할 수 있었다는 것을 말해 준다. 가시덤불과 엉겅퀴는 타락의 결과로 자연과 인간 사이에 생겨난 적대성을 상징한다. 이렇게 해서 노동은 살아남기 위해서 필수적인 것이기는 하지만, 인간의 죄에 대한 하느님의 형벌의 의미를 지니게 되었다. 노동을 기쁨과 창조, 인간적 성취로 보는 표상들은 모두 배제되었다. 억압적인 성경 전통도 많지만, 해방적이라고 볼 수 있는 상징들도 많이 있다. 그러한 상징들에서는 노동을 적대적 환경에서 살아남기 위한 단순한 수단으로 묘사하는 것이 아니라 하느님의 모상대로 창조된 우리 존재의 표현으로 묘사하고 있다.

인간의 임무에 대한 해방적 이해를 위해 가장 아름답고 의미 깊은 상징은 성경에 자주 나오는 포도밭과 포도밭 농부에 관한 것이다(미카 4,4; 이사 5,1 이하). 공동 노동 관습을 시사하는(포도밭 농사는 공동으로 이루어질 수밖에 없다) 포도밭 상징이 특별히 사랑하는 이와 사랑받는 이 사이의 결속을 나타내는 관계의 은유로 사용된 것은 결코 우연이 아니다. 예를 들어 아가雅歌는 '포도밭지기'가 된 젊은 소녀의 유혹하는 노래로 시작된다. 그녀가 해야 하는 노동은 사랑의 유희와 결부된다. 그녀의 시적 언어는 에로틱한 암시로 가득 차 있다. "내 포도밭은 지키지도 못하였답니다"(아가 1,6)라고 소녀는 소리친다. 그녀의 포도밭(그녀 자신을 상징 - 역주)은 그녀가 사랑하는 사람의 것임을 알았기 때문이다. 그녀는 사랑하는 사람에게 들로 나가자고 간청하며 이렇게 말한다. "아침 일찍 포도밭으로 나가 포도나무 꽃이 피었는지 꽃망울이 열렸는지 석류나무 꽃이 망울졌는지 우리 보아요. 거기에서 나의 사랑을 당신에게 바치겠어요"(아가 7,13).

아가에서 포도밭의 상징은 성애性愛와 쾌락, 사랑의 유희를 나타낸다. 그러나 성경에서 이 상징은 이스라엘과 하느님의 신실한 관계 속에서 이루어지는 평화에 대한 상징으로 사용되기도 하며(이사 5,1), 포도밭 농부들이 그들의 노동의 열매를 향유하게 되고 억압자들이 쫓겨나게 되는 시대를 전망하는 가운데 경제적 정의에 대한 상징으로 사용되기도 한다(예레 31,5; 이사 27,2; 55,1). 포도밭 상징은 기본적으로 세 가지 차원을 지니며, 이 세 차원은 인도적이고 해방적인 노동신학에 이르는 길을 열어 준다. 세 가지 차원이란 노동을 통해 이루어지는 자기표현, 사회적 관계 그리고 자연과의 화해를 가리킨다. 하느님과 같은 모상으로 창조되었다는 것은 인간 실존의 이러한 기본적 차원들을 향해 성장하고 성숙해지는 것을 뜻하며, 노동과 사랑을 통해 공동 창조자가 되는 것을 의미한다.

8

자기표현으로서의 노동

공업사회에서 노동은 임금노동과 동일시되며, 동일하게 평가된다. 공장에 사람이 없어진 새로운 정보사회에서 우리는 이처럼 왜곡되고 공허한 개념을 극복하고 노동과 노동하는 인간으로서 우리 자신에 대한 새로운 이해를 얻을 수 있을 것인가?

본 장은 그리스도교 신앙의 유토피아적 잠재력에서부터 출발할 것이다. 인간의 노동에 대한 생산적 표상들과 상징들로는 어떠한 것들이 있는가? 그리고 근대의 특징이라고 할 수 있는 '소득을 위한 노동'이 종말을 맞고 있는 새로운 상황 속에 살고 있는 우리에게 근대 이전의 세계로 소급되는 전통이 도움을 줄 수 있을 것인가? 이러한 자급자족경제에 대한 성찰은 적어도 우리에게 — 임금과 소득의 논리를 넘어 — 새로운 지평을 열어 줄 수 있을 것이다.

나는 노동의 신학을 모색하는 과정에서 니카라과의 사제 에르네스토 카르데날의 『솔렌티나메 농부들의 복음』을 접하게 되었다. 농부들은 예배 중에 요한 복음 머리글에 대해서 서로 이야기하고, "만물은 그분으로 말미암아 생겨났고, 생겨난 것치고 그분 없이 생겨난 것은 하나도 없다"(요한 1,3)라는 구절을 함께 해석한다. 안티디오는 다음과 같이 말한다.

"… 성경은 하느님이 그의 말씀을 통해서 세상을 창조하셨다고 말하고 있습니다. 하늘도 땅도 바다도 동물도 당신의 말씀을 통해 창조하셨다는 것입니다. 창조한다는 것과 말씀한다는 것은 똑같습니다. 창조하는 것은 서로 통하는 길 중 하나입니다. 사람들은 무언가를 만듦으로써 자신에 대해서 무언가를 알려 줍니다. 예를 들어서 사람들이 시를 쓰거나 노래를 작곡할 때, 또는 오스카나 에두아르도 같은 이곳 솔렌티나메의 화가들이 그림을 그릴 때, 그리고 목수가 책상을 만들 때도 그렇습니다. 일하는 사람은 누구나 자신의 일을 통해서, 즉 그가 만든 것을 통해서 자신을 알립니다. 마찬가지로 하느님이 빛을 창조하시고 별과 하늘, 땅을 창조하셨을 때 하느님도 자신을 표현하고 알려 주신 것입니다.

나의 말: 성경에서 '창조'라는 의미로 사용되는 그리스어는 *poem*, 즉 '시'詩입니다. 사실 창조와 시는 동일하기 때문이지요. 세계는 하느님의 시입니다. 하느님이 '빛이 생겨라' 하고 말씀하시자 빛이 생겼고, 그 밖에 다른 모든 것들도 그렇게 생겨났습니다. 하느님은 자신의 말씀으로 모든 것을 창조하신 것입니다. 그의 말씀은 곧 현실이 되었습니다. 하느님의 시는 현실입니다.

안티디오가 계속해서 말했다: 그리고 사람들은 항상 필요한 것을 만듭니다. 말하자면 사람들은 좋은 것(goods: 상품)을 만듭니다. 그리고 하느님이 만드신 것들도 좋았습니다. 하느님이 보시기에 모든 것이 좋았습니다. 그에 반해서 악은 창조된 것의 파괴입니다.

알레한드로의 말: 노동자는 하느님의 모상입니다. 노동자가 만드는 것은 다 좋은 것입니다. 그리고 그것들은 인간을 풍요롭게 합니다.

나의 말: 거기에 바로 노동자의 위대함이 있습니다. 우리가 가진 것들은 모두 먼저 하느님께서 만드셨고 다음에 노동자들이 만들었습니다."[44]

이 글을 통해 나는 무엇보다도 하느님에 관한 우리의 소외된 말들에서 벗어나는 법을 배웠다. 우리는 하느님에 대해서 말할 때에는 언제나 봉건적이고 부르주아적인 표상들이 흔들린다는 사실을 인정해야 한다. 흔히 우리는 하느님을 본질적으로 우리 자신에게서 분리한다. 주인을 그의 종들에게서, 왕을 그의 신하들에게서, 기업가를 '그의' 노동자들에게서 분리하듯이 말이다. 창조주와 피조물 사이에 끼어든 이러한 분리는 신학적 작업에 의한 것이다. 전통적인 해석에서 창조의 위대함과 아름다움은 무언가 낯선 것으로, 우리가 열렬히 숭배하며 감탄해야 할 어떤 것으로 묘사되었다.

그러나 솔렌티나메의 어부들과 캄페지노(농부)들은 전혀 다르다. 요한 복음 머리글이 말하는 창조에서 가장 먼저 그들이 생각한 것은 노동이었다. 그들은 인간의 노동이 실제로 의미하는 것, 즉 그들이 하는 노동이 인간에게 의미하는 바에 대한 깊은 존경심을 가지고 이야기한다. 노동자의 위대함은 창조에 참여하고 창조를 계속 이어 가는 데 있다. 노동하는 것은 하느님의 모상이 되는 길이다. 대화 참여자 중 한 사람인 알레한드로는 그러한 의미로 이렇게 말한다. "하느님은 자신의 말씀을 통해서 물질을 만드셨습니다. 그런데 물질의 적이 된 사람들이 있습니다. 그들은 자신들의 불의로 물질을 파괴합니다. 이제 저는 어젯밤 에르네스토 신부님이 우리들에게 읽어 주신 시를 더 잘 이해할 수 있게 되었습니다. 별에 관한 그 시는 모든 물질은 인력引力의 법칙에 따라 움직인다고 했습니다. 그리고 그것이 바로 사랑의 법칙입니다. 저는 현 사회체제는 그러한 현실과 상충한다고 생각합니다. 그렇기 때문에 수탈자들은 우리가 사회의 현실을 바로 알기를 원하지 않습니다. 현실의 적들은 곧 예수를 받아들이지 않는 자들입니다."[45] 우리가 살아가고 있는 사회체제는 실제 현실과 대립된다. 실제 현실은 모든 사람들에게 창조적인 현존을 허락할 것이기 때문이다.

몇 년 전에 나는 막내딸의 학교 선생님과 대화를 나눈 적이 있다. 당시 아이는 맨해튼에 있는 한 우수한 학교의 1학년에 재학 중이었는데, 나는 그 학교의 학습 진도가 너무 느리다고 생각했다. 딸이 여섯 살인데 아직 읽기와 쓰기를 가르쳐 주지 않는 데 대해 불만을 품고 있었다. 그래서 나는 선생님을 찾아가서 도대체 언제 이 아이가 공부(arbeiten, 독일어에서 공부와 노동은 같은 말로 사용된다 - 역주)를 시작하게 되는지를 물었다. "공부라고요?" 그는 비웃는 듯이 내게 대꾸했다. "무슨 의미로 그런 말씀을 하십니까? 당신은 여기서 하고 있는 일들에 대해서는 전혀 생각하지 못하면서 공부에 대해 말하고 있어요. 아이들이 얼마나 힘든 공부를 하는지 아십니까! 이 아이들은 집짓기 장난감으로 도시 하나를 짓고 있습니다!" 그는 그 뒤에도 몇 해 동안이나 내가 곰곰이 생각해야 했던 이런 대답들을 하면서 나를 집으로 돌려보냈다. 그가 한 말들은 나의 생각을 바꾸어 놓았다. 나는 근시안적으로 업적과 결과에 집착하는 관점을 버리고 노동에 대한 인간적인 이해에 도달하려고 노력하기 시작했다. 이 작은 경험을 통해서, 그리고 당연히 수치를 느낌으로써 나는 뒤늦게나마 세 가지 본질적 차원에서 노동의 의미를 깨닫게 되었다. 나는 창조와 노동에 대한 솔렌티나메 농부들의 성찰에서도 이 세 가지 차원을 발견했다. 그것은 이렇게 말할 수 있다. 인간의 자기표현, 사회적 관계, 자연과의 화해다.

인간 노동의 이 세 가지 차원은 물질적 의미와 정신적 의미를 지니고 있다. 우리는 너무 쉽게 정신적 요소를 간과한다. 내가 젊은 교사에게 딸아이의 진도에 대해 물었을 때 노동에 대한 나의 이해는 정신적으로 매우 빈곤한 것이었다. 내가 이 장에서 시도하려는 것은 인간을 그의 노동에 의해서 하느님의 모상으로 나타나는, 살과 피로 이루어진 노동자로 진지하게 이해하는 것이다. 나는 슈마허의 저서 『굿 워크』에서 그리스도교적 노동 이해에 대해 많은 것을 배웠는데, 그는 노동자에게 노동이 어떠한 역할을 하느냐는 문제가 제기된 적이 별로 없다고 지적했다.[46] 맞는 말이다. 그리고 그것은 여섯 살 아이의 엄마였던 내게도 확실히 맞는 말이었다. 그때 나는 노동하는 인간에게 노동이 어떤 영향을 끼치는지, 한 아이에게 노동(공부)이 무슨 의미를 갖는지에 대해서 전혀 생각해 보지 않았다. 여기서 노동자에게 노동이 어떠한 작용을 하느냐는 문제는 대단히 중요한 문제다. 만일 우리가 이 문제를 제기하는 것을 망각한다면, 인간의 노동을 필수적이고 유용한 물건들을 만들거나 직무를 수행하는 단 한 가지 목적을 위한 것으로 축소시키게 된다. 마치 그것이 그러한 생산물의 창조자를 고려하지 않고도, 그 과정의 주관적인 측면 없이도, (여성) 노동자 없이도 가능하기라도 한 듯이 말이다. 우리는 노동을 다른 어떤 것을 위한 수단으로 만들었다. 그러나 성경의 창조 이야기는 다른 종교 전통들이나 지혜들과 마찬가지로 목적 지향적인 생산 활동은 완성을 향한 인간의 노력과 관련되어 있다는 것을 가르쳐 준다. 슈마허가 강조하듯이 노동은 우리가 가진 재능을 활용하고 동시에 그것을 완성할 수 있게 해 준다. 노동을 통해서 노동과 함께 우리는 성장한다. 이러한 생각은 노동하는 인간에게(여섯 살짜리라 할지라도!) 그의 가치를 되돌려 주며, 인간의 목적 지향적인 행동에 반드시 나타나는 완성과 창조를 향한 노력을 시사해 준다. 만일 삶을 학교라고, 즉 현재의 우리보다 더 나은 우리로 만들기 위해 스스로 노력하는 학교라고 이해한다면, 노동은 창조적인 실천이 된다.

의미 있는 노동은 우리의 능력을 발휘하고 계속 발전시킬 수 있는 기회를 열어 준다. 슈마허는 우리를 기계 부품이나 체제의 노예로 만드는, 무의미하고 지겨우며 어리석고 마비시키는 노동을 끝내 거부하는 법을 배워야 한다고 말한다. 우리를 만족시키지 못하며 지루하고 신경질적으로 만드는 활동을 거부할 줄 아는 것이 특별히 중요하다. 노동은 우리의 삶을 기쁨으로 채워 줄 수 있어야 한다. 이것은 완전한 인격으로 발전하기 위해 없어서는 안 될 중요한 요소다. 토마스 아퀴나스는 노동의 기쁨 없이는 삶의 기쁨도 없다고 말했다.

중세철학에서 이와 같은 기쁨의 반대는 아케디아acedia, 즉 나태다. 이 경우 나태는 실존적인 의미에서 우울, 무관심, 기력 상실, 질병 등을 의미했다. 중세 수도원에서 남녀 수도자들의 아케디아는 만연해 있던 어려운 문제였다. 그것은 기쁨이나 삶의 활력이 없는 '슬픈 영혼'의 표징으로 여겨졌다. 노동에서 삶의 기쁨을 느끼지 못하는 사람은 모든 능력과 힘을 도야하여 하나의 통전적인 인격을 이룰 수 없다.

우리는 노동자에게 유익한 노동에 만족을 느낄 수 있어야 한다. 우리 자신을 발전시키고 '영혼의 완성'에 도달하려면 생산물뿐 아니라 노동 자체도 필요하기 때문이다. 이것은 단순히 이상적인 요구가 아니라 산상설교의 의미에서 현실적으로 인간에게 가능한 것이다. "그러니 여러분의 하늘의 아버지께서 완전하신 것같이 여러분도 완전해야 합니다"(마태 5,48).

노동은 적대적인 세상에서 살아남기 위한 단순한 수단이 아니다. 노동은 곧 삶이며, 인간 됨, 다시 말해 창조된 존재로서의 의미의 표현이다. 이와 같이 안티디오도 "노동자는 노동을 통해서 … 자신을 알린다"고 말했다. 노동자는 창조 행위를 통해서 자신을 나눈다. 바람직한 노동에서 여성 노동자는 자신을 표현해서 알려지게 된다. 당연히 그것은 최대한 우리의 모든 능력과 힘이 창조적인 과정에 참여하게 될 때, 따라서 우리 자신들이 배우면서 발전하고 우리의 감각기관들이 발전되지 못한 채 위축되는 일이 없을 때 그렇게 될 수 있다. 인간이 자신의 활동 속에서 스스로를 표현할 줄 알고, 자신의 가능성들 안에서 스스로를 실현할 줄 알 때에는 정신노동과 육체노동에 대한 엄격한 분리가 분명히 파괴적인 것으로 드러날 것이나. 또한 그때에는 남성 노동과 여성 노동의 분리가 무의미해질 것이다. 그러한 분리는 다양하고 복합적인 자기표현의 가능성을 억제하고 차단하기 때문이다.

우리가 귀에 좀 거슬리는 '취미'라는 말로 지칭하는 모든 것들은 인간의 성장과 자기실현에 기여할 수 있을 뿐만 아니라 사회적 관계들도 더욱 풍성하게 정의할 수 있다. 물론 취미에 대해 말한다는 것은 임금노동의 개념이 완강하게 지배해 왔다는 것을 전제한다. 대가가 지불되지 않는 것은 모두 취미가 되었고, 그것은 철저히 나르시시즘적으로 즐거움을 주는 데 기여하는 것으로 여겨졌다. 나는 얼마 전에 어린 소녀를 만났는데 그녀는 주중에 한 번 맹인 할머니 한 분을 위해 책을 읽어 주었다. 누군가 소녀가 하는 이 일을 '순전히 개인적인 취미'라고 한다면, 그녀는 당황하고 당연히 불쾌하게 여길 것이다.

만일 내가 여기서 노동을 자기실현 과정에 있는 인간의 자기표현이라고 규정한다면, 이러한 입장은 지나치게 관념적인 인상을 줄지도 모른다. (물론 여기서 '관념적'이라는 말은 철학적이 아니라 일상적인 의미로 쓴 것이다.) 그러나 바로 이 관념 철학이 노동에 대한 유토피아적 이론을 발전시켰고, 이것은 상업적인 여가를 끊임없이 만들어 낼 수 있다는 낙관주의적 이론과는 아주 거리가 멀었다. 헤겔의 분석에서 결정적으로 중요한 것은 부정성, 곧 소외요, 노동이 짐이 될 정도로 과중하고 꺼려지고 고역이 되었다는 사실이다. 노동을 통해 인간은 자기 자신에게서 멀어지고, 스스로를 포기하며, 자기 자신에게서 소외된다. 가령 지식인 여성 노동자로서 나는 지루하고 딱딱한, 때로는 현학적 관심으로 현실적 문제들에서 벗어나게 하는 책들을 읽어야 한다. 나는 그 책들을 읽어 내야만 한다. 실제로 그것은 소외된 노동이다. 나는 일종의 책 읽는 기계가 되는 것이다.

정신현상학에서 주인과 노예에 대해 헤겔이 분석한 내용 가운데 우리에게 여전히 유익한 것은 이러한 부정성, 소외에 대한 그의 평가다. 그는 노동하는 노예가 물질과의 접촉을 통해, 즉 자신의 힘을 완전히 쏟아붓는 외화外化의 과정을 통해 점점 더 강력해지고 원숙해지며 자기의식을 갖게 된다는 사실을 밝혔다. 노예는 노동과정을 통해 자기 밖으로 밀려 나갔기 때문에 전혀 다른, 새로운 존재로 자기 자신에게 돌아오게 된다는 것이다. 그는 노동 자체의 가혹함으로 인해 스스로를 상실하지만 자신을 다시 발견하게 된다. 그는 자기가 하는 일에 자신을 주어 버렸지만, 전혀 다른, 더 강력한 자신을 다시 얻는다.

나는 맨 처음 헤겔의 이 글을 읽었을 때 기이할 정도로 매료되었다. 그것은 내가 여성으로서 1950년대 독일 대학에서 공부하면서 경험했던 것들을 명료하게 해 주었기 때문이다. 나는 내가 헤겔이 말하는 노예와 같다고 느꼈다. 변덕스럽고 제멋대로인 영주領主 밑에 있는 노예처럼 느꼈다. 교과 과정들이 강요되었고, 그것들은 대체로 무의미했다. 교수 방법은 단순하고 분명하게 해 주기보다는 더욱 복잡하게 하는 것이었다. 많은 교수들이 가르치는 데 아주 무능했고, 그러면서도 어딘가 자만에 차 있었다. 여자들은 원칙적으로 달갑지 않은 존재들이었으며, 기존의 것들을 넘어서는 문제 제기들은 모두가 '비학

문적인 것'이라며 거부되었다.

이러한 객관적인 상황 속에서 헤겔은 내게 노예가, 즉 하녀가 주인보다 힘이 있으며, 전쟁과 약자들을 정복함으로써 얻는 지배는 영속될 수 없고, 폭력을 통해서가 아니라 노동을 통해서 인간화에 도달할 수 있다고 말해 주었던 것이다. 전사戰士가 아니라 노예가, 군인이 아니라 노동자가 인간의 희망을 상징한다. 나는 소외, 또는 매개의 필연성을 알고 있다. 나는 재미없는 책들을 읽는 지루한 밤을 지내고 난 뒤 이제 창조적인 일을 할 수 있는 행운을 얻었다. 나는 이러한 종류의 노동을 할 수 있다는 것이 특정 계급의 특권임도 알고 있다. 나는 자신을 외화하는 법을 배웠으며, 다시 되돌려 받을 수 있었다.

나는 지금도 노동의 창조적 경험들을 알고 있다. 그것은 사랑의 경험들과 함께 나의 삶을 행복한 삶으로 만들어 준다. 거기서 나는 많은 혜택을 얻고 있다. 자신의 생애에서 중요한 어떤 것이 열리기 시작하는 젊은이의 시선에서 발하는 빛은 교사에게 하나의 아름다운 경험을 하게 해 준다. 젊은이들과 생활하는 사람들은 누구나 때때로 이러한 창조적인 경험을 하게 된다. 이러한 노동은 의미가 있다. 하층계급에 속한다는 것은 아무 의미도 주지 못하고, 자기 자신을 표현할 가능성이 전혀 없는 노동을 해야만 한다는 것을 의미한다. 그러한 노동에서는 '나'가 전혀 중요하지 않고, 나는 언제든 다른 사람으로 교체될 수 있다.

현재의 사회질서 안에서 나의 상황은 특권 받은 소수의 상황이며, 그마저 일상의 기계화로 점차 축소되어 가고 있다. 우리가 구체적으로 꿈꾸는 새로운 사회는 모든 사람이 다소 높은 임금을 받게 되는 것 이상으로 노동에서 더욱 많은 것을 얻는 사회다. 그렇다면 노동에 대한 인간의 태도가 바뀐 것이다. 그러나 여전히 대부분의 노동 형태는 불만족스러우며, 지루하고, 무의미하다. 슈마허는 "인간의 창조 능력의 아주 작은 부분만을 요구하고, 그럼으로써 아무런 현실적 도전이 없는 생활 방식으로 노동자들을 몰아넣는 기계적이고 기술적인, 비자연적인 노동"에 대해서 말했다. "그것은 고유한 인격의 발전과 완성을 위한 기회도, 자극도, 아름다움과 진리와 선이라는 요소도 없는 노동이다."[47]

우리의 노동 가운데 어디에서 우리는 이러한 요소들을 발견할 수 있는가? 우리의 노동 현장 어디에서 그러한 '아름다움'이 나타나는가? 우리는 어디에서 진리를 표현하는가? 노동에서 어떻게 이러한 선의 싹을 움트게 할 수 있는가? 가장 큰 장해는 분업이다. 슈마허는 마르크스와 동시대인의 말을 인용했다. 그는 분업을 "민중에 대한 살인"이라고 칭했다. 분업은 노동이 지니는 아름다움과 진리, 선의 요소에 대한 직접적인 공격이기 때문이라는 것이다. 모든 극단적 형태의 분업은 인간의 창조적 가능성을 파괴한다. 분업은 그러한 가능성들의 극히 일부만을 실현할 수 있게 한다. 가장 바람직한 의미에서 노동이 노동자에게 의미하는 바는 예술 활동에서 확인할 수 있다. 실제로 좋은 노동은 예술적 요소를 포함하며, 이것은 많은 자연과학자들도 계속 입증하고 있다. 모든 좋은 노동과 마찬가지로 예술은 인간의 상상력을 자유롭게 해 주며, 우리로 하여금 참인간이 되게 한다. 그리고 그것은 우리가 무언가를 발견하기 위해서, 즉 비일상적인 문제 해결 방법을 알아내거나 노동의 새로운 조직 방법을 알아내기 위해서 우리의 창조적 능력을 활용함으로써 이루어진다. 가정이나 작업장, 공원 등에서 이루어지는 우리의 일상적 경험 중에는 이러한 좋은 노동의 특징을 지닌 것이 많이 있다. 이러한 의미에서 노동자, 즉 예술가인 우리 모두가 하느님의 동역자들이다. 그렇게 되면 우리는 즐겁고 행복하게 일하고 활동하고 실천하게 된다. 예술은 정신을 자극하며 사고를 즐겁게 한다. 그리고 좋은 노동도 바로 그런 일을 한다.

자기표현과 노동을 통한 자아실현에 대한 비전은 무의미하고 혹독한 노동의 저주 아래에서 고통당하는 사람들이 꾸는 단순한 유토피아적 꿈이 아니다. 환상적·예언자적 요소를 포기하면 노동의 신학은 불가능하다. "예언이 없으면 백성이 문란해진다"(잠언 29,18). 그리스도교 안에 억압적이고 해방적인 두 가지 전통이 존재한다면, 신학은 이중적인 과제를 지니게 된다. 신학은 저주로서의 노동에 대한 억압적 전통의 정체를 밝히고, 가면을 벗겨야 하며, 비판해야 한다. 그리고 또 한편으로 신학은 인간 노동의 참된 의미와 노동의 주체, 즉 노동하는 인간의 정체성을 밝혀 주어야 한다. 좋은, 소외되지 않은 노동을 하는 것은 인간의 근본적 욕구다. 만일 노동이 아무 기쁨도 없고 공허하며, 환상도 없는 기능적인 것만을 의미한다면, 노동은 인간의 본질을 파괴하고 인간을 병들게 하며, 의존적이며 불행한 존재로 만들 것이다. 만일 노동하는 우리의 삶이 그러한 저주-전통의 영향 아래 있다면, 의미 있는 노동은 인간의 근원적 욕구며, 따라서 인간의 권리라는 사실을 기억해야 할 것이다. 우리는 건설적이고 즐거운 노동을 필요로 하는 공동 창조자로 우리 자신을 이해해야 한다. 그러한 노동은 우리 안에 잠자고 있는 창조적 능력을 펼쳐 나가도록 우리에게 도전한다.

만일 우리가 노동을 — 저주나 의무가 아니라 — 적극적인 의미에서 인간의 기본적 욕구라고 이해한다면, 거기에는 항상 전체성에 대한 인식이 포함된다. 비록 우리가 젊어서부터 경험하는 분업으로 인해 그러한 인식이 위협받고 위험에 처해 있기는 하지만 말이다. 잘 알려져 있듯이 현대의 교육제도는 많은 전문가들을 키워 내지만, 이들은 "점점 더 작은 부분만을 점점 더 깊게 이해한다". 이러한 정신적이고 영적인 저개발 상태는 독립성을 길러 지배적인 사회질서에 비판적으로 대결하는 인간의 능력을 약화시키는 결과를 초래한다. 사회의 비정치화는 어떠한 자기표현도 허락하지 않는 불완전한 노동의 심각한 결과들 중 하나다. 사람들은 자신의 지적·정서적·실천적 능력의 극히 일부만을 사용하는 데 아주 익숙해져서 자기 자신을 전혀 알지 못한다. 표현되지 못하는 것은 존재하지 않는 것이며, 자라지도 못한다. 사람들은 이처럼 굳어진 경계를 넘어설 기회를 일단 얻기만 하면, 더 이상 쉽게 굴종하려 하지 않는다.

이에 대한 역사적인 예는 유고슬라비아 노동자들의 자주적인 노무관리다. 이것은 1949년부터 처음에는 몇몇 대규모 사업 부문에서 시험적으로 실시되었고, 후에는 경제, 사회, 정치, 문화생활의 전 분야에 걸쳐 일반적으로 실시되었다.[48] 모든 유고슬라비아 시민은 노동자로서 자치적인 노동자 조직의 구성원이다. 내가 미국에서 만났던 한 젊은 물리학자는 어떻게 그가 2년 동안 대학의 자치 기구 안에서 일했는지 이야기해 주었다. 그 단체는 청소부부터 총장까지 모든 구성원의 임금을 결정하는 예산안을 작성해야 했다. 각 집단의 이익을 대변하는 사람들이 거기 참여했다. 만일 그들이 2년 안에 합의점에 도달하지 못하면 국가가 개입하게 된다. 처음에는 모든 노동자가 결정에 참여한다는 것이 상상할 수 없을 만큼 많은 어려움을 초래했다. 자본주의 국가들은 속으로 고소해하면서 이 오래 걸리고 힘드는, 때로는 실패하기도 하는 실험을 지켜보았다. 이 실험을 통해서 유고슬라비아의 노동자들은 ― 비록 경제적 영역에서만이기는 하지만 ― 자신들의 기업을 비교적 독립적으로 자체 관리할 수 있게 되었다. 노동 현장에 새롭게 도입된 민주적 제도, 즉 공동 결정, 사실상의 자주적 결정은 처음에는 부실 관리, 부패, 적자로 인해 실패했다. 생산력 향상이라는 경제적 목표와 자주적 관리를 통한 노동자의 인간적 가치의 회복이라는 사회적 목표, 이 두 가지 목표 사이에 조화를 이루는 것은 거의 불가능해 보였다.

슈마허는 반항적인 젊은 세대가 공업사회 속에서 노동을 어떻게 받아들이며, 의미 있는 노동에 대해서 그들이 어떠한 희망을 가지고 있는지 적절하게 요약한 적이 있다.[49] "나는 아무 의미도 없는 치열한 경쟁에 뛰어들고 싶지 않다. 나는 기계와 관료제의 노예가 되어 권태롭고 추악하게 살고 싶지 않다. 나는 바보나 로봇, 일벌레로 살고 싶지 않다. … 나는 가면이 아니라 진짜 인간을 상대하고 싶다. 내게는 사람, 자연, 아름다움, 전체성이 중요하다. 나는 누군가를 돌볼 수 있는 사람이 되고 싶다." 이 말에는 대다수 사람들의 실제 생활감정이 표현되어 있다고 생각한다. 통전적인 노동 이해를 위해 무의미한 노동은 극복되어야 한다. 오늘날 산업사회에서 우리가 경험하는 창조력의 소멸은 중지되어야 하며, 저지되어야 한다.

마르크스나 과학적 사회주의 이전 푸리에, 프루동, 바이틀링 같은 유토피아적 사회주의자들의 저작에서도 비슷한 경향을 볼 수 있다. 그들은 전혀 다른 사회를 꿈꾸었다. 즉, 부당하고 강압적인 분업이 더 이상 존재하지 않으며, 노동 세계의 위계질서 같은 인간에 대한 인간의 지배가 종식되거나 상대화되는 사회에 대한 시각을 발전시켰다. 이 초기 사회주의자들은 인간이 어떻게 다원적이고 변화하는 노동 속에서 성취감을 얻을 수 있는가에 대해서 생각했다.

대공황 기간 동안 뉴욕에서 일어난 가톨릭일꾼운동, 즉 아나키즘적-평화주의적인 가톨릭 운동 역시 모든 사람에게 의미 있는 노동을 목표로 이루어진 것이었다.[50] 가톨릭일꾼운동 회원들에게 노동은 사고파는 상품이 아니라 자유로운 선물이었다. 독학을 한 철학자 피터 모린(1877~1949)은 도로시 데이(1897~1980)와 함께 그들의 부엌을 가난한 사람들에게, 응접실을 집 없는 사람들에게, 조합을 실직자들에게 제공함으로써 이 운동의 기초를 놓았다. 도로시 데이는 피터 모린에 대해 '천재이자 성자이고, 선동가, 저술가, 설교가이며, 가난하고 초라한 부랑자였던 사람, 한 사람 안에 모든 것을 다 가진 사람"이라고 말했다. 피터 모린은 저서 『쉬운 글들』Easy Essays에서 탐욕이 아니라 믿음과 자발적인 가난에 기초한 사회를 꿈꾸었다.[51] 그는 실직 노동자

들을 자발적인 농업 노동자로 전환시키는 "녹색혁명"을 주장했으며,
공업노동의 비인간화 경향에 반대해서 전통적 가톨릭 인격주의 철학
에 근거하여 사람들을 들판으로 불러냈다.

카알라일은 말했지!
"할 일을 얻은 사람은
다른 행복을 찾지 않는다"고.
그러나 공장의 노동자들은
컨베이어 벨트 앞에서
행복을 느낄 수 없다네.
찰스 데바스는 말했지.
"많은 사람들이
기계의 핸들을 움직이고 있을 뿐,
깊이 생각할 필요도 없고
독창성도 필요 없는 물건이 되고 말았어.
노동자들은
일을 하기 전이나 후나
전혀 참여할 수 없어.
그래서 자기들이 하는 일에서 기쁨을 느끼지 못하지."
에릭 길은 말했지.
"노동의 이상은
예술의 이상과 유리되었고,

유용성의 이상은

미美의 이상과 유리되었어.

예술가들,

책임감을 가지고 만드는 사람들은

다른 모든 노동자들과 구별되었어.

공장노동자는

자기가 만드는 것에 대해서

아무런 책임감도 느끼지 못해.

그는 인간 이하의 상태로 떨어져서

책임 정신을 갖지 못해.

산업주의는

예술가가 무언가 유용한 일을 해야 한다는

생각을 갖지 못하게 했지.

산업주의는 노동자가

무언가 즐거운 일을 하지 못하게 했지."

피터 모린과 도로시 데이는 노동에 관한 철저하게 다른 철학을 발전시키기 위해 소박한 삶과 예배 공동체, 폭력으로부터의 자유에 대한 그리스도교 전통을 끌어왔다. 그들은 "노동과 사고思考는 서로 관련이 있으며, 사고는 상품이 아니라 영적 능력"이라고 주장했다. 노동하는 대중이 지니는 사고 능력을 부정하는 것은 그들의 영혼에 대한 범죄다. 모든 노동자는 일을 하는 가운데 '사고'를 발전시켜야 하며, 모든

여성 노동자들도 '사고'하는 법을 배워야 한다. 가톨릭 노동자 모임의
회원들은 금요일 밤 모임에서 각양각색의 노동자들과 만났다. 생활용
품을 생산하는 노동자들, 교육 노동자, 문화 노동자(나는 여기에 속할 것이
다)들과 만났다. 서로 생각을 교환하는 것을 '생각의 명료화'라고 불렀
으며, 이것은 교육 노동의 핵심이었다. 이때 사회적 역할과 분업이 문
제시되었기 때문이다. 무의미하고 인간에게 적대적인 노동, 가령 군
수산업 같은 것은 파괴적이며, 그런 노동을 하는 인간의 영혼과 생각
을 타락시키는 특성을 가지고 있다는 점이 알려졌다. 그러므로 이윤
추구가 중심인 사회 속에서는 무의미하고 파괴적인 노동이 노동하는
사람에게 끼치는 영향에서 벗어나는 것이 중요했다.

간디와 비슷하고, 또 그에게서 영향을 받은 이 가톨릭 아나키스트
들은 우리가 살기 위해 끌어들인 수단인 노동은 우리 삶의 목적과 일
치해야 한다고 주장했다. 다시 말해 폭력이나 지배에서 벗어난 하느
님, 이웃과 관계를 이루고자 하는 삶의 목적에 지금 여기서 기여하는
노동이어야 한다는 것이다. 지금 여기서 나쁜 노동을 하며 잘못 살면
서 훗날 노동의 영역 밖에서 자유롭게 될 수 있다는 희망은 환상이다.
"평화에 이르는 길은 없다. 평화가 곧 그 길이다"라는 간디의 유명한
말은 폭력에서 자유로우며 주체를 표현하는 '좋은' 노동과 관련이 있
다. 좋은 노동에 이르는 길은 없다. 좋은 노동이 곧 그 길이다.

이윤 추구 위주의 사회에서 살아가는 사람들은 수단이 아니라 목
적만이 중요한 가치중립적인 것으로 노동을 이해하려는 경향이 있다.
궁극적인 목적은 돈이고, 사람들은 돈만을 생각하며, 더 많은 돈을 벌

기 위해서 일한다. 모든 것이 이 최종 목적을 위한 것이고, 거기 도달하기 위한 수단은 중요하지 않다. 이러한 사고방식은 인간의 노동을 파괴하는 우스꽝스러운 것이다. 어떠한 수단을 사용해서 일을 하는가, 무엇을 어떻게 생산하는가가 전혀 중요하지 않다면, 우리는 자기 자신에 대한 관계와 인간 상호 간의 관계, 나아가서 자연과의 관계를 상실하게 될 것이다. 수단이 목적에 영향을 끼친다는 것은 비폭력사상의 절대적 기본명제다. 그것은 노동에 대해서도 타당하다. 가장 좋은 노동은 노동 그 자체에 목적이 있는 노동이며, 다른 무엇인가에 도달하기 위한 수단이 아니다.

노동이 노동자에게 어떠한 영향을 끼치는가 하는 문제를 무시하면, 우리는 노동을 교환가치에 따라서만 판단할 수밖에 없으며, 마치 지나치게 유토피아적인 목적이기라도 한 듯이 노동하는 인간의 자기 실현이라는 목표를 포기하게 된다. 그리스도교 신앙은 그러한 목표를 포기해서는 안 된다. 그리스도교 신앙은 인간의 가치를 추상화해서도 안 되며, 노동 시간 외에서만 인간의 가치를 인정해서도 안 된다.

인간의 노동에 대해 신학적으로 이해하는 데 우리 시대의 가장 중요한 문서는 교황 요한 바오로 2세의 회칙 『노동하는 인간』*Laborem exercens*(1981)이다. 저자의 폴란드식 성차별주의가 공공연하게 드러나기 때문에 본문의 도덕적 신뢰도에 의심이 가는 문제가 있기는 하지만, 문서의 근본 내용들은 해방신학의 형성을 위해 중요하게 배울 만한 것이 많다. 이 회칙은 시종일관 인간을 남성과 동의어로 사용하고, 노동은 거의 모두 남성 노동력이라는 의미로 해석하며, 여성의 사회적 역할은 가정으로 한정하고 있다. 이 점을 잊어서는 안 된다. 그럼에도 나는 이 회칙에서 전개되는 인간학은 교황 자신이 의무감을 느끼는 완고한 보수주의와 정면 대결하고 있다고 생각한다. 노동을 통해 창조적으로 자기를 실현하는 인격은 결국에는 전 지구적인 여성의 억압에 대해서도 간과하거나 정당화할 리가 없기 때문이다.

자크 마리탱, 에마뉘엘 무니에, 니콜라이 베르댜예프 같은 사상가들로 대표되는 그리스도교 인격주의 철학 전통에 근거하여, 교황 요한 바오로 2세는 인간의 인격에 대한 그리스도교적 이해의 기초를 노동 영역에서 세우고 있다. 교황은 노동하는 인간의 주체성을 강조하는데, 그것은 인간이 하느님의 모상에 따라 창조되었다는 데 근거한다. 그리고 이것은 자본주의만이 아니라 국가사회주의에 대한 그의 비판의 출발점이 된다. 이 두 체제는 모두 여성 노동자와 여성의 노동 가치를 파괴한다. 회칙에서 인간의 주체성은 하느님이 현존하는 장소로 여겨졌다. 이것이 이 회칙의 중심 주제, 즉 자본에 대한 노동의 우위라는 주제를 위한 가장 심오한 근거다. 살아 있는 인간의 노동이 축적된 죽은 자본보다 존재론적 우선권을 갖는다.

오스발트 폰 넬브로이닝은 『노동하는 인간』에 대한 해설서에서 누가 주체이고 다스리는 주인이며, 누가 의존하는 객체인가라는 질문과 관련해서 노동과 자본의 관계에 대해 말한다.[52] 그는 이렇게 말했다. "자본이 주체의 위치에 있고 노동이 객체의 역할을 하는 것을 '자본주의'라 하고, 노동이 주체의 위치에 있고 자본이 객체의 역할을 하는 것을 '노동주의'라 칭한다면, 이 회칙은 전례 없이 분명하게 '노동주의'의 입장을 선택한 것이다. 이에 대해서는 이론의 여지가 없다."

이 회칙의 강점은 어떠한 굴욕적인 상황 속에서도 인간의 가치를 강조한다는 데 있다. 노동의 소외에도 인간은 여전히 주체로서 존재하며, 결코 객체가 되지 않는다. 노동자는 하느님의 모상에 따라 창조되었기 때문에 결코 전적으로 그의 인격적 존재를 잃어버리지 않는다. 자기표현, 책임, 창조성은 창조된 인간에게서 떼려야 뗄 수 없는 것이다. 우리는 『노동하는 인간』의 이러한 측면을 1980년대 폴란드 노동운동과 국가사회주의에 저항한 노동조합 '자유노조'(Solidarność)의 투쟁에 비추어 살펴볼 필요가 있다. '자본에 대한 노동 우위'의 원칙은 국가사회주의에 대해서도, 선진 자본주의에 대해서도 타당하며, 이 두 체제에 대한 근본적인 비판을 위한 무기를 제공해 준다. 마르크스주의는 인간을 단순히 사회적 관계들과 힘의 결합으로 규정하고, 인간 역사의 순전히 실증주의적인 차원을 뛰어넘는 주체적·인격적 힘을 고려하지 않았다는 점에서 철학적으로 비판을 받는다. 인간을 단순히 생산능력에 의해서만, 그리고 그것에 의해 규정되는 사회적 관계들로만 정의하는 것은 오류다. 그러한 정의는 하느님이 현재의 역사 속에서 구원하고 해방하는 활동을 하고 있으며, 인간을 억압하고 파멸시키려는 세력들에 대항해서 인간이 싸울 수 있게 한다는 사실을 잊고 있다.

교황 회칙은 인간의 인격에 대해 다음과 같이 기술하고 있다. "인간은 하느님의 모습을 따라, 하느님과 닮은 모습으로, 볼 수 있는 우주 안에 창조되었으며, 땅을 다스리도록 그 안에 안배되었다. 그래서 태초부터 인간은 노동을 하도록 부름 받은 것이다." 여기서 신학적으로 근지에 깔려 있는 것은 인간은 곧 남녀 노동자라는 것이다. 하느님은 인간을 창조했으며, 따라서 인간은 창조자이고, 그들의 인간성은 노동을 통해 실현된다. 노동을 통해 인간의 본질이 분명히 드러나며, 인격이 자기 자신에 도달하고, 근원적 의미의 인격으로 된다. 노동하면서 우리는 자신이 누구인지 깨닫고, 자신과 다른 사람들에 대해서 책임지며, 우리 자신과 사회의 미래를 위한 기초를 놓게 된다.

회칙은 노동의 주관적 의미와 객관적 의미를 구별하고 있는데, 이는 매우 유익하다. 객관적 의미는 노동의 생산물과 관련된다. 이것은 단순히 노동자들에 의해 생산된 상품만을 의미하는 것이 아니라 생산 기계와 기술까지도 의미한다. 회칙에 따르면 기술은 우리의 협조자여야 한다. "기술은 인간의 노동을 수월하게 하고 완전하게 하며 신속하게 하고 증대시킨다. 기술은 과학 발달을 촉진시켜서 노동 생산의 양을 증가시키고 그 질도 향상시킨다. 그러나 예컨대, 노동의 기계화가 인간을 '밀어내고' 개인의 모든 만족감이나 창의력이나 책임감을 빼앗아 버리거나, 많은 노동자들의 직업을 빼앗아 버린다면, 또는 기계에 대한 과신으로 인간을 기계의 노예로 전락시킨다면, 기술은 인간의 협조자가 아니라 그의 적이나 다름이 없을 수도 있다"(5항). 이와 같이 노동의 객관적 의미는 고유한 변증법을 가지고 있다. 그것은 인간에게 협조적이거나 아니면 인간에게 적대적이다.

그러나 노동은 단순히 객관적으로만 이해할 수 없기 때문에 교황의 회칙에서는 노동이 노동자에게 어떠한 영향을 끼치는지에 대해서도 고찰한다. 교황은 "노동의 복음"에 대해서 말한다. "특히 '하느님과 본질이 같은 분'이셨지만, 우리와 똑같은 인간이 되신 분이 지상 생활의 대부분을 목수의 작업대에서 육체노동을 하면서 보내셨다는 사실을 그 출발점으로 삼은 것이다"(6항). 고대인들은 육체노동을 자유인이 할 만한 가치가 없는 것으로 여겼고, 그 때문에 일단의 노예들이 있었지만, 그리스도교는 '그러한 사고방식을 완전히 뒤집어 놓았다'. 예수 안에서 육이 된 하느님이 노동자였다는 사실에 의해 노동에 대한 우리의 이해는 결정적으로 저주-전통과 결별하게 되었다. 이 "노동의 복음"에는 노동하는 인간의 새로운 가치가 나타난다.

이 회칙은 다음과 같이 선언하고 있다. 노동의 복음은 "인간 노동의 가치를 결정하는 근본이 우선적으로 노동의 종류가 어떤 것이냐에 있지 않고 노동을 하는 사람이 하나의 인격체라는 사실에 있다는 것을 보여 준다. 노동의 존엄성은 그 근거를 객관적인 차원이 아니라 원칙적으로 주관적인 차원에서 찾아야 하는 것이다"(6항). 노동의 주관적 의미와 객관적 의미를 구별하는 것은 결코 가치중립적인 태도도 아니요, 단순화된 설명도 아니다. 오히려 그러한 구별은 인간의 노동에 의해 무엇이 생산되느냐는 물음보다 노동이 노동하는 인간에게 어떠한 역할을 하느냐는 물음이 우선한다는 데 근거하고 있다. 책임성과 자기표현이 생산된 상품보다 중요하고 더 가치가 있다.

노동의 객관적인 목표에 비해 주관적인 의미를 새롭게 평가하는 데서부터 자본에 대한 노동 우위의 원칙이 나온다. 이 두 원칙들 ― 객관적 의미에 대한 주관적 의미의 우위, 자본에 대한 노동의 우위 ― 은 상호적으로 규정된다. 자본주의 사회에서 노동은 단지 객관적 측면에서만 관찰된다. (내가 초등학교에 다니는 딸의 '공부'[Arbeit]를 평가했던 방식도 그러했다.) 노동하는 인간은 객체로 취급되며, 그렇기 때문에 그는 자신을 단순히 생산과정의 객체로 경험한다. 노동자는 자신이 독립적으로 행동하는 주체라는 느낌을 갖지 못한다. 자본이 인간 삶의 존엄성보다 우위를 지닌다. 정의란 자본이 단순히 노동을 섬기는 기능을 하게 되는 것을 의미한다.

인간으로서 우리는 어쩔 수 없이 자기표현 욕구를 가지고 있다. 주관적 의미의 노동은 이러한 욕구를 충족시켜 주는 노동이다. 그리스도교 신앙은 인간의 기본 욕구에 대해 중립적인 태도를 취하지 않는다. 그러므로 그리스도인들은 자기표현으로서의 노동을 옹호해야 한다. 만일 우리가 하느님이 오늘의 역사 속에서도 구원 활동을 하신다고 말한다면, 그것은 모든 사람이 근원적으로 바라는 인간적 과업에 대한 믿음을 표현하는 것이다. 객관적 상황이 아무리 절망적으로 보인다 해도 말이다. 만일 우리가 노동자로서 우리의 공동적인 창조력의 근원으로 하느님을 상정한다면 사회적 결정론을 넘어설 수 있을 것이다. 하느님과 절대적인 인간 가치에 대한 요구는 불가분리의 긴밀한 관계에 있기 때문이다.

9
노동과 사회적 관계

좋은 노동의 두 번째 본질적 요소는 노동의 사회적 차원과 관련된다. 노동은 개인을 사회적 관계로 불러내는 활동이다. 노동은 인간이 사회적으로 결합되는 형태와 방식을 규정한다. 우리는 우리 모두가 하는 노동을 통해서 상호 의존하면서 살아간다. 또한 좋지 않은 상황 속에서도 삶을 가능하게 해 주는 협동적 배려도 있다. 노동 안에서 우리는 서로 관계를 맺는다. 어떤 의미에서 모든 노동은 협동 노동이며, 예비 노동, 다시 말해 시간적으로나 내용적으로나 사전의 배려로 우리가 하는 노동 역시 협동 노동이다. 일하지 않는 사람은 노동으로 인해 다른 사람들과 맺는 연결 고리가 없는 셈이다. 그 또는 그녀는 삶에서부터 뿌리 뽑혔다고 느낀다. 이것은 자신이 사회적으로 고립되었다고 느끼는 전업주부들의 경우도 마찬가지다. 핵가족 내에서 하는 그녀들의 노동에는 사회적 차원이 없기 때문이다.

노동은 공동성을 창출한다. 노동은 항상 노력하는 사람으로서 노동하는 사람이 특정 노동집단에 속해 있고 존경받고 있다는 자부심을 느끼게 한다. 우리는 다른 사람에게 필요한 무언가를 하는 경험을 한다. 필요한 존재가 된다는 것은 먹고, 자고, 몸을 따뜻하게 하고, 성생활을 하는 등의 일차적 욕구들 다음으로 중요한 인간적 욕구다. 성공한 노동에서는 이러한 욕구들이 충족된다. 우리는 '만족'하게 된다. 그리고 이러한 의미에서 인간적 노동은 평화를 위한 사회-심리학적 선결 조건이다. 그러나 추상적이고 무의미한 노동일수록 이러한 적극적인 기본 경험을 전달하기 어렵다. 예를 들어 전자산업 공장에서 일하는 여성들이 작은 코일을 감는 일을 하면서 그 코일이 전쟁 무기산업과 어떻게 관련되는지 주의하지 않는다면, 그것은 노동의 사회적 차원이 파괴된 무섭고도 전형적인 경우에 해당한다. (어쩌면 오늘날에는 생산의 자동화에 따라 이러한 예가 사라지고 있는지도 모른다. 그러나 그러한 형태의 야만을 허용하는 인간 노동에 대한 기술지배적 이해가 사라진 것은 아니다.) 그 일을 하고 있는 여성들은 자신들이 군수품과 무기 수출, 대리전쟁이라는 살인적인 거대 메커니즘의 작은 일부임을 알지 못한다. 흔히 자기 자녀들을 위해 그런 일을 하는 여성들은 자신들의 노동의 결과가 다른 아이들을 그들의 부모가 보는 앞에서 죽이는 데 사용된다는 사실을 알지 못한다. 우리는 우리가 하는 노동이 어디에서 유래해서 어디를 향하는지 묻지 않는다. 그러한 것을 알지 못할 때 노동하는 자의 가치는 짓밟힌다. 우리 자신을 알리고 우리가 서로 관계를 맺는 데 기여해야 할 노동이 임금을 위한 수단으로 전락해 버리고 마는 것이다.

좋은 노동은 상호 간의 관계성에 의해 규정된다. 사람들이 대체로 혼자 하는 일이라고 여기는 예술가나 학자들의 노동 역시 사회에 의해 조건 지어지며, 동기를 부여받고, 사용된다. 예술이나 학문은 문화 노동자가 공동체적 과업을 인지했을 때 우수한 결과를 얻는다. 나는 내적 영감만을 추구하는 유아독존적인 예술가를 높이 평가하지 않는다. 자신이 타인의 삶과 연결되어 있음을 아는 예술가는 주변 세계와의 만남을 자신의 노동 안에 수용하며, 거기에 반응하여 작업한다. '예술을 위한 예술'이라는 심미적 사상은 역사적으로 볼 때 단지 특정 시기에만 어느 정도 생산성을 지녔다. 은둔적으로 살아가는 예술가의 사회적 관련성 역시 '예술을 위한 예술' 이념의 극단적 대변자가 생각하는 것보다는 훨씬 크다. 우리는 자신의 사회적 관계성을 의식하고, 자신이 누구를 위해서 그림을 그리고 글을 쓰는지 알며, 그들이 속한 사회가 신뢰할 수 있는 문화예술가들을 절실하게 필요로 한다.

그러므로 첫 번째 필수불가결한 질문이 "노동은 노동자에게 어떠한 일을 하는가?"였다면, 두 번째 질문은 "노동은 사회에게, 집단에게 어떠한 일을 하는가?"여야 한다. 노동은 노동하는 개인과 사회 사이에 어떠한 관계를 수립하는가? 첫 번째 질문과 마찬가지로 이 질문 역시 물질적 차원에서의 답과 정신적 차원에서의 답을 둘 다 요구한다. 임금과 노동자 조직, 사회적 목표 설정, 공동체를 위한 유용성 등이 문제시된다는 점에서 우리의 답변은 반드시 물질적이어야 한다. 그러나 이러한 기술적·사회적·정치적 측면들은 노동이 자본에 비해 우위에 있으며, 무엇보다도 인간이 중요하다는 확신하에서 검토되어야 한다. 이 점에서 우리의 답변은 정신적인 것이어야 한다.

　노동은 노동하는 인간과 그의 사회에 어떠한 영향을 끼치는가라는 질문을 할 때 우리는 단순히 기술적인 문제 이상의 문제를 제기하는 것이다. 기술적인 문제에 대한 답변은 더 나은, 더욱 현대적이고 효율적인 생산수단을 발전시킴으로써 얻을 수 있다. 노동을 통해 우리는 다른 사람들과의 관계 속으로 들어가게 된다. 그러므로 우리는 노동을 인간존재의 관계적 특성의 표현으로 볼 수 있다. 만일 우리가 노동을 통해 창조에 참여하고 하느님을 모방한다면, 우리의 노동은 타인들에 대한 우리의 관계성과 공동성의 표징이다. 우리 자신의 존재와 실제로 일치하는 노동은 우리로 하여금 하느님의 창조 노동에 참여하게 하며 ― 모든 좋은 노동에 특징적으로 나타나는 ― 상호 주고받음, 상호 가르침과 배움의 끝없는 과정 속으로 우리를 인도한다. 그러나 서구 산업사회에서 노동 생활은 공동성이 아니라 무엇보다도 경쟁을 불러일으켰다. 노동은, 특히 3차 기술혁명의 위협으로 인해 위축되자, 상호공동성이 아니라 상호적대성의 자리가 되었다.

　고도의 기술 산업 분야의 나이 많은 노동자들이 반복해서 하는 불평은 자신들이 이제 기술교사로서의 역할을 잃어버렸다는 것이다. 이로 인해 그들에게는 아무것도 남지 않았고, 이것은 연장자의 지위에 대한 공격으로 느껴졌다. 자신의 풍부한 경험을 통해 젊은이들에게 무언가를 계속 줄 수 없는 상태로 그냥 늙어 간다는 것은 자존감과 인간적 품위에 상처를 준다. 마음과 정신, 손으로 익힌 경험들을 자신을 위해 쌓아 놓는 대신 다른 사람들에게 전하는 것은 좋은 노동 개념의 일부다. 오늘날 노동자들은 스스로를 교환 가능한 존재로 느끼며, 자신의 경험은 아무 쓸모가 없게 되었다고 느낀다. 급격한 기술 변화로 인해 그들의 식견과 지식이 낡은 것이 되었기 때문이다. 그들이 배운 것은 다음 세대를 위해 아무 쓸모가 없는 것으로 여겨진다. 만일 기술 변화의 속도가 그러한 변화에 대한 인간의 적응 속도보다 더 빠르다면 좋은 노동의 본질적 요소인 주고받음과 가르치고 배우는 과정은 파괴된다. 이러한 상호 교환은 좁은 의미에서의 생산성보다 훨씬 광범위하다.

모든 노동자는 특정 사회와 문화 안에서 일을 한다. 그들은 과거 세대의 노동자들에게서 물려받은 도구, 기술, 지식을 활용한다. 노동자들은 이전 세대들의 어깨 위에 함께 서 있다. 우리가 이전 시대의 노동 생활에 대해 알면 알수록 선대 노동자들의 유산에 대한 존경심이 깊어질 것이다. 과거에 노동은 무엇을 의미했으며, 우리의 조부모들은 무엇을 위해 어떻게 일했는가에 대한 역사의식을 심어 주는 것이 교육의 목표가 되어야 한다. 자기 이해와 인간적 가치를 돈보다 높이 평가하는 교육에서는 당연히 그러한 역사의식을 길러 주는 것이 교육의 목표가 되어야 한다. 노동을 이렇게 평가하라는 요구는 미국처럼 생산성만을 중요하게 여기는 사회에서는 당연히 묵살당할 것이다. 그렇지만 과거의 노동자들을 포함하여 모든 노동하는 인간에 대한 존경은 노동에 대한 공동체적 이해를 위해 절대적으로 필요하다. 그리고 긴 안목에서 보면 생산성을 위해서도 그것은 절대적으로 필요하다. 노동은 주어진 공동체라는 공간적 차원에서만이 아니라 시간적 차원에서도 공동의 활동이다. 즉, 과거로부터 물려받은 것들과 미래를 위해 인간 공동의 기억을 포기할 수 없다는 섬에서 그렇다.

우리의 근본적 결핍 — 우리는 가죽이나 날카로운 이빨을 가지지 못한 결핍된 존재로 세상에 태어났다는 인간학적인 사실 — 과 사회적 의존성은 서로 뗄 수 없는 관계에 있다. 마르틴 부버가 말했듯이 "태초에 관계가 있었다". 우리는 고립해서 살아가는 것이 아니라 다른 사람들과의 관계에 의해 살아간다. 그리고 이러한 사회적 관계를 부정하고 제한하거나 승인하지 않으려 하는 모든 체제는 스스로 파멸을 초래한다. 우리는 생존을 위해 필요한 것들을 다른 사람이나 집단의 도움 없이 얻을 수 없다. 마르크스는 여러 이론가들의 글을 뽑아 놓은 그의 『발췌록』에서 좋은 노동이 우리들과 다른 사람들과 전 인류 사이에 맺어 주는 관계들에 대해서 명확한 비전을 제시했다.

"인간으로서 우리가 생산한다고 가정해 보자. 그러면 우리 한 사람 한 사람은 자신의 생산 활동을 통해 자기 자신과 타자를 긍정하게 될 것이다. 첫째, 나는 나의 생산 활동을 통해 나의 개체성과 개성을 대상화했고, 따라서 활동을 하는 동안 개별적인 삶의 표현을 향유했을 뿐 아니라 대상을 직관하면서 나의 인격을 대상적인 것으로, 감각적으로 직관할 수 있는 것으로, 따라서 어떠한 의심도 할 수 없는 힘으로 인식하는 기쁨을 맛보기도 했다. 둘째, 나는 나의 생산물을 당신이 향유하거나 사용하는 것을 보고 내가 나의 노동을 통해 인간적 욕구를 충족시켰고, 또 인간 본질을 대상화함으로써 다른 인간존재의 욕구에 상응하는 대상을 제공했다는 것을 깨닫는다. 셋째, 당신이 보기에 나는 당신과 종種을 매개하는 중재자였으며, 따라서 당신은 나를 당신 자신의 존재를 보완하는 보충물로 여기고 당신 자신의 필수적 일부분으로 받아들인 셈이다. 그러므로 당신은 내가 당신의 사유와 사랑 속에서 승인되었음을 깨달은 셈이다. 넷째, 나는 나의 개인적 삶의 표현을 통해 당신의 삶의 표현을 직접적으로 창조했으며, 따라서 나의 개인적인 활동을 통해 직접적으로 나의 참된 본질, 곧 나의 인간성, 공동체적 존재성을 확인하고 실현했다."[53]

바로 이 본문에서 마르크스가 말한 완성된 인간 삶의 요소로 서술된 것들을 내가 이 책에서 말하려고 하는 좋은 노동의 차원들과 비교할 수 있다. 마르크스에 따르면 "인간으로서의" 생산 활동, 즉 이윤 추구에서 자유로운 인간의 생산 활동은 우리를 "개인적인 삶의 표현으로", "인간적인 욕구의 충족으로", 인간의 "공동적인 본질"의 실현으로 이끈다. 일반적인 선입견과 달리 나는 인간의 생산 활동에 대한 마르크스의 이러한 견해가 편협하고 환원주의적이거나 순전히 경제적이라고 보지 않는다. 오히려 나는, 모든 사람에게 정의와 완성(샬롬)을 약속한 성경의 예언자 전통과 마르크스가 일치한다고 생각한다.

인간의 노동에 대한 마르크스의 서술에서 무신론의 흔적을 찾아내려고 해도, 단지 마르크스가 궁극적으로 지상에 인간다운 생산양식을 가져올 신적 존재의 개입에 대해 그의 사상 어디에서도 말하지 않는다는 사실을 발견하게 될 따름이다. 그러나 세계 밖의 신적 행위자를 가정하는 것이 실제로 그리스도교적이라는 데 대한 표준이 될 수 있는가? 많은 사람들이 입으로는 하느님의 이름을 말하고 지극히 높으신 분의 존재를 인정하지만, 실제로는 하느님의 뜻을 행하지 않고 있다(마태 7,21 참조). 신앙의 참다운 표준은 사랑하고 의를 행할 수 있는 우리의 능력이라고 나는 확신한다. '좋은' 창조를 믿는다는 것은 우리가 공동의 노동을 통해 우리 자신의 참된 인간적 본성(마르크스가 말했듯이 우리의 '공동성')을 상호적으로 실현하도록 창조되었다고 믿는 것을 의미한다. 마르크스의 말은 결코 신앙의 결핍을 드러내는 것이 아니며, 반대로 그것은 그리스도가 선포했던 '완성된 삶'의 가능성을 믿는다는 점에서 대다수 그리스도인들의 생각보다 더욱 진전된 것이다.

창조는 관계를 가지고자 하는 하느님의 욕구, 즉 땅을 인간과 함께 나누고 싶어 했던 그의 바람에 기원을 두고 있다. 이로부터 우리에게 (사랑과) 노동은 관계성과 상호성, 상호 의존성이 가시적으로 나타나는 장소라는 결론이 나온다. 좋은 노동을 함으로써 우리는 상호적인 배움과 가르침의 강물 속에 발을 들여놓게 되며, 우리가 만든 것, 우리의 생산품으로 기여하게 되고, 또 다른 사람들에게 기여받는다. 다른 사람들이 우리를 사용하며, 또 우리가 다른 사람들을 사용한다. 좋은 노동은 우리 삶의 사회적 관련성을 보여 주며, 또 우리 자신과 타인의 경험을 위해서 그것을 풍부하게 한다. 슈마허에 따르면 좋은 노동의 목적은 "이웃에 대한 봉사와 타인과의 공동 노동을 통해 우리의 자아가 타고난 자기중심성에서 벗어나게 하는 것이다".[54] 그런 일이 일어나는 곳에서 옛 자아는 사라진다. 헤겔은 이러한 현상을 '외화'外化(Entäußerung)라고 했으며, 소외의 긍정적 측면으로 보았다.

우리는 이러한 사실에 대해 아이들에게서 많은 것을 배울 수 있다. 부모가 만일 어떤 일에 열중해 있는 아이를 방해하거나 중단시킨다면, 그것은 잘못하는 것이다. 실제로 열중해서 어떤 과제를 하고 있는 아이는 자신의 노동에 자신을 집중적으로 결부하고 있다. 아이들은 노동하는 자에 대한 존경이 무엇을 의미하는지 우리에게 가르쳐 줄 수 있다. 다시 말해 좋은 노동을 하는 집중된 시간 동안 나타나는 망아적 경지를 존중해야 한다는 것을 가르쳐 줄 수 있다. 그러한 망아적 경지는 현재의 과제를 완성하려는 욕구로 표현된다. 좋은 노동에 열중해 있을 때 우리는 시간과 공간, 배고픔과 갈증까지도 잊어버린다. 이렇게 몰두함으로써 우리들의 '선천적 자기 집착'은 사라져 버리고 퀘이커교도들이 말하는 '우리 안의 하느님'이 자유롭게 된다. 우리의 정열은 더 이상 자기 집착에 매이지 않으며, 자아분열, 즉 노동하는 자아와 노동하는 자신을 바라보는 자아 사이의 분열은 사라진다. 우리의 정열은 자유롭게 창조적으로 활동하기 시작한다. 좋은 노동을 함으로써 우리 안에 있는 신적인 자아가 해방되고, 자유롭게 되며, 우리는 원초적인 창조력을 되찾게 되고, 생명을 지닌 모든 것들과 연합하게 된다.

참된 협동 노동은 강력한 상호 의존의 감정에서 생겨나는 일종의 자극을 일으킬 수 있다. 나는 어떤 소그룹에서 일했을 때 그러한 감정을 느꼈다. 그때 우리는 함께 결정을 내렸고, 함께 신문을 만들었다. 최초의 생각에서부터 최종 원고까지 모든 일을 함께했다. 그 모임에서 나는 창조력이란 서로 나눌 수 있고, 전해지는 것이며, 또 상호 주고받음의 과정 속에서 분업이 극복된다는 사실을 깨달았다. 당연히 그때도 때때로 분업이 이루어졌다. 어떠한 집단에서도 모든 사람이 — 때로는 동시에 저리되어야 하는 — 모든 과제에 동일한 정도로 관여할 수는 없기 때문이다. 그러나 이러한 종류의 분업은 일반적인 분업과 다르다. 그것은 상호 간의 동의에 기초하며, 유동적이기 때문이다. 진정한 위험은 우리가 영구적인 분업에 집착하고, 나이나 계급, 인종, 성별에 근거한 역할 분담, 행동 형태에 집착한다는 데 있다. 사람들은 점점 더 정서적으로 황폐해지고 있으며, 노동을 할 때 서로가 서로에게 속해 있다는 깊은 공감대를 가질 수 없다. 오늘날 노동자들은 일자리를 잃을지도 모른다는 눈앞에 보이는 위험성 때문에 점차 고립감을 크게 느끼고 있다. 실업자들과 면담해 보면 그들이 자신의 실업 상태를 (종교적) 파문과 같은 것으로 여기고 있음을 알 수 있다. 그들은 단순히 일자리를 잃은 것만이 아니라 사회적 대화 통로를 잃은 것이다. 그들은 일하는 사람들의 사회에서 배제된 것이다.

오늘날 대가를 받는 노동을 하지 못하는 것은 고립과 인격의 분열이라는 결과를 가져온다. 실업자들은 공동의 노동을 할 수 없기 때문에, 그들 사이에서는 상호 연대감이 약해지며, 종종 완전히 사라져 버리기까지 한다. 실업자의 자존심은 위축된다. 그들 중 많은 사람들이 알코올중독에 걸리거나 정신적으로 병들고 자살을 하기도 한다.

커트 보네거트는 그의 소설 『자동 피아노』*Player piano*에서 컴퓨터가 지배하는 미래의 사회에서 전혀 노동할 기회를 얻지 못하는 남녀들의 일상적 절망감에 대해 썼다. 그는 상류 계층의 교육받은 사람들만이 체제 유지를 위해 필수적인 두뇌 노동을 하는 악몽 같은 세계를 그렸다. 조지 오웰이 그린 것과 비슷한 이런 미래 사회는 그곳 시민들에게 먹을 것과 입을 것, 살 곳을 마련해 줄 수는 있어도, 일을 하지 않음으로 인해 국민들 사이에 점점 깊어 가는 정신적 공허감과 무력감을 어찌해 줄 수는 없음이 분명하다. 이에 대해 강력하게 항거하는 가공의 인물이 마지막에 등장한다. "조만간 그분이 올 것이다. 그분은 새롭고도 놀라운 약속으로 사람들의 환상을 사로잡을 것이다. 그것은 이 땅의 일에 참여하고 자신이 유용하게 쓰이고 있다는 느낌, 실로 인간으로서 존엄성을 누리고 있다는 느낌을 회복할 수 있다는 약속이다. 그러나 경찰은 경계를 게을리하지 않으니 그런 사람들이 국가 안보를 위협하지 못하도록 법률에 근거해서 감금해 버릴 것이다." 미래 세계를 그린 보네거트의 책은 1952년에 출판되었는데, 그 세계가 점점 실제가 되고 있다.

미국 섬유노동자연맹 회장이자 국립완전고용협회 지도위원인 머리 H. 핀리는 높은 실업률에 대해 이렇게 말했다. "실업률이 높아질수록 국민의 내적 힘과 도덕적 신념은 약해진다. 만일 비인간적이고 무책임한 이론들과 계획들로 인해 사람들이 경제적이고 일상적인 공동체적 삶에 참여하지 못하게 된다면, 우리나라의 위신과 명예는 땅에 떨어질 것이다." 핀리는 1980년대 이후 미국에서 일어나고 있는 일에 대해 정확하게 기술하고 있다. 자동화의 확대와 인간을 희생시켜 이윤을 극대화하려는 '무책임한 이론들과 계획들'의 결과 점점 더 많은 수의 노동자들, 특히 공장노동자들이 일자리를 잃었다. 그러는 사이 부자들은 가난한 자들의 '침입'을 두려워한다.

1983년 6월 27일 자 「뉴욕타임스」 보도에 따르면 부유한 몇몇 소도시에서는 자기 구역을 보호하기 위해 주변 지역과 차단하는 기이한 계획을 실시했다. 이 지역에 담장을 두르고 전자카드를 지녀야만 출입할 수 있게 되었다. 이처럼 불안으로 인해 스스로 고립되기로 결정한 도시들 대부분은 범죄율이 높은 지역 가까이에 있지도 않다. 경계선을 긋고 담장과 경찰들에 의존해 주변 세계로부터 스스로를 격리하는 행동은 부자들이 가난한 자들, 실업자들, 소위 '무직자들'에게서 스스로를 지키려고 취하는 차별주의 체제를 매우 정확하게 상징한다.

실업률이 증가함에 따라 노동이라는 주제는 교회의 열띤 토론 대상이 되었다. 우리에게는 새로운 노동의 신학이 필요한가? 개신교의 노동윤리는 — 특히 '일중독', 즉 일에 집착하는 것을 장려하는 경우 — 여전히 문제를 해결할 수 있는가? 실은 노동에 대한 전적으로 새로운 이해가 필요한 것이 아닐까? 이러한 것들은 전형적인 물음들이다.

또 어떤 사람들은 일자리를 얻을 가능성 자체가 희박해졌기 때문에 '좋은' 노동에 대해 생각하는 것을 의아하게 여긴다. 그러나 나는 좋은 노동의 문제와 실업의 문제는 서로 연관되어 있다고 생각한다. 사람들이 어떤 일자리도 얻지 못해서 좌절할 때가 바로 좋은 노동의 본질에 대해 질문을 제기할 때다. 그러나 임금노동이라는 노동에 대한 축소된 정의가 실업의 의미를 규정하며, 그것은 어째서 사회가 마지못해서 겨우 실업 문제에 대처하는지 설명해 준다. 높은 실업률을 당연한 것으로 전제하는 경제 이론을 수립하는 경향은 점점 더 커지고 있다. 이 경우 줄기차게 일자리를 찾으러 나갈 용기를 잃은 사람들은 노동기피자나 '무능력자'로 낙인찍히며, 그들의 운명은 자업자득인 것처럼 여겨진다.

부유한 산업국가에서 노동의 위기는 한편으로는 기술혁신으로 인해 특정 노동 형태를 고사시킴으로써, 다른 한편으로는 군사독재와 경제적 강요에 의해 노동 착취를 용납해 주는 지역들로 자본과 공장 시설이 점증적으로 이전함으로써 일어난다. 가난한 나라들에서 억압은 언론 검열, 야당과 노동조합의 금지, 불법 구금, 고문, 수천 명의 행방불명 등으로 나타나며, 그것은 착취적인 노동조건에 그 경제적 뿌리가 있다.

노동 절감은 산업 생산의 주요 목적 가운데 하나인데, 그 생각 자체가 이미 노동은 저주받은 것이며 인간이 벗어나야 하는 것이라는 이해를 함축하고 있다. 이처럼 노동을 원치 않는 것으로 낙인찍음으로써 노동자들이 기쁨을 느끼고 자신을 완성시키고 의미를 느낄 여지가 사라진다. 처음부터 산업 노동에서는 노동환경을 조성하는 데 가치나 사회적 관계에 대한 고려가 없었다.

오늘날 지구화된 의류 산업의 착취 현장에서 일하는 여성들은(이 책 103쪽 참조) 사실상, 그리고 때로는 법적으로도 아무 권리가 없다. 오늘날 점점 더 효과적으로 조직화되어 가는 지구화 과정 속에서 모든 사회적·생태적 보호 조치들을 무력화하는 것은 하나의 중요한 목표다. '탈규제화'는 신자유주의의 기본 개념에 속하며, 그것에 힘입어 우리 눈앞에서 새로운 형태의 노예제가 탄생하고 있다.

자본주의는 세 가지 세력을 생산과 소비의 추동력으로 삼고 있는 데, 그것은 고대 그리스도교 전통에서 '죽음의 죄'라고 칭하는 세 가지 태도, 즉 탐욕, 시기, 인색함에서 비롯된다. 자본주의는 소유욕을 효과적으로 관리함으로써 교회의 표현과는 반대로 노동에 대한 자본의 우위를 확고히 했으며, 인간의 관계성을 파괴했다. 이윤 추구 사회는 존재보다는 일자리, 참여보다는 소유, 성숙보다는 싸워서 무언가를 얻는 것을 중요시한다. 이것은 우리 존재의 관계성을 파괴하고 평가절하하며, 의미 있는 노동에 대한 소망을 여지없이 무너뜨린다. 만일 우리가 실업 문제를 더욱 좋고 가치 있는 노동 형식을 발전시킬 기회로 삼는다면, 명예심이나 경쟁심 대신 상호 도움이 자라나게 할 수 있을 것이다. 우리는 피터 모린이 꿈꾸던 사회를 발전시킬 수 있을 것이다. 그 사회는 "탐욕이 아니라 믿음에, 개인주의가 아니라 이타심과 온화한 인격주의에 기초한 사회다. (물론 이러한 이타심과 온화한 인격주의도 체제에 의해 제약되기는 한다.) … (우리는) 낡은 사회 내부에서부터 새로운 사회를 수립할 수 있다." 현재 임금 받는 일을 하지 못하는 사람이라 해도 그때는 반드시 일이 없지 않을 것이다. 아이를 돌보고, 집을 정돈하고, 생활용품을 수선하고, 공동체를 조직하고, 대체에너지자원을 개발하고, 환경오염을 막고, 모든 사람을 위해 생활에 편리한 교통수단을 만들어 내는 등의 일들도 노동에 속하게 될 것이기 때문이다. 대안 운동들은 지역과 가깝고 탈중앙집권적인 노동 집단들을 통해 우리의 학교와 병원, 교통수단, 식량 생산을 재정비하고 인간화하기 위해 힘쓰고 있다. 이 운동은 자기표현, 사회적 관계, 자연과의 화해라는 의미에서 새로운 노동 이해로 이끌 수 있을 것이다.

교황 회칙은 외견상 모순되어 보이는 두 가지 사회적 필연성, 즉 계획경제와 탈중앙집권적 통치를 옹호함으로써 이러한 새로운 노동 이해를 가능하게 해 준다. 한편으로 통치는 노동자들의 권리를 보장해야 하며, 노동 세계의 현대적 요구들에 직면해 있는 노동자들에게 계속 교육을 제공하여 지속적인 발전 가능성을 제시해야 하고, 현존하는 자원과 시장에 생산계획을 일치시키는 산업 정책을 추구해야 한다. 다른 한편으로는 노동자들 스스로가 자신들의 삶과 노동의 방식을 결정할 수 있어야 한다. 그러나 우리가 종합해야 하는 이 두 가지 필연성 뒤에는 윤리적 가치로서 정의와 연대성이 존재하며, 이것은 노동신학의 핵심적인 부분이다. 정의正義란 실질적으로는 자본의 가치를 노동의 가치보다 아래에 두는 것을 의미한다. 연대성이란 노동의 관계들에서 형성되는 매우 강력한 상호 귀속감의 형태다. 노동자들 상호 간, 그리고 취업자들과 실업자들 사이의 연대성이 생산보다 중요하며 가치 있다. 노동의 신학은 이러한 상호 귀속감이 생산성보다 우위에 있음을 인정해야 한다. 우리가 하느님의 모상으로 창조되었다는 것이 맞다면, 우리는 무엇보다도 자신을 '공동 창조자'로 이해해야 한다. 창조의 열린 과정에 참여한다는 것은 노동하는 모든 동료 인간들과 자발적이고 굳은 연대를 맺기로 결단하는 것을 의미한다.

폴란드 실롱스키에주州 소스노비에츠 광산의 노동자들은 1981년 겨울 새로운 종류의 연대를 수립했다. 그들은 이것을 '능동적 파업'이라고 불렀다. 자신들의 요구를 밝히고 국가 당국과 협상하기 위해 생산을 중단하는 대신, 광부들은 자신들의 일터를 점거하고, 석탄 수

요에 부응하는 그들 자신의 계획, 지도 체제를 수립했다. 그리고 그들은 채굴된 석탄의 일부를 유치원과 구호소, 그리고 여러 농업 기업에 보내기로 결정했다. 그들은 이 '능동적 파업'을 통해 생산력과 생산물에 대한 자체 관리에 성공했으며, 자신들의 노동의 결실을 필요로 하는 사람들에게 나누어 주었다. 폴란드 광산 노동자들의 이 사례는 전 세계의 노동자들을 위한 하나의 선물이었다. '자유노조'(Solidarność)는 그때부터 단순히 한 노동조합의 명칭이 아니라 함께 살고 함께 일하는 전혀 새로운 방식을 의미하게 되었다.

10
자연과 화해하는 노동

좋은 노동에는 자기실현과 노동자의 가치라는 개인적 차원과, 사회적 관계성과 연대성이라는 공동체적 차원 외에 세 번째 차원이 하나 더 있다. 노동의 신학은 이에 대해서도 고찰해야 한다. 이 세 번째 차원은 노동의 객관적 의미와 관련되지만 주관적·상호 주체적 측면들과도 관련이 있다. 이 세 번째 차원을 지칭하는 '자연'이라는 말은 물질이나 대상, 생산물이라는 명칭과 달리 처음부터 신학적 논의와 관련이 있다. 따라서 나는 이와 관련된 여러 논점들을 검토해 보려고 한다. 앞서 나는 생산 및 기술과의 관련성으로만 한정해서 노동의 객관적 의미를 기술했다. 그렇게 함으로써 오늘날 노동의 객관적 측면과 주관적 측면 사이에서 일어나는 갈등을 보여 주려고 했다. 이러한 갈등에서 기술에 의한 강요는 지속적으로 인간적 가치와 반대되는 방향으로 작동해 왔고, 소위 기술적 필연성이 승리자로 남았다. 그러나 그것은 불가피한 일인가? 그것은 기술에 대한 우리의 이해에 달려 있는 것이 아닌가? 우리는 기술을 적대적인 세계에 대항해서 살아남기 위한 수단으로 본다. 그 과정에서 자연에 대한 착취는 어쩔 수 없이 감수해야만 하는 일인가? 우리는 노동의 객관적 목적에 대한 새로운 성찰을 통해 이 갈등의 해결을 모색해야 할 것이다.

말하자면 노동의 객관적 의미를 다른 방식으로 볼 수도 있다. 성경에서 '노동의 결실'에 대해 말하고 그것을 축복할 때에는 인간의 노동과 자연과의 연관성에 대한 눈에 띄는 표현이 나온다. 인간의 노동은 세계를 "아직 아무도 가 보지 못한 곳, 고향"(에른스트 블로흐)으로 변화시키는 것을 목표로 한다. 우리를 가장 인간답게 만들어 주는 것, 즉 노동과 사랑을 통해 우리는 새로운 땅의 공동 창조자가 된다. 최후에 우리는 그 땅을 고향이라고 부를 수 있을 것이다. 노동을 통해 자연과 화해하려는 희망은 땅을 지배하려는 남성적 시도를 거부할 것을 요구한다. 오늘날 생태학적 위기와 동식물 세계의 우리 형제자매들의 멸종에 직면해서 이러한 새로운 세계에 대한 희망이 다시 일깨워졌다. 노동을 통한 자연과의 화해는 우리 앞에 놓인 크나큰 과업 중 하나다.

이렇게 보면 자연은 적대적인 위협의 원천이 아니며, 노동은 자연을 굴복시키는 것이 아니라 자연과의 교제다. 인간과 자연이 인간적 삶의 표현으로서 노동이라는 범주 안에서 상호작용한다면, 자연은 마음대로 착취하는 대상이 아니라 자유롭게 자신의 결실을 내어 주는 땅이라고 할 수 있다. 이처럼 인간의 필요를 충족시키고자 하는 모든 생산노동은 인간과 자연 사이의 화해라는 특징을 지니고 있다. 그것은 아직 끝나지 않은 이 땅의 창조를 지속해 나가는 것이기도 하다. 이러한 관련성 안에서 노동자는 땅과 동물, 광물, 지하자원, 식물, 그 외 여러 생물들에 대한 책임을 위임받은 하느님의 청지기로 이해된다.

이와 같은 양육과 보호의 모티프는 서구 철학에서 자주 망각되곤 했다. 동산지기인 아담과 하와보다 대장장이 헤파이스토스가 우리와 더 가깝다. 우리의 노동 방식은 자기소외를 드러내며, 우리가 살고 있는 사회적 관계들을 파괴할 뿐만 아니라 그 객관적 목적도 점점 더 창조에 적대적이 되어 가고 있다. 우리가 직접 하거나 아니면 세금이나 정치적 결정을 통해 직간접적으로 관여하는 모든 노동과 관련해서 우리는 다음과 같은 질문을 해야 한다. 우리는 재생 불가능한 천연자원을 얼마나 많이 고갈시키고 있는가? 노동에 대한 우리의 이해와 또 이와 결부된 소비주의가 인류 가족에게, 특히 가난한 인류 가족에게 어떠한 영향을 끼치는가? 그리고 마지막으로 노동은 하느님에 의해 창조되었고, 우리를 그와 관련시키는 것이지만, 전체 피조 세계를 파괴하는 데 쓰일 기계 장비를 만드는 노동을 우리가 얼마나 더 계속할 것인가?

인간의 노동력과 무엇보다 중요한 생산력, 경제는 오늘날 점점 더 심하게 죽음에 봉사하고 있다. 일종의 폭력, 곧 테러를 위해 인간이 노동을 하고 있는 상황이다. 따라서 노동의 신학은 노동 장소를 보존하기 위해서라도 그러한 폭력에 주의를 기울이지 않을 수 없다. 노동은 어디까지나 파괴된 자연을 복구하는 것이어야 한다. 그러므로 우리는 어떠한 종류의 노동에 자신의 능력과 자원을 쏟을 것인지, 그리고 얼마나 더 죽음의 산업에 전권을 줄 것인지 물어야 한다.

자연을 파괴하는 것과 기술적으로 저개발 상태이 가난한 나라를 위협하는 것은 동일한 하나의 폭력이다. 최초의 인간을 향해 창조자가 내린 명령, 곧 땅을 지배하고 모든 살아 있는 생물을 다스리라(창세 1,28)는 명령은 서구 역사에 치명적인 결과를 가져왔다. 역사적으로 서구인들은 소위 원시 부족을 가혹하게 탄압했고, 경우에 따라서는 그들을 아예 말살하면서도 그것을 필연적이고 불가피한 것이라고 여겨 왔다. 이것은 다스리고 지배하라는 명령을 문자적으로 어떻게 이해해 왔는지 보여 준다. 서구 국가들이 지상의 천연자원을 더욱 효과적으로 착취하기 위해 자연과 조화 속에서 살아가던 종족들을 멸절시켰다는 것은 결코 우연이 아니다. 오늘날 우리는 지구와, 실은 우주 전체의 핵군사화를 통해 자연에 대한 제국주의가 그 절정에 달한 사실을 목격하는 증인이 되었다. 인간이 살아남기 위해 어쩔 수 없이 자연을 지배하고 길들여야 했던 역사적 시기가 물론 있었다. 그러나 그런 시기는 이미 오래전에 끝났고, 따라서 그러한 태도 역시 이미 오래전에 그 의미와 타당성을 완전히 잃어버렸다.

노동의 신학은 우리 산업과 자원 정책이 제3세계 국민들에게 어떠한 영향을 끼치는지에 대해 반드시 숙고해야 한다. 가난한 사람들과의 화해 없이 자연과의 화해는 있을 수 없다. 좋은 노동을 위해 사회적 관계를 절대 포기할 수 없다면, 경쟁이나 가난한 나라들에 대한 무자비한 경제 전쟁이 아니라 협동과 상호적인 도움에 노동의 토대를 두어야 한다. 지금 세계의 상황은 평화적이라고 할 수 없다. 우리는 전쟁 중에 있다. 매우 보수적인 평가에 따르더라도 우리가 가난한 사람들을 상대로 일으키는 전쟁으로 인해 매일 만 오천 명이 굶주림과 질병으로 죽어 가고 있다. 우리는 노동과 세계경제의 근본적인 변혁을 통해 이러한 인간 생명의 손실을 종식시킬 수도 있었다.

　가난한 사람들과 평화를 이루려면 천연자원의 처리 방식이나 노동 세계의 조직, 생산 목표들을 근본적으로 바꾸어야 한다. 우리는 그것들을 평화로, 새롭게 등장한 중요한 개념으로 말하자면, '생태정의'로 '개종'시켜야 한다. 이 필수적인 전환은 노동 세계에서는 자본에 대한 노동의 우위를 뜻한다. 오늘날 대부분의 산업국가들에서부터 전 세계로 전파되고 있는 자본 집약적 경제정책은 제3세계 민중들이 농업에서 그들의 생계비를 얻는 것을 점점 더 어렵게 만들고 있다. 서방 세계의 연구들은 적정 수준의 노동 집약적인 '중소규모'의 기술을 발전시키기보다는 대체로 돈이 많이 들고 자본 집약적인 대규모 기술 개발에 치중한다.

　인간에게 어울리는 노동 집약적 기술에 대한 요구는 고도로 발전된 기술 체계와 점점 더 복잡하고 거대 자본을 필요로 하는 기계들에 대한 요구로 인해 희생되었다. 한편으로 은행 채무와 보호주의, 독점 가격에 의해 부자 나라가 가난한 나라를 지배하는 신식민주의적 경제질서와 다른 한편으로 과잉 발전된 기술(이로 인해 남반구의 가난한 나라들은 북반구의 부유한 나라들에 극단적으로 종속되어 있다), 이 둘 사이에는 살인적인 동맹 관계가 존재한다. 기술적 의존성으로 인해 가난한 나라들은 경제적으로나 정치적으로나 쉽게 타격을 받는다. 만일 가난한 나라가 스스로 자국의 발전 모델을 결정하고 자신의 운명을 초강대국이 결정하게 하지 않고, 스스로 개척해 나가려고 하면 그때마다 초강대국들은 그 나라를 길들이고, '불안정하게 하려고' 흔들어 댄다. 부유한 산업국가들은 우월한 기술로 가난한 나라들의 경제를 지배하고 그들의 토착 문화를 결정적으로 조종할 수 있게 되었다.

완성된 삶이란 모든 사람에게 빵과 노동이 허락되는 것을 의미한다. 그러나 실제로는 점점 더 많은 사람들이 일자리와 빵을 얻기가 점점 더 어려워졌다. 1972년 제3세계에서 석유 1배럴은 바나나 26킬로그램 값과 맞먹었다. 1980년대에는 같은 양의 석유를 얻으려면 바나나 200킬로그램에 해당하는 돈을 지불해야 했다. 2000년대에는 농업 노동자들은 그들의 생산물로 얼마나 벌 수 있겠는가? 제3세계의 가난한 나라 대부분은 산업국가들에 의해 세계시장에 참여하고 자국의 시장을 파괴할 수밖에 없도록 강요받았다. 이것은 부자들이 가난한 자들을 향해 벌이는 소리 없는 전쟁이다. 예전에는 자국의 수요를 위해 쌀과 곡물, 콩 등을 경작했던 많은 라틴 아메리카의 비옥한 지역들에서 오늘날에는 수출을 위해 딸기, 과수 등을 재배하는 다국적기업들의 대규모 농장들을 볼 수 있다. 지역의 주민들은 굶주리고 있다. 아이들은 단백질 결핍으로 두뇌 발달이 늦으며, 노인들은 죽어 가고, 젊은 이들은 대도시의 빈민가를 배회한다. 누구를 위해 딸기와 과수를 재배하는 것일까? 농업의 맥도널드화는 누구에게 이득인가? 결코 지역의 남녀 주민들은 아니다. 그들은 예전에는 자신들의 필요를 위해 일할 수 있었고, 자신들의 생존과 공동체적이고 유기적이고 자급적인 삶을 위해 일했지만 지금은 그럴 수 없게 되었다.

오늘날 지배적인 지구화는 부자들의 소비 광기를 위해 봉사할 뿐이며, 이러한 지구화에 반대하는 시도는 무엇보다도 자급적 경제를 주장하고 실천하는 제3세계 여성들을 통해 이루어지고 있다. 그러한 자급적 경제에서는 여성 주민들이 지역에 뿌리를 둔 생활 수단을 돌보고 가꾸며, 흔히 화폐에 의한 교환 없이 지역의 시장에서 유통이 이루어진다. 그들은 초국적 기업과 세계은행이 제시하는 길을 가기를 거부한다. 그것은 자립을 포기하고 상업적 생산과 세계시장에 대한 종속으로 가는 길이기 때문이다. 인도나 멕시코의 여러 곳에서 여성 주민들은 경쟁 대신 상호 호혜적인 활동을 확고하게 실천하고 있다. 그들에게는 이익을 극대화하는 것보다는 자급을 지향하는 것이 중요하다. 자급을 통해 이들 남녀들은 오늘날 오로지 자본의 지배를 받고 있는 자연의 생산성을 다시 자신들의 것으로 만든다. 자연의 약탈과 파괴는 경제적으로 필연적인 것이 아니다. 자연은 인간이 필요로 하는 것을 보호하며, 또 풍성하게 제공한다.[55] 이처럼 필요의 관점에 입각한 생산은 성경의 창조 설화의 의미에서 이해할 수 있다. 하느님은 인간을 에덴동산에 두고 "그곳을 일구고 돌보게 하셨다"(창세 2,15).

살아 있는 노동은 종속성이 아니라 독립성을 가져다준다. 살아 있는 노동은 구체적인 인간의 필요들을 도외시하지 않고 충족시켜 준다. 만일 우리가 노동의 목적은 우리 이웃들의 필요를 충족시켜 주는 것이라는 사실을 알게 된다면, 노동에 대한 태도가 완전히 달라진다. 우리는 그것을 니카라과에서 볼 수 있다. 그곳에서는 교육이나 건강 캠페인 같은 특별 노동을 보수를 받지 않는 자원자들이 맡아서 하고 있다. 이들의 행동은 아시시의 프란치스코에게서 시작된 가톨릭 전통의 오랜 꿈을 상기시킨다. 프란치스코는 노동을 선사하라고 가르쳤다. 최초의 프란치스코회 탁발승들은 수확기의 소농들에게 그들의 노동을 선사했다. 우리는 이러한 사상을 산업사회 이전 몇몇 수도승의 유토피아적 꿈이라고 멀리할 수도 있다. 그러나 바로 그런 바보 같은 꿈이 우리 사회의 너무나도 자명한 전제들에 대해 거리를 둘 수 있도록 도와준다. 그렇게 되면 우리는 우리 자신의 문화를 다른 관점에서 보게 되고, 전혀 문제가 없다고 여겨졌던 것들, 가령 "노동은 오로지 돈을 벌기 위한 것"이라는 생각에 대해 문제를 제기할 수 있다.

토마스 아퀴나스는 합리적인 사회질서와 관련하여 다음과 같은 구별을 했다. "모든 물건들은 필요하고 유용한 것이거나 아니면 여분의 것이다." 피터 모린은 이 말을 소유에 대한 우리의 태도와 관련시켜서 다음과 같이 수정했다. "필요한 것을 우리는 가져야 한다. 유용한 것은 가지고 있을 수도 있고 선사할 수도 있다. 그리고 남는 것은 가난한 자들의 것이다. 죽을 때는 오직 우리가 선사했던 것만이 우리에게 남는다."[56] 모린의 말에서 특별한 점은 우리가 쓰고 남는 것을 겸손이나 이웃 사랑에 근거해서 가난한 사람들에게 주라는 것이 아니다. 반대로 여분의 것은 원래 가난한 자들의 소유다. 그들은 그것에 대한 권리를 가지고 있다. 우리는 그처럼 남는 것들을 우리를 위해서 지니거나 낭비할 권리가 없다. 만일 우리가 그런 짓을 한다면 그것은 범죄행위다. 이렇게 본다면 모든 전투기는 가난한 자들에 대한 도둑질이다. 그리고 새로운 로켓 개발은 농업 발전을 위한 트랙터의 수가 더 적어지는 것을 의미한다. 1997년 전 세계적으로 7,040억 달러를 돌파한 군비 규모는 여전히 역사상 경제 범죄들 중에서도 최대 규모를 보여 준다.

필요한 것과 여분의 것, 즉 불법적인 것 사이의 구별은 노동에도 적용할 수 있다. 모든 노동은 필요하고 유용한 것이거나 아니면 여분의 것, 즉 불필요한 것이다. 합리적으로 운영되는 사회에서는 생활에 반드시 필요한 노동, 즉 유용하기 때문에 다른 사람들에게 거저 주어야 하는 노동과 원래 가난한 사람들의 것인 에너지와 자원을 쓸데없이 낭비하기만 하는 여분의 노동을 구별해야 했다. 나는 지금 산업사회 이전의 유토피아에 대해 말하고 있는 것이 아니다. 나는 지금 일반적인 경제 이론과 경제 관행의 국가주의적인, 따라서 이기주의적인 경계 설정을 극복하는 문제에 대해 말하고 있다. 국제연합 남북위원회의 브란트 보고서와 평화와 군비 축소에 관한 문헌들은 핵미사일과 다른 불필요한 것들 대신 얼마나 많은 트랙터와 이동약국, 농업학교를 세울 수 있는지 수많은 자료들을 제시해 준다. 동서 간에 팽팽히 고조된 긴장은 가난한 사람들의 희생 위에서 제1세계의 부를 더욱 증대시키기 위한 구실이 되었다. 지금 우리에게 실제적으로 필요한 것은 남북 간의 갈등에 비추어 생산의 목적들을 새롭게 정하는 일이다.

더 많은 죽음을 위한 대량생산과 굶주린 사람들의 절망적인 상황은 대부분의 사람들에게 죄의식과 수치심을 불러일으킨다. 굶주린 사람들을 배부르게 하기보다 전 세계를 군사화하는 사회가 무언가 근본적으로 잘못되었다고 많은 사람들이 느낀다. 우리 사회체제의 이러한 근본적인 모순에 대해서 죄의식과 수치심으로 반응하는 것은 당연하다. 마르크스는 수치심을 혁명적인 감정이라고 일컬었다. 그것은 가난한 사람들을 대상으로 하는 도둑질에 능동적으로든 수동적으로든 더욱 강력하게 저항하게 하기 때문에 혁명적이다. 가난한 사람들과의 화해는 노동의 구조를 바꾸지 않고서는 불가능하다. 우리는 원래 무엇을 생산하고자 하는가? 우리는 실제로 무엇을 필요로 하는가? 우리의 노동에는 어떠한 사회정치적 의미가 부여되는가? 가난한 사람들과 화해하기 위해서는 모든 노동하는 사람들이 이와 같은 근본적인 물음들을 제기해야 한다.

그러나 우리가 필요로 하는 것에 대한 이러한 질문들은 누가 생산과정을 계획하고 통제하느냐는 질문을 불러일으킨다. 모든 노동하는 사람들은 이 문제와 관련되어 있다. 노동자의 가치는 생각하고 계획할 수 있는 그들의 능력에 뿌리를 두고 있다. 여성 노동자들이 경제적 결정에 참여하는 것은 그들의 자존심을 위해서만이 아니라 생산된 상품들, 결과물이 인간에게 적대적인 방식이 아니라 올바른 방식으로 사용되기 위해서도 반드시 필요하다. 좋은 노동은 우리를 가난한 사람들과 화해시킨다. 이러한 차원이 없다면 우리의 노동은 옛 체제의 탐욕 안에 그대로 갇혀 있을 것이다. 그 안에서는 노동이 이윤을 얻기 위한 것으로 전락하고 만다.

슈마허는 영국 스코트 바더 회사에서 있었던 집단적 노동 자치에 대한 아름다운 이야기를 했다.[57] 그곳 노동자들은 더 많은 민주주의와 참여를 위해 몇 가지 '사심 없는 규칙들'을 천명했다. 이 규칙들 중 하나는 잉여 소득을 투자액과 세금을 제하고 나서 어떻게 처리해야 하느냐는 문제와 관련되었다. 전체 회사원 400명은 분배 소득의 절반을 사회적인 목적을 위해 쓸 수 있도록 결정했다. "우리가 분배한 모든 돈의 일부를 다른 사람들에게 좋은 일을 하기 위한 목적으로 만든 계좌에 넣었다."

좋은 노동은 이처럼 세계 개방성과 보편적인 관점을 지닌다. 이것이 없으면 우리의 삶은 지역에 얽매이고, 세계의 가난한 노동자들에 대한 우리의 의무를 다할 수 없다. 노동계급의 전통이라는 의미에서 연대성은 우리의 행동이 일자리를 가진 사람들만이 아니라 일자리를 박탈당한 사람들에게까지도 향하는 것을 뜻한다. 이 경우 가난한 사람들에게 베풀어지는 것은 자선이 아니라 주는 자와 받는 자 모두를 변화시키는 동반자적인 연대성의 표현이다. 앞서 말한 스코트 바더 회사의 경우, 소득의 절반을 필요한 사람들에게 나누어 준다는 결정을 회사의 전 노동자들이 공동으로 내렸다는 사실에서 이러한 새로운 노동관계의 화해적인 성격이 분명히 나타난다.

이 회사의 또 다른 규칙은 그들의 생산품을 무기 회사에 팔지 못하게 하는 것이었다. 자연과 화해를 이루는 데 도움이 되고자 하는 노동은 자연과의 관계에서 비폭력을 그 지도 원리로 삼아야 한다. 그러나 전 세계적으로 대부분의 노동은 자연에 대한 폭력을 특징으로 한다. 이것은 재생 불가능한 지하자원들을 점점 더 많이 착취하고 있는 데서 나타난다. 땅에 대한 이러한 폭력과 만연한 사회적 폭력 사이에는 내적 연관성이 있다. 산업주의의 기본 전제라고 할 수 있는 자연에 대한 폭력은 언제라도 인간에 대한 폭력으로 둔갑할 수 있다. 사람들은 마치 당연한 듯이 자연을 파괴하는 데 익숙해 있다. 이제 그들이 자신들의 파괴적인 힘을 동료 인간들에게 휘두르는 데 대해 무엇을 주저하겠는가? 우리의 삶을 지배하는 이러한 적대적인 사회 분위기는 땅에 대한 우리의 적대 행위를 직접 반영하는 것이다.

우리의 생산은 자원의 활용에 어떠한 영향을 미치는가? 그리고 그것은 자연 세계에 어떤 영향을 끼치는가? 우리는 이러한 근본적인 질문들을 아주 가끔 제기한다. 그에 대한 대답이야말로 우리 노동의 성격이 이 땅의 운명을 얼마나 강력하게 규정하는지 밝혀 줄 수 있는데도 말이다. 마르크스가 지칭했듯이 산업사회에서 가장 중요한 '생산력'은 과학이다. 오늘날 거의 모든 인간 노동은 과학 연구에 의존하고 있다. 유일하게 과학이 주변 환경에 대한 총체적 지배를 가능하게 하며 정당화해 준다는 견해가 점점 더 지배적이 되어 가고 있다. 이 경우 과학의 '발전'이 예기치 못한 부작용을 낳는다 해도 과학은 그런 것쯤 능히 처리할 수 있다고 낙관한다.

이러한 이데올로기는 과학만이 아니라 산업 노동의 근저에도 깔려 있으며, 자연에 대한 대규모 폭력 행위로 인해 발생하는 파국적인 부작용을 마치 인간이 안전하게 해결할 수 있다는 듯이 가장하고 있다. 지구의 표면에 점점 더 많은 양의 독소가 쌓여 가는 것은 오늘날 자연에 대한 폭력의 한 예일 뿐이며, 과학은 그 공모자다. 땅에 대한 폭력이 과학적 필연성으로 정당화되는 한, 우리는 우리가 하는 일을 과학적인 객관성의 이름으로 승인하게 된다. 현대 과학은 결코 가치중립적이지 않다. 오늘날 매일매일 자연을 대상으로 치러지는 전쟁에서 과학은 문제 자체의 일부다. 과학은 그런 문제를 일으키기만 할 뿐, 해결에는 거의 기여하지 않는다. 가난한 사람들은 이러한 종류의 폭력에 가장 적게 가담했으면서도, 인도의 보팔 참사에서 드러나듯이, 그 가장 일차적이고 직접적인 희생자다. 남반구의 가난한 나라들은 부유한 산업국가들에서 금지된 살충제, 화학비료, 식품화학첨가물을 처리하는 쓰레기 하치장이다. 또한 그들은 빈번하게 고엽제와 네이팜의 희생자가 되기도 했다.

슈마허는 과학 기술 복합체가 우리를 지배할 수 있게 하는 현대 기술의 네 가지 주요 경향을 발견했다. 그것은 점점 더 거대화·복잡화·자본 집약적·폭력적이 되어 가는 경향을 말한다.[58] 그 두드러진 예가 '콩코드기'다. 거대하고 대단히 복잡하며 천문학적 규모의 제작비가 드는 콩코드기는 자원 낭비와 환경 보전의 문제를 전혀 고려하지 않은 채 건조된 것이다. 또 다른 예는 독일의 자기부상열차인 트란스라피드Transrapid로, 하이데 시모니스에 따르면 그것은 완전히 잘못된 수요 계측에 의한 것이며, 특권적 지위를 과시하는 것이고, 자연 풍경을 영구적으로 파괴하는 것이다.[59] 여기서는 현대 기술의 '악마적인' 성격이 가시적으로 나타난다. 이와 관련해서 종교개혁 당시 유럽인들의 믿음이 떠오른다. 종교개혁 시대 유럽인들은 만일 하느님이 피조 세계를 포기한다면 악마들이 세계 안에 들어와서 예전의 하느님 자리를 차지할 것이라고 믿었다. 이러한 믿음은 지배적 위치를 차지한 기술 이데올로기를 올바로 이해하는 데 도움을 준다. 기술은 이른바 그 가치중립성과 전능성에 의해 새로운 악마가 되었다. 기술은 창조신의 자리를 차지했으며, 아무도 그 힘에서 벗어닐 수 없는 하느님의 전능한 대용물이 되었다.

타락 설화는 아담과 하와에 대한 하느님의 저주로 끝난다. 살아남기 위해 그들은 자신들에게 적대적인 땅과 싸워야 한다. 산업주의는 이 저주를 뒤바꾸어 놓았다. 오늘날 노동하는 인간은 인간이 땅을 향해 저지르는 무자비한 폭력으로 인해 저주를 받는다. 노동자들은 자연의 파괴를 허용하겠느냐는 질문을 받지 않는다. 그들의 노동 장소는 자연에 대한 우호적인 태도를 배우는 곳이 아니라 폭력을 배우는 학교나 다름없다. 그럼에도 우리는 다른 대안을 생각해 내는 일을 결코 포기해서는 안 된다. 자본 집약적인 대규모 기술과 대조적으로 노동 집약적인 소규모 기술, 더 간단하고 비용이 적게 드는 장비나 기계들, 자연의 순환에 개입하기를 되도록 삼가는 것, 이러한 것들은 결코 낭만적인 환상이 아니라 세계 여러 지역에서 시험되고 있는 현실적 대안들이다.

노동의 기술은 피조 세계가 부르짖는 외침을 들어야 한다. 바오로는 산고로 신음하는 해산하는 여인에 비교하며 피조 세계에 대해 말했다. "모든 피조물은 하느님의 자녀가 나타나기를 간절히 기다리고 있습니다. 피조물이 제 구실을 못하게 된 것은 제 본의가 아니라 하느님께서 그렇게 만드신 것입니다. 그러나 거기에는 희망이 있습니다. 곧 피조물에게도 멸망의 사슬에서 풀려나서 하느님의 자녀들이 누리는 영광스러운 자유에 참여할 날이 올 것입니다. 우리는 모든 피조물이 오늘날까지 다 함께 신음하며 진통을 겪고 있다는 것을 알고 있습니다. 피조물만이 아니라 성령을 하느님의 첫 선물로 받은 우리 자신도 하느님의 자녀가 되는 날과 우리의 몸이 해방될 날을 고대하면서 속으로 신음하고 있습니다"(로마 8,19-23).

바오로는 피조물들이 얼마나 강력하게 허무에 종속되어 있는지 알았다. 그는 피조 세계가 죽음과 죄에 얽매여 있음을 보았다. 그러나 그는 구원을 향한 피조 세계의 말없는 외침 역시 들을 수 있었다. 그는 현재의 상태를 넘어서려는 모든 피조물들의 갈구를 알아들었다.

이처럼 구원받지 못한 피조물들의 외침을 듣고 응답하는 데는 두 가지 방식이 있다. 어떤 사람들은 이러한 외침이 해방을 향한 외침일 수 있다는 사실을 깨닫지 못한다. 그들은 해산하는 자의 진통 대신 반항하는 죽음의 신음 소리를 듣는다. 그들은 자연을 인간의 모든 희망에 대해 무감각한 혼란스러운 세력으로 경험한다. 젊은 알베르 카뮈는 이처럼 무감각한 자연에서 일종의 몽상적인 위로를 발견했다. 그의 소설 『이방인』의 마지막 장에서 화자는 세계의 상냥한 무감각성에 민감하게 된다. 그리고 세계가 얼마나 "나와 닮았는지, 얼마나 형제 같은지"를 깨닫는다. 그는 피조물에게서 터져 나오는 외침을 자유에 대한 인간 희망의 반향으로 들을 수 없었다. 그는 피조물의 고통을 소외된 인간 실존 방식의 증거로 이해했다. 젊은 카뮈의 허무주의적인 시각 속에서 자연은 무감각하며 냉담한 채로 있다.

바오로는 피조물의 탄식과 고통을 전혀 다르게 이해한다. 그는 그 속에서 자유를 향한 동경을 알아챈다. 피조물이 겪는 탄생의 고통에서 무언가 전혀 새로운 것이 태어난다. 피조물에게서 솟구쳐 나오는 소리 없는 외침은 결코 죽음의 외침이 아니라 생명과 희망의 외침이다. 바오로에 따르면 우리는 이러한 희망의 외침을 창조에 대한 우리 자신의 참여와 관련해서 이해해야 한다. 피조물들은 우리가 하느님의 아들들과 딸들로 '나타나기를' 기다리고 있다. 만일 우리가 최후에(!) 정의와 사랑으로 새로운 창조 행위에 참여하는 창조의 동역자로 우리 스스로를 나타내 보일 수 있다면, 우리는 허무와 지나간 것에 종속된 나머지 피조물들도 그들의 타락한 존재에서 자유롭게 할 수 있을 것이다. 그리스도교 전통에는 성탄 이야기에 동물들이, 부활절에 식물들과 나무들이 참여한다는 표상이 살아 있다. 창조의 본질은 죽음과 무감각이 아니라 생명, 완전한 생명이다.

창조 과정에의 참여는 생명을 위한 것이며, 생산적이고 소외되지 않은 좋은 노동을 필요로 한다. 그러한 노동에서 새로운 생명, 즉 오늘날 산업사회의 마지막 국면에서 우리가 경험하는 생명과는 전혀 다른 생명이 태어난다. 이 생명은 죽음의 지배 아래 있지도 않으며, 죽음을 추구하지도 않는다. 공동체의 필요를 위해서, 그리고 자연에 폭력을 가하지 않으면서 일하는 사람들은 노동과 피조 세계를 화해시킨다. 우리 모두 이러한 화해의 과제를 위해 부름 받았다. 가톨릭 전통에서는 종종 그리스도와 성인들이 수공업자로 묘사된다. 그림 속에서 그들 곁에는 그물이나 낫 같은 연장이 있거나 노동의 결실들이 가득 있다. 그러한 그림들은 지상의 성화聖化에 노동자들이 참여하는 것을 찬미하고 있다. 이에 반해 부르주아적 종교성에서 그려진 그리스도상은 구유에 누워 있는 사랑스러운 아기의 모습이거나 아니면 십자가에서 고통당하는 감상주의적인 모습이다. 우리 개신교도들은 노동자 그리스도를 까맣게 잊어버렸다. 그리스도의 화해 사업에 노동자들이 참여한다는 말이 우리 귀에는 거의 신성모독으로 들릴 정도다. 그러나 그때 우리는 실제적인 신성모독, 즉 임금노예제 아래서 노동자들의 가치를 하락시키는 실제적인 신성모독을 간과하고 있는 것이다.

신약성경에서 노동이 하느님의 창조를 계속 수행하는 것임을 보여 주는 가장 중요한 부분은 예수와 그의 친구들이 살았던 삶이다. 복음서들에서는 예수가 어떻게 일했는지 이야기한다. 그것은 공동 노동, 즉 그를 따랐던 어부들, 땅 없는 사람들, 여자들, 가난한 사람들과 함께하는 노동이었다. 그가 한 일은 치료하고, 배부르게 하고, 가르치고, 설교하는 것이었다. 그것은 공동체적 노동이었다. 아마도 오늘날에는 '도시 조직화 운동'이라고 부를 수 있을 것이다. 그는 자신이 하는 일들을 통해 스스로를 창조적으로 표현했다. 그는 가난한 사람들을 위해 거기 있음으로써 스스로를 그들의 필요와 연결했다. 목수의 아들은 어부들과 실업자들 사이에서 활동했고, 그들 중 많은 사람들이 가난한 사람들 중에서도 가장 가난한 사람, 즉 여성들이었다. 예수는 억압받는 자들을 돌보았고, 쫓겨난 자들을 찾아갔으며, 병자들을 치료했다. 이렇게 사회의 곤궁한 상황에 반응했다. 그는 사회의 필요를 주변 집단, 약자들의 필요로 이해했다. 이처럼 생산 자체가 아니라 인간의 실제적인 필요를 중시하는 것은 의미 있는 노동에 대한 우리의 성찰에 매우 분명한 가르침이 될 수 있을 것이다. 예수와 그의 친구들은 어떠한 지배에서도 자유로운 새로운 공동체 형태를 실현시켰다. 서기서는 아무도 라삐나 주인이라고 칭해지지 않는다. 만일 예수의 죽음을 그의 활동의 귀결이라고 이해한다면, 인간 노동의 화해적인 성격도 분명해진다. 우리는 우리 생애의 가장 좋은 시절을 개인적 부를 쌓으려는 무의미한 노력으로 낭비하지 않고, 좋은 노동이 하느님의 지속적인 창조와 세계의 구원에 인격적으로 동참하는 길임을 깨닫고 그를 따를 수 있을 것이다.

생산업이나 서비스업에 종사하든, 의료산업 또는 문화산업에 종사하든 우리는 남녀 노동자들이다. 그리고 노동자들은 하느님이 "매우 좋다"고 말씀하셨던 그의 창조사업을 이어 나간다. 이렇게 보면 창조의 파괴를 가져오는 생산은 결코 '노동'이라고 할 수 없다. 그것은 범죄다. 텍사스주의 주교 르로이 매티슨은 핵미사일을 생산하는 판텍스사 노동자들에게 그들이 정말 그리스도인이라면, 일자리를 바꾸어야 한다고 말했다. 이 요구는 아주 정당한 것이다. 앞서 언급한 인간 노동의 세 차원 중에서도 세 번째 차원은 오늘날 점점 더 중요해지고 있다. 살아 있는 존재들과 그 후손들, 동료 피조물들과 전 지구의 파괴를 목표로 하는 모든 노동은 그리스도교 신앙과 함께 갈 수 없다. 군인은 노동자가 아니다.

좋은 노동을 통해서 우리는 피조물과 화해하고 인간 공동체와 피조물 사이에 조화를 회복하는 데 기여할 수 있다. 교부들은 부활 이전의 생명은 야만적이며 무의미하다고 설교했다. 인간은 창조 활동에 동참하지 못했으며, 지배와 권력 구조, 즉 세상의 '공포와 폭력'에 종속되어 있다는 것이다. 그리스도는 그의 투쟁과 십자가를 통해 — 옛 구상어로 표현하자면 — 왕권을 장악했으며, 세상을 노동하는 사람들의 손에, 즉 하느님의 아들들과 딸들에게 되돌려 주었다. 이러한 구원관은 오늘날의 신학이 창조와 구원에 대한 화해의 관점에서 얼마나 멀어졌는지 분명히 보여 준다. 주류 그리스도교는 그리스도의 구원을 내적인 사건으로 축소했다. 이것은 구원의 개인주의화를 초래했다. 이러한 개인주의적 구원관에 따르면, 남녀 개인은 자신을 변화시키거나 스스로 변화의 주체가 되는 일 없이 그냥 개인으로서 구원받는다.

이처럼 그리스도교 신앙을 사회적 상황에서 분리하는 경향으로 인해 신학은 무엇보다도 노동을 창조와 구원의 맥락에서 해석하는 일을 거의 포기하게 되었다. 신학은 우리가 속한 노동조직에서 구조적으로 발생하는 고난의 세계에 대해 무지하다. 신학은 우리가 '위대한 예술가'(하느님)의 모상을 따라 노동하는 존재로 창조되었다는 사실을 무의식적으로, 또는 냉소적으로 은폐한다. 그리스도교가 그릇되고 무의미하며 수치스러운 노동을 복잡한 논리를 내세워 정당화해 준 예는 무수히 많다. 그것은 윤리적 성찰의 결여로 인한 것일 뿐만 아니라 그리스도가 그의 활동을 통해 세상을 인간에게 되돌려 주었음을 깨닫지 못한 신학적 무능 때문이기도 하다. 의미 있는 노동에서는 죄의 세력으로부터의 부활이 일어난다. 우리는 아직도 우리를 우리 자신과 이웃, 자연과 화해시킬 노동을 기다린다. 그러한 노동을 통해 우리는 하느님의 능력으로부터 힘을 얻으며, 마지막에는 우리 자신이 하느님의 자녀임이 분명하게 밝혀진다.

11
성과 소외

하느님은 우리를 노동자로, 사랑하는 자로 창조했다. 하느님의 모상 대로 창조되었다는 것은 우리가 노동하고 사랑할 수 있음을 의미한 다. 나는 성인成人에서 출발하여 인간의 정력과 활력, 창조적 능력이 만개하는 삶의 한 시기를 성찰하는 창조의 신학을 그려 보고자 한다. 나는 이 책이 영원한 봄도, 독일의 가을도, 핵겨울도 아닌 여름과 같은 것이 되기를 원한다. 나는 여름에 하느님을 찬양하려고 한다. 나는 오 로지 탄생이나 죽음과 같은 극한 상황에만 집중하고, 그럼으로써 교 회를 아주 어린 사람들과 아주 늙은 사람들에게만 의미 있는 제도로 만들어 버리는 신학에 대해 회의적인 생각을 가지고 있다. 성性이나 노동에 대해 말할 때 우리는 성인으로서 우리 존재의 분명하고도 근 본적인 삶의 모습들을 표현하고 있는 것이다. 성인으로서 우리는 고 통이나 행복을 느끼고, 좌절하기도 하고 성공하기도 한다. 우리가 노 동하고 관계를 맺으면서 부딪치는 것들은 하느님과 함께하는 우리의 삶을 규정하며, 따라서 우리의 종교적 삶과 뗄 수 없이 결합되어 있다. 우리는 노동과 사랑을 통해 창조의 동역자로 살아간다.

우리 안에 있는 하느님의 모상이 임금노동으로 인해 퇴색되고 왜곡되었다면, 지배적인 성 행태로 인해서도 똑같은 일이 일어났다고 할 수 있다. 자본주의사회에서는 소외된 노동과 성 사이에 밀접한 관계가 있다. 자기소외와 착취적인 사회 분위기는 우리 자신이 초래한 것이고, 그것은 개인에게 영향을 끼치며, 우리가 누구인지를 규정한다. 자기비하와 냉소주의는 놀라울 정도로 강력하게 성적 관계를 규정하며, 그 자체는 이윤 추구적인 사회구조의 산물이다. 우리는 어째서 남녀 사이의 감정과 행동이 그렇게 강압적이고 편협하며 틀에 박힌 행태를 따르게 되었는지 물어야만 한다. 어째서 우리의 성적 관행은, 심리학자 도로시 디너스타인이 서술했듯이,[60] 그렇게 절망적인가? 이처럼 정해진 (성적) 표준은 어느 정도로 노동조건에 의해 규정되는가? 문제의 핵심은 인간의 욕구들을 억압하는 데 있는 것으로 보이며, 그것은 자본주의사회에서 교환가치의 우위의 결과다. 노동이 교환가치의 법칙과 돈에 대한 보편적 욕구에 종속되는 곳에서는 인간 사이의 관계들도 그로 인해 손상될 수밖에 없다. 아침부터 저녁까지 교환가치를 위해, 즉 '돈'을 벌기 위해 일하고, 교환 사회의 법칙에 따라 업무와 동료 관계, 생산물에 대한 태도를 결정하는 사람들이 집이나 사적인 부분에서는 자신들의 억압된 욕구를 소외되지 않은, 인간적인 방식으로 충족시킬 수 있으리라고 생각하는 것은 망상이다. 인격적 정체성을 희생시켜 가며 온 정력을 회사에 바치고, 대부분의 시간을 회사에 할애하여 회사의 충성 요구에 따르는 사람은 그로써 자신의 성생활에 대해서도 이미 어떤 결정을 내린 것이다. 이 경우 시간의 양이 아니라 무엇보다도 질이 문제다! 만일 아홉 시부터 다섯 시까지의 '시간은 금'이라면, 다섯 시 이후의 시간, 즉 실제로 자유로운 시간, 사랑을 위한 시간은 다른 무엇이어야 하겠는가?

젊은 마르크스는 초기 산업화 단계의 인간 노동을 특징짓기 위해서 '소외'라는 표현을 사용했다. 후기 저작들에서 마르크스는 소외라는 말 대신 '상품물신숭배'라는 말을 썼다. 그는 사용가치와 교환가치의 구별로부터 이 개념을 생각해 냈다. 이 말을 사용해서 그는 상품과 교환가치의 신격화는 우리가 실제로 원하는 것들을 충족시켜 주지 못할 뿐만 아니라, 우리의 가장 깊은 인간적 욕구들까지도 파괴한다는 사실, 그리고 어떻게 그런 일이 일어나는지를 밝히고자 했다. 마르크스 저술의 문맥에서 '욕구'라는 말은, 내가 이해한 바로는, 우리가 종교에서 '영혼'이라고 일컫는 것과 매우 근접하다.

우리의 욕구들이 조작되고 왜곡될 수 있는 것과 마찬가지로 우리의 영혼도 잃어버리거나 잊힐 수 있으며, 파멸할 수도 있다. 과연 우리의 진정한 욕구는 무엇인가? 나는 이 책에서 상호귀속감과 호혜적 관계, 공동성에 대한 인간의 욕구들에 대해 많은 것을 이야기했다. 모든 사람은 서로 소통하기를 원한다. 더 큰 전체의 일부가 되고 원래의 나의 한계를 넘어서려는 욕망은 '살아 있는 실체를 보존하고, 항상 더 큰 통일체로 합해지려는' 충동, 즉 프로이트가 "영원한 에로스"[61]라고 일컬었던 충동이다. 이러한 충동은 더욱 넓은 인간관계와 소통의 단계로 나아가도록 우리를 재촉한다. 관계 속에 있다는 것은 인간 삶의 핵심 요소다. 모든 사물은 삶의 관계성 속에 있으며, 그러한 관계성 속에서 사물은 근본적으로 '사회적'이다. 이러한 근본적인 관계성 때문에 나는 타자를 동경하지도, 필요로 하지도 않는, 자신 안에 고요히 머물러 있는 자율적인 하느님 표상을 거부해 왔다.

그러나 자본주의에서는 관계가 상품이 되었다. 우리의 충동과 고통은 사회적 삶에서 배제되었다. 우리는 교환가치를 위해서 일한다. 그러나 돈이 우리의 실제적인 욕구들을 충족시켜 줄 수 없기 때문에 돈에 대한 우리들의 갈망은 끝이 없다. 성적 대상의 추구 역시 이와 비슷하게 끝이 없다. 신체의 사용가치나 교환가치는 성과 사랑에 대한 우리의 실제적인 욕구를 만족시켜 줄 수 없기 때문이다. 관계에 대한 욕구도 억압되었다. 우리의 사회적 욕구가 원래의 목적에서 벗어나서 그릇된 방향으로, 즉 교환가치 쪽으로 밀려났기 때문이다. 우리의 충동과 바람의 근원적 목적들이 빗나가게 되었기 때문에 우리는 항상 만족하지 못하며 불평한다. 그리고 충족시키지 못한 것을 다시 얻고자 하는 충동이 불가피하게 일어난다. 성적 욕구의 목적은 구체적이고 바꿀 수 없는 인격에서 육체적인 매력이나 멋진 치장으로 옮겨 간다. 인격은 객체, 즉 우리가 다른 모든 물건처럼 소유하거나 살 수 있는 성적 상품이 된다. 추상적인 성, 즉 단순한 '성-객체'가 매매되고 소유된다. 임의의 파트너와 노골적으로 성적 욕구를 채우는 익명의 섹스, 잘 훈련된 섹스 운동가의 '스포츠' 섹스는 성의 기형화된 현상들이다. 감각적 흥분은 감정이나 기대에서 분리되었고, 성은 인간적 결속에서, 사랑은 인식에서 분리되었다.

상품 그 자체가 소유자나 구매자를 위한 가치를 지니지 못한다면, 교환가치에 근거해서만 물신이 될 수 있다. 신학적으로 말하자면 그것은 '우상'이 되는 것이고, 따라서 교환가치를 중시하는 것은 우상숭배를 하는 것이다. 교환가치가 지배하는 사회에서는 원래의 사용가치를 잃어버린 모든 것들이 상품의 물신성이라는 수레바퀴 속으로 빠져들어간다. 성 문제의 경우에는 더욱 그렇다. 인간 신체의 각 부분(다리, 생식기, 가슴, 엉덩이 등)이 사고팔 수 있는 성적 물신이 된다. 일반적, 또는 구체적 성적 대상과 관련해서 미와 관능의 표준적 표상들이 다른 생산물과 결합되어 그 생산물의 상품성을 높이게 된다. 상품 광고는 그런 방식으로 작동한다. 사람들은 환상이나 아름다움, 혹은 관능적 느낌을 만들어 판매한다. 그러는 동안 선전되는 생산품, 예를 들어 담배나 음료수의 실질적인 사용가치는 은폐된다. 이처럼 의식을 조작하는 산업에 의해 소비자의 무의식적 성욕이 자극된다. 소비자의 구매욕은 항상 새롭게 자극되는데, 선전했던 상품을 한번 소유하는 것으로는 광고에서 약속했던 쾌락을 향유할 수 없기 때문이다.

우리의 노동과 생산이 교환가치, 즉 돈의 전일적 지배 아래 종속되면 될수록, 성적 소통에 대한 우리의 욕구는 억압된다. 성적 소통 대신 소위 아름다움과 관능성에 대한 획일적인 표상이 생겨난다. 이 경우 젊은이들의 시각이 주요 기준이 된다. 영화「해롤드와 모드」는 상호 간의 의사소통이 단순히 육체적 접촉으로만 이해되고, 아름다움은 개인성이나 인격성이 없는 규격화된 상품으로 변해 버린다면 인간이 어떻게 될 것인지를 보여 준다. 전반적으로 희극적인 이 영화의 젊은 주인공 해롤드는 자신에게 관심을 기울여 주고 자신이 신뢰할 수 있는 사람을 열렬하게 찾는다. 그는 백만장자인 어머니의 집에서 살고 있다. 기괴한 사치, 끝없는 물질 추구, 자랑, 서로 아무 할 말도 없고 실은 증오하는 사람들과의 사교, 이런 것들이 진실한 인간관계를 대신한다. 해롤드의 어머니와 그녀의 충실한 동반자들인 장군과 목사는 끊임없이 젊고 매력적인 여성을 그에게 데려와서 그의 기분을 전환시키고 '그를 남자로 만들려고' 했다. 그러나 해롤드는 항상 자기 안으로 숨어 버렸고, 햄릿처럼 미친 척해서 그들의 기대와 그릇된 욕구가 주는 두려움에서 벗어나고자 했다. 그는 어머니의 물신주의적 세계를 넘어서는 무언가를 찾고 싶었다. 드디어 그는 사랑을 알게 되었다. 그러나 그것은 그의 어머니와 그녀의 친구들에게는 어리석은 것이고 기가 막히는 것이었다. 그는 아주 늙은 여자와 사랑을 맺은 것이다.

영화 「해롤드와 모드」의 아이러니는 소비주의적인 세계 속에서는 사랑이 알 수 없는 것으로, 낯선 것으로 머무른다는 사실이다. 사랑은 늙고 노쇠한, 주름이 가득하고 곧 죽을 것 같은 여인의 모습으로 나타난다. 진실한 사랑은 이 세상의 눈에는 보이지 않으며, 어떤 때는 미친 짓으로 나타난다. 소비주의적인 상품 세계에서는 사랑도 다른 모든 것들처럼 사고팔 수 있는 것이다. 그것은 말하는 방식에서도 나타난다. 애인(Liebhaber)이라는 말은 이제 사랑에 빠진 사람을 지칭하는 것이 아니라, 돈으로 그의 욕망을 충족시켜 주는 사람을 지칭하는 은어다. "당신은 좋은 포도주의, 더 빠른 자동차의 애인(Liebhaber)입니까? 성공의 애인(Liebhaber)입니까? 그렇다면 당신의 돈을 ○○은행에 맡기십시오!" 사고 소유하는 것은, 마르크스가 말했듯이, '가장 의미 있는 일'이 되었다. 우리의 '궁극적 관심'(폴 틸리히)의 표현인 종교를 경제가 대신하게 된 것이다.

　소비주의는, 의미 있는 노동과 자존심, 가치, 경쟁 없는 평화로운 사회적 관계에 대한 우리의 욕구들을 억압하는 것과 마찬가지로 우리의 가족 관계와 성적 관계도 지배한다. 전통적 가치의 몰락과 가족의 위기, 성적 문란을 도덕적 문제로만 보는 것, 즉 자발적인 도덕적 다수가 '건전한 국민감정'을 도덕적 표준으로 설정하기만 하면 해결될 수 있는 문제로 보는 것은 피상적이다. 전통적 가치 체계의 몰락은 교환 가치를 사용가치보다, 이윤을 삶의 질보다 우위에 두고 자본이 노동을 지배하는 경제체제의 결과다. 관개시설보다 장갑차를 생산하는 것이 더 합리적인 경제체제다. 이윤을 극대화하는 산업, 즉 군수산업에 투자해야 이득을 얻을 수 있는 것이다. 이러한 현상 배후에 있는 경제적 결정, 즉 사용가치는 무시하고 교환가치를 선택한 것은 생산의 객관적인 목적들에 영향을 끼칠 뿐 아니라, 우리의 주관적인 충동과 본능, 욕구들을 은폐하며 왜곡시킨다. 이 체제는 우리의 모든 관계들을 변질시키며, 관계를 형성하는 능력을 위축시킨다. 계급사회의 사람들은 자신과 다른 사회 계급의 사람과 자연스러운 관계를 맺을 수 없다. 중부 유럽인들은 인종차별적 사회 속에서 터키인 형제자매들과 마음을 터놓고 손을 잡을 수 없다. 성차별적 사회에서 여성이 남성에게 존중 또는 연대감 같은 것을 기대한다는 것은 위험천만한 일이다.

대부분의 광고는 문화적 억압의 도구다. 그것은 다른 어떤 대중 교육 수난보다 더 효과적으로 인간의 참된 가치를 파괴한다. 참된 가치란 가령 노인에 대한 존경, 가난한 사람이나 장애인을 도우려는 마음, 소수민족에 대한 관용 같은 것이다. 지배 문화의 가치 표상들과는 다른 가치 표상에 따라 자녀를 교육하려는 사람은 누구나 이 사실을 안다. 내 아이들 역시 대중매체의 영향을 받아 열두 살이 될 무렵까지 무언가를 사고 소유하는 것으로 또래 아이들에게 과시하려 했고, 나는 주로 그 문제로 아이들과 실랑이했다. 광고의 직접적인 의미는 상품을 팔려는 데 있다. 그러나 고도로 발전된 자본주의사회에서는 이미 오래전에 광고가 대중 교육 수단의 역할을 떠맡았다. 광고의 목적은 특정 상품을 팔려는 것으로 한정되는 것이 아니라, 판매와 구매, 거래와 부의 축적이 인간 활동 중에서 가장 중요하다고 생각하게 만드는 일종의 분위기를 형성하는 데 있다. 돈에 대한 관계가 점점 더 인간의 가치를 결정짓게 된다. 광고는 인간의 모든 활동을 상품의 생산과 소비로 환원시킨다. 여성들은 특히 더 이러한 소비 교육의 희생자다. 예전에 여성들은 사고팔 수 있는 물건처럼 매매되었다. 그들은 객체에 불과했다. 그러나 오늘날 여성들은 인간 욕구의 총체적 변화를 위해 일하면서도 그것을 의식하지 못한다. 투자 정보와 투자 안내 잡지인 『아메리칸 비지니스』 광고에는 커다란 여자 사진 아래에 필기체로 다음과 같은 문장이 쓰여 있다. "헬로, 달링! 나는 돈을 좋아하고 돈을 벌 줄도, 쓸 줄도 아는 남자를 좋아한답니다. 당신은 틀림없이 그런 사람일 거예요. 나는 당신을 이 잡지에 초대하고 싶어요. 이 잡지는 당신을 죄가 될 정도로 큰 부자로 만들어 줄 거예요. … 기다리게 하지 마세요. 빨리 오세요!"[62]

사람들은 아직 자본주의가 원하는 대로 되지는 않았다. 그렇기 때문에 그들은 이 광고문에 나타나는 것과 같은 정신 상태에 적응해야 한다. 그와 같은 의식 조작은 오늘날 여성들에 대해서 더욱 많이 행해지고 있다. 대부분의 핵가족에서 남자는 돈을 버는 반면 여자는 쇼핑 계획을 세우고 실행한다. 여성들이 '소비자'로서 새로운 대중조작의 공격 목표이자 희생자가 되었다는 사실은 결코 놀랄 만한 일이 아니다. 대중 교육의 전반적인 의도는 인간의 욕구를 변화시키는 것이다. 좀 다르게 살고, 더 아름답고, 더 낫게, 더 현명하고 행복하게 되려는 우리의 깊은 욕구는 다른 것을 가지고, 소유하고, 소비하려는 욕구로 변형되어야 한다는 것이다. 원래 우리의 희망과 꿈은 우리의 존재와 관련이 있지만, 이제 그것은 산업 생산물을 목표로 삼게 된다.

전국에 지사를 둔 '크라이스트'Christ라는 특별한 이름의 보석 회사는 다음과 같은 문구로 광고를 하고 있다. "크라이스트는 사랑과 행복을 가져다줍니다. 크라이스트는 연인입니다. 크라이스트는 연인을 위한 마음을 간직하고 있습니다. 그래서 크라이스트는 크라이스트러브라인Christ-Love-Line을 출시했습니다. 크라이스트러브라인은 사랑하는 마음을 매력적으로 표현할 수 있는 이상적인 선물입니다. 말로 하는 것보다 훨씬 좋고 아름다운 선물입니다. 크라이스트러브라인은 여러 가지로 배려하고 있습니다. 예를 들어 … 적절한 가격에 대한 배려를 했습니다. 크라이스트러브라인은 모두 금 750캐럿으로 만든 제

품입니다. 그 정도의 금으로 특별히 아름답고 훌륭하게 만든 것들입니다. 크라이스트러브라인은 사랑을 위한 금입니다." 이 문구 옆에는 입을 반쯤 벌린 젊은 여자가 얼어붙은 미소를 띠고 가면을 쓴 것 같은 얼굴을 하고 있다. 그리고 금으로 치장한 그녀의 손 위로 한 남자가 키스를 하려고 몸을 굽히고 있다. 귀에도, 목에도 '사랑을 위한 금'을 달고 있는 이 여인이 또 어떤 행복을 기대하는지 의문스럽다.

"사실 당신의 보물이 있는 곳, 거기에 당신의 마음도 있을 것입니다"(마태 6,21). 이 광고는 우리의 보물이 어디 있어야 할지를 말하고 있다. 이 경우 광고는 세 가지 교육목표를 추구하고 있다. 즉, 집단적 욕구에 대한 부정, 참된 개인적 욕구들의 억압, 인위적 욕구들의 자극이라는 목표를 추구하고 있다. 산업사회에서는 모든 사람이 다른 사람과 공통적으로 가지는 욕구들이 있다. 예를 들어, 누구나 적절한 일자리와 깨끗한 물, 대중교통, 학교, 병원 등을 필요로 한다. 그러나 이러한 기본 욕구들 가운데 어떠한 것도 앞의 광고문에 나타나지 않는다. 우리의 공통적인 바람과 가치들은 침묵당하거나 사적인 영역으로 제한되었다. 우리의 바람과 희망, 꿈에 대한 이야기를 소리 내어 말하는 것은 삶에서 필수적인 것이지만, 광고의 세계에서는 물질적이고 개인주의적인 욕구들만이 나타날 뿐이다. 이것은 여성들이나 가난한 사람들 같은 소수집단이나 비특권층에게는 특히 더 위험하다. 사람들은 그들이 실제로 필요로 하는 것이 무엇인지 잊게 된다. 그들은 탈정치화되며, 완성된 인간적 삶을 더 이상 꿈꾸어서는 안 된다. 대신 광고는 사치품들을 찬양한다. "소수의 물건만이 온전한 삶을 위해 좋은 것들입니다." 비싼 사진기 제조 회사는 이러한 슬로건으로 그들의 최신 모델을 선전하고 있다.

이러한 압박은 특히 성적인 욕구와 관련해서 여성들에게 상처를 준다. 광고는 여성들로 하여금 어려움을 무릅쓰고 적절한 파트너를 성인답게 추구하기보다는 마치 상품처럼 '가질' 수 있는 꿈속의 남자, 동화 속의 왕자 같은 유치하고 마술적인 표상을 추구하게 한다. 그러나 인격적 가치와 사랑, 안정에 대한 개인의 소망은 그렇게 간단히 잠재워지지 않는다. 그렇기 때문에 광고는 그러한 소망을 조작하여 이러저러한 물건들을 사는 데서 성취감을 느끼도록 만들어야 한다. 난방기 광고는 '완전한 삶을 위한 따스함'을 약속하는 식이다.

소비주의는 인간적 친밀성과 인격적 관계에 대한 모든 욕구가 상품에 대한 욕구로 전도된 사회의 종교다. 사랑받고자 하는 원초적 욕구는 물론 남아 있기는 하지만 무의식 속으로 억압된다. 사람들의 의식 속에서는 무언가를 얻고 소유하고 사려는 욕구가 지배한다. 광고는 무의식의 깊은 소원들을 움직이며, 그것들을 넌지시 자극하고, 그 힘을 이용하여 소비를 부추긴다. 이렇게 억압되었던 것이 항상 새로운 것에 의해 재현되기 때문에 억압되었던 욕구들은 표면으로 부상할 때마다 새로운 것으로 바뀌어야만 하는 것이다. 광고는 절대 만족하지 못하도록 우리를 유도한다. 우리를 포위하고 있는 대량 상품 공세 앞에서 우리는 어떻게 해야 하는가?

끊임없이 새롭고 불필요한 욕구들을 자극하는 광고의 세계에서는 인간의 실제적인 기본욕구들조차 광고의 도구로 이용당한다. 대안적인 운동들에 의해 재발견된 소박함이나 자연스러움 같은 가치들조차도 광고의 목적을 위해 악용된다. 서상 식품 광고의 "자연 그대로"라는 문구나 화장품 광고의 "자연스러운 아름다움"이라는 문구는 인공적인 것이나 사치스러운 것을 거부하려는 욕구까지도 수요 자극을 위해 이용하려는 전형적인 예다. 의식주에 대한 기본적인 물질적 욕구도 알다시피 거의 무한대로 차등을 둘 수 있다. 이와 관련해서 헨리 데이비드 소로를 따르는 오래된 미국 전통처럼 소박함을 통해 개성을 드러내는 것이 아니라, 차이와 새로움을 통해 다른 모든 사람과 다른 개성을 드러내는 것이 대단한 것으로 여겨진다. 오늘날 점점 더 많은 중산층 여성들이 전통적인 여성의 역할에 만족하지 못하고 있다. 이 사실을 알아차린 광고는 그러한 여성들의 소망을, 역할 분담을 바꾸기 위해서가 아니라, 여성들로 하여금 소비 품목을 자꾸 바꾸도록 하는 데 이용한다.

광고업계 종사자들은 새로운 종교의 사제들이다. 여기서 말하고 있는 것은 누구인가? 그것은 전지전능한 신의 음성이다. 그 신은 복수형 "우리"를 사용해서 점잔 빼며 이렇게 말한다. 예를 들어, 새로운 자동차 모델을 만들기 전에 "우리는 그들이 원하는 바가 어떤 것인지에 대해서 연구해야 합니다" 하고 말하는 이 신의 약속은 이렇게 이어진다. "미래를 믿으십시오!" 광고의 신은 "여성들이 무엇을 원하는지를 안다". 그리고 일에 시달리는 남자들도 배려한다. 바다 여행으로 "직장생활에서 쌓인 스트레스를 풀지 않으시겠습니까?" 하고, 비행기를 타고 있는 동안에 "당신은 낙원에서 사는 사람들만이 느낄 수 있는 따스한 온기를 느끼게 될 것입니다"라고 말한다. 이런 말을 들은 사람은 신의 음성 같은 이 말을 즉각 받아들일 수밖에 없을 것이다. "지금 당장 결정하십시오!" 지금 당장 개종이 일어나야 한다. 그리고 "오로지 당신만을 위해 예약되어" 있다고 한다.

여기서 나타나는 종교적 언어들은 낙원과 미래, 구원과 구속에 대한 약속들로서 이것들은 종교가 하는 약속들이 언제나 그렇듯이 매우 총체적이다. 이와 동시에 (물건을) 사는 사람만이 구원받을 수 있다는 엄격한 구원의 법칙이 사람들을 지배한다. 이 법칙을 따르지 않고 몸에 악취가 나는 사람들에게는 영원한 고독의 형벌이, 구식 인테리어의 집에 사는 사람들에게는 영원한 비웃음의 형벌이 내린다. 그러나 탁월한 취향을 선택한 여인들에게는 축복이 있다. "첫째가 되고자 하는 것은 아름다운 신념이기 때문이다." 그러나 우리는 꼴찌가 첫째가 된다는 것을 안다.

이러한 방식으로 우리의 꿈을 왜곡하고, 사고파는 온갖 물건들로 우리의 감각을 황금 새장 속에 가두어 버리는 사회는 나쁜 사회다. 상품들이 우리의 실제적 욕구들을 만족시켜 줄 수는 없기 때문이다. 우리가 필요로 하는 것은 다른 사람들과의 소통, 교제이며, 서로 사랑을 주고받는 것이다. 종교적으로 말하자면 오직 하느님만이 우리의 욕구를 만족시켜 줄 수 있다. 그러나 덧붙여 말하자면 하느님은 물질적인 우상을 통해서가 아니라 오직 인간을 통해서만 활동하신다. 우리의 욕구를 충족시킬 수 있는 하느님은 모든 세상적 욕망을 마술적으로 충족시키는 초세상적 자동 장치가 아니다. 아우구스티누스는 "하느님이여, 당신 안에서 안식을 얻기까지는 내 마음에 안식이 없었나이다"라고 말했다. 하느님만이 우리의 욕구들을 만족시킬 수 있다는 것은 일종의 신앙적 진술이며, 이것은 인간학적으로 다음의 세 가지를 의미한다. 첫째로 그것은 우리의 욕구가 무한하다는 것을 표현하고 있다. 그것은 우리의 욕망이 지니는 초월성을 표현한다. 우리의 욕망은 물질, 또는 사고파는 물건으로는 결코 채울 수 없다. 다음으로 그의 말은 우리의 의존성을 말하고 있다. 우리는 우리가 필요로 하는 것들을 개인적 노력을 통해서 얻을 수 없다. 우리는 생명의 거대한 조직에 속해 있으며, 욕구의 충족을 위해 다른 사람들과 피조물들을 필요로 한다. 셋째로 우리가 욕구를 지닌다는 것은 인간 실존의 기본 조건이며, 그것 자체는 통탄할 일도 우연한 일도 아니다. 무언가를 욕구한다는 것은 절대적으로 인간 현존에 속한다. 그리고 우리가 아는 한 가장 기본적인 욕구는 다른 사람들에게 필요한 존재가 되려는 욕구다.

우리는 자신이 필요한 존재임을 경험하고 느끼고 싶어 한다. 그러나 인간들 사이에 존재하는 성적 협정은 바로 이러한 경험을 우리에게서 빼앗아 간다. 오늘날 사랑의 적이 둘 있는데, 하나는 나이 많은 가부장이고, 다른 하나는 약삭빠른 젊은 남자다. 가부장들은 "너는 그렇게 하면 안 돼"라는 말로 모든 말을 시작한다. 가부장들은 모든 것을, 그중에서도 특히 여성들을 자신의 지배 아래 두려고 한다. 그들은 전통적인 종교와 가족의 가치를 옹호하며, 혼전 성교, 여성의 자기 결정권, 동성애에 반대한다. 합법적 또는 불법적 수단을 동원해서라도 그들은 자신의 뜻을 관철하고자 한다. 이들은 억압적인 아버지나 엄격한 성직자의 모습으로 나타난다. 일반적으로 가부장으로 인해 발생하는 신경증적 갈등은 오이디푸스적이다. 사랑의 또 다른 적은 이러한 형태의 억압을 기피한다. 그렇기 때문에 그로 인해 발생하는 억압을 밝혀내기란 더욱 어렵다. 이 약삭빠른 젊은 남자에게 성은 결코 '죄'가 아니라 상품이다. 도덕주의라면 무조건 싫어하는 이 사랑의 적은 '죄'라는 말을 결코 입에 담지 않는다. 그에게는 관계에 대한 욕구가 소비주의로 대체된다. 그는 우리의 감정을 착취한다. 그는 결코 감정을 억누를 생각이 없다. 그는 성적인 관계를 사소한 것으로 만들고, 성을 상품으로 전락시킨다. 이로부터 발생하는 신경증적 갈등은 나르시시즘이다.

1970년대 중반 무렵부터 정신과 의사들은 환자들의 문제를 해석하기 위해 나르키소스에 관한 그리스신화를 점점 더 많이 사용하고 있다. 오이디푸스 대신 나르키소스가 좌절과 신경증, 우울증을 대표하는 인물이 되었다. 강의 신의 아들이었던 그는 비견할 데 없이 아름다운 청년이었다. 그를 본 여자들이 모두 그를 원했다. 그러나 그는 한 번도 그녀들을 심각하게 받아들이지 않았다. 에코라는 이름을 가진 빛의 요정이 그를 사랑하게 되었다. 그러나 그의 냉정한 거절에 깊은 상처를 받은 그녀는 그녀의 음성, 메아리(echo)만 남기고 사라져 버렸다. 이것을 알게 된 신들은 분노해서 나르키소스에게 벌을 주기로 했다. 복수의 여신 네메시스가 이 계획을 실행하기로 정해졌다. 그녀는 나르키소스로 하여금 자기애自己愛에 빠지게 했다. 그는 물을 마시기 위해 맑은 연못에 몸을 굽혔다가 물에 비친 자신의 모습을 사랑하게 되었다. 그리고 그는 불붙는 열정으로 자기 자신에게 사로잡혔다. 물에 비친 아름다운 젊은이의 모습은 그를 놓아주지 않았다. 그는 죽을 때까지 자신의 영상에 사로잡혀 있었다. 죽은 자들의 영역과 산 자들의 영역을 가르는 강인 스틱스를 건널 때도 그는 물에 비친 자신의 마지막 모습을 붙잡기 위해 배 위에서 몸을 구부렸다.

나르키소스는 아름답지만 감정이 없다. 그는 주변 세계와 아무 관계도 맺지 못한다. 어떠한 관심도 그를 다른 사람들과 관련시키지 못했다. 그는 그들의 욕구나 소망에서 분리되어 있다. 나르키소스에게는 죽음과 더불어 모든 것이 끝났다. 과거도 미래도 그에게는 아무 상관이 없다. 오직 순간의 자기도취만이 남았다. 그의 시선에는 목적 없는 비애가 있다. 그는 나이를 모르는, 범접할 수 없는 아름다움의 소유자였다. 신화에 따르면 그의 시체를 매장하려 했던 다정한 요정들은 그를 찾을 수 없었다. 그가 있었던 자리에는 예쁜 꽃 한 송이가 피어 있을 뿐이었다. 요정들은 그 꽃에 나르키소스라는 이름을 지어 주었다. 이 이야기는 우리 시대에도 무언가를 말해 주지 않을까? 아름답기를, 늙지 않기를, 상처 입지 않기를, 스스로에게 매료되기를 원하지 않는 사람이 있는가? '의식 있는 여성들'을 위한 잡지임을 자처하는 한 잡지는 이런 문구로 광고를 하고 있다. "나는 삶을 즐긴다. 나는 내 몸을 통해 나를 느낀다. 나는 더 큰 자신감을 가진다." 이 광고는 테스트와 "혁신적인 심리 훈련"을 통해 "에로틱한 매력 발산에 관한 새로운 지식"을 줄 것을 약속하고 있다. 이것이 우리 삶의 우선 목표인가?

나르키소스는 오늘의 인간이다. 이것은 수많은 광고를 통해 입증

된다. 지금 내 앞에 있는 한 결혼상담소의 광고는 이렇게 약속하고 있다. "미래의 배우자에 대한 당신의 매우 특별한 희망 사항들을 아래의 배우자 설문지에 기재해 주십시오. 그러면 우리는 당신에게 가장 잘 어울리는 배우자를 찾아 드리겠습니다." 이 설문지를 작성하는 사람은 두 면 가득 자신에 관한 수많은 인적 사항 또한 적어야 한다. 그러나 미래의 배우자에 대한 희망 사항은 한 면의 삼분의 일 정도만 채우면 된다. 그것도 나이, 키, 몸무게, 재정 상태에 관한 물음뿐이다. 이것은 아주 노골적인 냉소주의다. 찾고 있는 배우자는 면밀한 계획과 계산에 따라 얻을 수 있는 객체다. 이를 위해서는 심리학적인 테스트와 컴퓨터에 의한 평가가 필요하다. 이러한 결과를 받아들인다고 해도 물론 그것은 '아무 구속력도 없다'. 이렇게 해서 형성된 부부 관계, 즉 재정 상태와 휴가를 보내는 방식, 성 행태, 소비 습관의 일치에 근거해서 이루어진 부부 관계 역시 구속력이 없기는 마찬가지다.

그러한 영역에서 실현할 수 있는 개인적 '자아실현'에서 벗어나는 것은 아무 의미도 지니지 못한다. 나르시시즘적인 문화에서 종교와 정치는 아무 역할도 하지 못한다. 그런 것은 공동체성이 남아 있던 전 시대의 유물일 뿐 이제는 그 분야의 전문가들이 맡아 할 일이다. 커다란 종교적·정치적 문제들이 한때는 인간 사이의 진정한 관계의 표현이었다든가, 그러한 문제의 해결을 위한 공동의 노력이 이루어지고 진리와 정의를 위한 대결이 사람들을 뭉치게 하거나 혹은 양분시켰다는 이야기들은 꿈처럼 들린다. 그런 시대는 지나갔다. 지금의 나르시시즘적 문화는 대결이나 투쟁을 싫어한다. 아름다운 젊은이는 시종일관 평화롭게 나무둥치에 기대어 자신의 모습에 머물렀다. 나르키소스는 넘을 수 없는 것으로 여겨졌던 한계를 결국에는 넘어서는 데서 맛보는 행복을 알지 못한다. 오늘의 나르키소스는 아무 움직임 없이 조용히 자신에게 매료당한 채 현재의 연못 앞에 웅크리고 앉아 있다. 연못은 그에게 항상 그 자신의 모습만을 비춰 줄 뿐이다.

오늘날 사랑은 오래되고 새로운 두 적에게 위협을 받고 있다. 이 둘은 자주 눈에 띄게 결탁하기도 한다. 전통적인 유다 ‒ 그리스도교 문화에서 억압은 자연에 근거해서 이루어졌다. 인간의 성은 종족 번식을 위해서만 의미가 있다는 성에 대한 외견상의 자연적 이해에 근거했던 것이다. 종족 보존은 자연적·필연적·사회적으로 강요되어 왔으며, 그것은 사랑의 오래된 적인 성적 보수주의의 이념적 토대다. 그리스도교 전통에는 성적 적대감의 가장 두드러진 형태인 이성애주의(Heterosexismus)와 여성 혐오가 존재한다. 유감스럽게도 많은 교회들이 성교육이나 산아제한, 여성의 자기 결정권에 대해서는 반대하면서도 군비 확대나 전쟁, 군국주의 교육에 대해서는 별로 반대하지 않는다. 출산의 의무는 하나의 이데올로기로 정착하며, 창조의 기본 조건이자 정상적이고 자연적인 인간 삶의 증거로 여겨진다. 이러한 토대 위에서 동성애적 관계들은 저주받는다. 자신의 배우자를 공개적으로 밝히는 ‒ 그들은 은폐나 억압이 인간의 성의 의미를 파괴한다는 사실을 알기 때문에 공개한다 ‒ 동성애자들에 대한 교회의 억압은 하느님과 같은 모상으로 창조된 인간에 대한 심각한 공격이다. 이 경우 종교는 지배 문화를 정당화하기 위해 잘못 사용되고 있으며, 사람들을 두려움과 죄책감으로 몰아넣고 있다.

한 좌담회에서 내 친구는 다음과 같은 질문을 받았다. "당신이 동성애자라는 말이 맞습니까?" 그는 이렇게 대답했다. "나는 당신이 이성애자인지 묻지 않았습니다! 당신이 내게 은수저를 훔쳤는지, 혹은 어린이를 유괴했는지 물었다면 나는 당신에게 잘 답변해 줄 수 있었을 것입니다." 평상시에는 점잖았을 그 대화 상대자는 분명히 그 자신의 성으로부터 소외되었고, 그래서 다른 사람의 이질성을 꺼림칙하게 여기고, 어느 정도 드러내 놓고 다른 사람을 정죄할 수 있었던 것이다.

성의 신학은 인간을 관계 안에 있고 관계를 맺도록 창조된 존재로 이해한다. 사랑의 새로운 적은 이러한 성의 신학에 적지 않은 위협이 된다. 소비주의는 성의 상품화를 위해 구체적인 시장 메커니즘을 발전시켰다. 넓은 의미에서 성은 우리의 관계 능력과 관련된다. 그러나 만일 성이 육체적 성교로 축소된다면, 관계 안에서 이루어지는 전 인격의 통합은 어려워지며, 황홀감을 느끼는 정도도 줄어들 것이다. 우리는 복잡하고 다양한 현상이 일차원적이고 엄격하게 규정된, 따라서 통제 가능한 사실로 획일화될 때, 그리고 실제로는 수천의 다양한 형식들과 성격을 지닌 어떤 것이 단일한 양적 단위로 축소될 때 환원주의라는 말을 한다. 만일 성이 성적 행위로만 한정된다면 다른 감각적이고 신체적인 경험들은 아무 역할도 못하며, 이른바 소수집단은 무시당하게 된다. 인간의 성을 이처럼 순전히 성적인 행위로 축소한 결과는 인간의 감정생활의 빈곤화, 환상이 없는 쾌락, 정신성이 결여될 수밖에 없는 쾌락이다. 이 경우 성적 경험은 공유되지 못하며, 상호적

인 주고받음 속에서 이루어지지 않고, 우리 자신을 성장시키지 못한
다. 익명의 섹스에 대한 꿈은 성을 교환 가능한, 사고팔 수 있는 객체
로 생각하는 상품 세계의 꿈이다. 이러한 사교邪敎는 통전성이 가능하
다는 사실을 부정한다.

완전한 성적 관계에 대한 수많은 표상들에서 거듭 나타나는 오
래된 인간의 꿈 중 하나는 우리 존재의 합리적인 층과 비합리적인 층
이 서로 화해할 수 있으리라는 희망이다. 이 희망은 위대한 예술 작
품, 특히 고전 작품들에서 끊임없이 표현되었다. 셰익스피어와 렘브
란트, 모차르트의 작품들이 그렇고, 20세기 예술가로 몇 사람만 거명
하자면, 피카소와 브레히트가 떠오른다. 예를 들어 모차르트의 「마술
피리」를 들을 때는 그의 음악이 지닌 화해와 통합의 힘을 느낄 수 있
다. 우리는 모든 위대한 예술 작품들이 담고 있는 약속에 매혹된다. 말
하자면 "우리 자신 안에 있는 말 없는, 비합리적이고 심오한 본질"[63]이
구원받는다. 이와 같이 하느님에 대한 진정한 찬미는 우리 안에 있는
모든 것이 찬미를 통해 구원되고 해방될 때, 자아의 어느 한 부분도 배
제되거나 억압되지 않을 때 가능하다.

그러나 파솔리니[64]에 따르면 "쾌락주의적 파시즘"이 지배하는 소
비주의 사회는 우리 자신의 인격적 존재를 부정하고, 다양한 충동, 힘,
능력 들의 통합을 포기하도록 강요한다. 시장경제의 법칙이 지배하는
사회는 통전성에 대한 우리의 욕구를 위해 여지를 남겨 두지 않으며,
따라서 그러한 욕구를 부정할 수밖에 없고, 통전성에 대한 권리를 포
기하는 것은 불가피하다고 주장한다.

12
엑스터시와 신뢰

나는 정신적으로, 성적으로 불행한 일을 많이 겪은 사람들의 이야기를 들을 때마다, 또는 성적인 소외를 깨닫지 못하기 때문에 더 이상 그로 인해 고통받지 않는 사람들을 만날 때마다 분석적 논의를 넘어서는 어떤 언어가 필요하다는 사실을 절박하게 느낀다. 단순히 성적 곤경을 기술하는 것 이상의 성과를 얻을 수 있는 언어가 필요하다. 어떤 사람이 사랑할 수 없게 된 성심리학적 발전 과정을 설명하거나 성적 소외가 불가피한 것으로 보이게 만드는 사회경제적인 조건들을 분석하는 것만으로는 충분치 않다. 자기 전달 욕구, 그리고 체념과 절망만이 아니라 희망과 꿈에 대한 공동적인 표현 욕구, 우리의 감정과 기대를 드러내려는 욕구는 순전히 분석적인 언어로는 충족되지 않는다. 설명들과 해석들만으로는 충분치 못하다. 우리에게는 다른 새로운 언어가 필요하다. 다른 사람들과 함께 나눌 수 있는 비전이 필요하다. 우리에게는 오래된 행복의 약속을 쇄신할 수 있는 통합적이면서도 총체적인 언어가 필요하다.

성성의 많은 언어와 문장들에서 나는 내가 속한 세계와는 다른 세계에서 유래한 음성, 우리에게는 전혀 없는 비전을 제시하는 음성을 듣는다. "사람과 그 아내는 둘 다 알몸이면서도 부끄러워하지 않았다"(창세 2,25). "사랑 안에는 두려움이 없습니다. 오히려 완전한 사랑은 두려움을 내쫓습니다. … 두려워하는 이는 사랑에 완전하지 못합니다"(1요한 4,18). 이러한 말들에서 나는 분석적인 언어형식을 넘어서는 엑스터시의 언어와 만난다. 앞의 성경 구절들은 부끄러움과 두려움의 실재를 전제한다. 구체적으로 그것은 여성으로서 부끄러움과 두려움을 일찍 알게 된 나의 상황에 대해서도 말해 준다. 그러나 이 성경 구절들은 그러한 상황도 넘어선다.

여러 언어로 갈라진 인류 가족의 단일 언어는 종교다. 종교는 축복과 행복에 대해 이야기하는 동시에 이미 알려지고 이름 불린 것을 초월하려는 시도다. 종교적 언어, 즉 신이나 천사, 기적, 구원, 해방, 부활에 대한 말들은 우리로 하여금 현 상태의 개인적 현존을 넘어서도록 촉구하는 언어다. 마치 우리가 우리 밖에 있는 행복에 이를 수 있다는 듯이 말이다. 나는 종교를 필요로 한다. 나는 일상성을 넘어서는 언어로 나의 행복을 표현하고자 하기 때문이다.

나는 우리의 감정과 경험들을 표현할 수 있는 적절한 언어의 필요성에 대해 기술할 때 "우리"라고 말해야 할지, 아니면 "나"라고 말해야 할지 주저하게 된다. 종교적 언어의 힘에 대한 나의 느낌은 주관적이고 내게만 중요한 것은 아닐까? 성경의 언어가 내게 위안을 주고 나를 고무할 수 있는 것은 단지 그리스도교가 나의 문화적 유산의 일부고, 내가 바흐의 오라토리오나 렘브란트의 그림들과 친숙하기 때문이 아닐까? 이러한 언어를 이해하지 못하거나 그 악용으로 인해 분노하고 마음이 상한 사람들에게는 그것이 무슨 의미가 있을까? 많은 형제자매들이 내적으로 공허하고 소진되어 있으며, 창조를 찬양하기를 포기한 지 이미 오래다. 어떠한 종교 전통도 그들이 아름다움과 기쁨을 발견하도록, 그것도 성性에서 발견하도록 돕지 못했다.

그리고 신학생들조차도 교회의 언어와 전통이 도덕적 명령 이상의 것인 양 치켜세워진다면 그것을 신뢰하지 않을 것이다. 성경에서 사랑이라 일컫는 것에 대한 나의 믿음을 학생들에게 전하려고 했던 한 세미나 토론이 기억난다. 그때 나는 젊은이들 대부분이 전통을 기껏해야 윤리적 규범, 또는 신적 계명으로 이해하고, 결코 인간의 결속성에 대한 비전으로 이해하지 않는다는 사실을 깨달았다. 계명과 비전 사이에는 큰 차이가 있다. 십계명은 "너는 ~해서는 안 된다"라는 말로 특정한 행동을 하지 못하도록 우리를 붙드는 신의 윤리적 명령들로 이해할 수도 있다. 그러나 우리는 십계명을 미래와 관련된 의미로도 이해할 수 있다. 우리는 그것을 "너는 이것, 혹은 저것을 행하지 않을 것이다"라고 번역할 수도 있으므로, 그것은 우리를 위협하는 것이 아니라 오히려 초대하는 예언의 성격을 지니게 될 수 있다. 사랑으로 이루어지는 성적 관계에 대한 비전은 위협이나 위축과 관련이 없다. 성윤리는 자유로운 파트너들 사이의 자유로운 동의에서 나와야 한다. 교묘한 억압과 강요 역시 성에 관한 신학적 성찰을 위해 적절하지 않다. 이러한 의미에서 자유와 관용이 좋은 신학의 특징이다.

물론 억압이 없다는 것만으로는 해방석 관점을 전개할 수 없다. 성적 해방에 관한 급진적 이해는 자유주의적 이해와는 다르다. 그것은 자유주의의 온정적 관용을 넘어선다. 그것은 성과 관련한 역사적 상황에 의해 주어지는 실제적인 맥락 안에서 성적 관계들에 대한 주제를 고찰하기 때문이다. 나는 앞에서 서구 문화의 역사적 상황과 점점 증대되는 소비주의, 쾌락주의적 파시즘, 성적 영역에서의 상품물신주의 경향을 규명하려고 했다. 새로운 비전은 구체적인 상황에서만 자라날 수 있다. 그렇지 않다면 그것은 망상이나 모호한 낭만주의의 잔재로 남을 것이다. 자유주의는 어떠한 비전도 제시하지 못한다. 그것은 교회의 금지와 국가의 간섭에서 성을 해방시키기는 하지만, 해방신학이 보여 줄 수 있었던 것과 같은 새로운 관점을 제시하지는 못한다. 다시 말해 창조된 존재로서 우리의 역사적 과업에 비추어 사랑의 비전을 제시해 주지 못한다. 우리가 하느님의 모상으로 창조되었다는 것은, 하느님이 사랑하는 분이듯 우리도 사랑하는 자가 되도록 창조되었음을 의미한다. 이것은 존재론적 과업에 속하며, 우리는 그것을 역사적 과업으로 수행해야 한다.

우리 시대 인간의 성에 관한 역사적 과업은 이전 시기의 과업과는 다르다. 우리 시대의 이해 지평에서는 자연에서 역사로의 뚜렷한 패러다임 변화가 있었다. 이러한 변화는 인구과잉으로 인해 필연적으로 일어난 것이다. 자연은 인간의 성을 번식과 결부시켰다. 그랬기 때문에 여러 문화에서 쾌락과 재생산은 서로 뒤얽혀 있었다. 그리고 이러한 자연적 연관성은 무엇보다도 여성들을 억압하는 데 이용되었다. 그러나 성경의 창조 이야기는 이와 다른 해방적 관점을 지니고 있다. 필리스 트리블은 자신의 책 『하느님과 성의 수사학』에서 이 점을 밝혀 주었다. 트리블은 성차性差는 하느님의 모상에 일치하는 것이며, "위계질서가 아니라 평등을 의미한다"[65]는 점을 분명히 밝혀 주었다. 성경의 이야기에 따르면, 남성과 여성은 하느님의 축복을 받았다. 둘 다 땅을 지배하고 동등하게 권세를 얻으리라는 약속을 하느님에게서 받았다.[66] 창조와 더불어 생겨난 것은 성과 성차였으며, 여성에 대한 남성의 지배가 아니었다. 그리고 성과 성적 쾌락이 반드시, 또는 '자연적으로' 재생산과 결부되는 것은 그러한 전통과 일치하지 않는다. 필리스 트리블은, 창세기에 따르면 재생산은 모든 생물에게 공통적이지만 성은 인간에게만 특수한 것이라는 점에 주의를 환기시켰다. 하느님은 오직 인간만 남성과 여성으로 지칭했으며(창세 1,27), 이러한 관계는 "재생산이 아니라 하느님의 모상과"[67] 관련된다. 인간의 성에 대한 새로운 정의는 바로 이러한 관련성 안에서, 즉 남녀의 성과 하느님의 모상에 따른 창조 사이의 관련성 안에서 이루어져야 한다.

성적 쾌락과 재생산의 결합은 서구 역사에 나타나는 두 가지 이원론의 토대였으며, 우리는 그 파국적인 결과들을 지켜볼 수밖에 없다. 그것은 정신과 육체라는 영적 이원론과 남성과 여성이라는 성적 이원론이다. 이 두 이원론 전통은 성적 적대감을 조장했다. 이러한 적대감은 아프리카나 아시아 문화와는 대비되는 서구 문화의 특징이다. 오늘날 교회 영역에서 여성과 성에 대한 적대 의식은 다음의 세 가지 서로 관련된 형식을 취한다. 즉, 이성애주의 내지는 강제적 이성애, ― 낙태 반대 운동에서 나타나는 것과 같은 ― 자유로운 진권에 대한 거부, 가족과 잘못 동일시된 핵가족의 지배다.

성 문제와 관련해서 보수주의자들은 성과 재생산을 더욱 확고하게 결합함으로써 점점 더 자연주의적 패러다임에 의존한다. 재생산이 '정상적'이고 '자연적'인 것으로 여겨지면, 이성애는 신성불가침이 될 수밖에 없다. 이성애만이 옹호되고 다른 형태의 성은 모두 억압된다. '동성애'를 주제로 모인 한 교회 회합에서 공공 병원의 의사였던 한 남자가 일어나서 화가 난 듯이 "나는 동성애자도, 이성애자도 아닙니다. 나는 단지 성적 존재일 뿐입니다!"라고 소리쳤던 일이 생각난다. 그의 외침은 비로소 해방감을 느낀 듯한 웃음을 자아냈다. 그는 사람들이 서로를 낙인찍거나 몇 가지 범주로 서로를 가르는 경박한 태도가 어디서 비롯되는 것인지 따졌다. 강제적 이성애라는 이성애주의의 가면이 벗겨졌다. 어쨌든 참석자들 중 몇 사람은 자연에서 역사로의 패러다임 전환을 경험했다.

보수적 그리스도교인들은 아직 인간의 성에 대한 자연주의적 이해에서 역사적·성경적 이해로 나아가지 못하고 있다. 그들은 종종 무의식적으로 역사적 과업을 부정한다. 이 과업에 따르면 우리 인간들은 자유를 위해 창조되었다. 그들은 창조의 현실에 동참하라는 하느님의 초대를 일종의 생물학적 삶으로의 부름으로 잘못 이해한다. 마치 재생산 이외에는 창조의 사건에 동참하는 길이 없다는 듯이 말이다. 성에 대한 이러한 보수적 태도는 인간 성의 자기 초월적 성격을 강조한다는 점에서는 포기할 수 없는 진리를 담고 있다. 우리의 육체는 단순히 쾌락을 위한 기계가 아니며, 생텍쥐페리가 말했듯이, 사랑은 두 사람이 "서로를 마주보는" 데서 성립하는 것이 아니라 "제3의 것을 함께 바라보는" 데서 성립한다. 완전한 성관계에서 파트너는 지속적으로 서로에 대해서, 세계에 대해서 더 많은 것을 발견하도록 촉구한다. 사랑은 초월의 성격을 지니며, 재생산은 그 생물학적 토대다. 사랑에서는 1 더하기 1이 단순히 2가 아니다. 함께 아이를 갖고자 하는 소망은 사랑의 기본적인 표현이다. 만일 부부 중 한 사람에게 이러한 소망이 없다면, 그것은 의식하지는 못하더라도 종종 관계에 문제가 있다는, 즉 실제적 헌신을 거부하거나 미룬다는 징표다.

그러나 아이를 갖는 것은 자기 초월적 사랑의 여러 가지 가능한 표현 형태 중 하나일 뿐이다. 제임스 넬슨은 성의 의미에 대해서 다음과 같이 기술했다. "성은 우리가 소통하는 존재이며 공동체적 존재라는 데 대한 표징이자 상징이며 수단이다. … 우리의 성의 비밀은 다른 사람을 향해 다가가서 육체적으로나 정신적으로나 그들을 품에 안으려는 욕구에 있다. 성은 하느님의 뜻을 표현해서 우리가 다른 사람과의 관계 속에서 우리의 참된 인간성을 발견하게 한다."[68]

모든 지속적인 관계에서는 공동의 '과업'에 대한 욕구, 즉 사랑하는 자들이 그들의 세계 안에서 도달하고자 하는 목표에 대한 욕구가 생겨난다. 즉, 집을 짓고, 정원을 만들고, 공무를 하고, 직업을 갖고, ― 가장 전통적이기는 하지만 결코 보편적인 일이라고 할 수는 없는 ― 가정을 형성하고자 하는 욕구가 생겨난다. 인간 사이의 모든 긴밀한 관계들은 함께 있는 것뿐만 아니라 '함께 무슨 일을 하려는' 욕구를 불러일으킨다. 나는 어린 시절 한 소년과 맺었던 우정을 기억한다. 우리는 여덟 살이었고 여름 내내 떨어질 줄을 몰랐다. 우리는 우리가 가진 시간과 환상, 에너지, 열정을 온통 나무집을 짓는 데 바쳤다. 그것은 우리의 꿈이었고 비밀이었으며 과업이었다. 이와 같이 공동의 과업은 사랑의 관계에서 본질적인 것이다. 만일 그 과업이 충분히 크지 않거나 파트너 중 한 사람의 발전이 제한된다면 사랑의 관계는 깨지고 만다. 사랑의 관계는 과업과 함께 성장한다. 내가 말하는 가장 큰 과업은 하느님 나라다. 예수는 하느님 나라에 대해서 이렇게 말했다. "여러분은 먼저 [하느님의] 나라와 그분의 의로움을 찾으시오. 그러면 여러분은 이런 것들도 다 곁들여 받게 될 것입니다"(마태 6,33). 나는 의를 향한 굶주림이 사랑의 에너지며, 이 에너지는 온전한 성적 관계에서 방출된다고 믿는다.

이제 나는 사랑과 성적 관계성에 대한 종교적 전망을 그려 보려고 한다. 우리가 사랑의 형상에 따라 창조되었다는 것이 성취되고 실현되는 관계들을 우리는 어디에서 인식할 수 있는가? 나는 사랑의 네 차원, 즉 엑스터시와 신뢰, 통전성과 연대성에 대해 말하고자 한다. 하느님은 우리를 성적 자기 정체성을 지닌 존재로 창조했다. 이것을 통해 우리는 삶의 엑스터시를 체험할 수 있다. 인간은 행복에 도취해서 망아적이 될 수도 있고, 황홀경을 체험하고 마치 옷을 벗듯이 옛 나를 벗어던질 수도 있다. 성적 체험은 우리가 자기를 초월하여 생명의 창조적 힘에 참여하는 한 가지 방식이다. 엑스터시란 무엇인가?

프로이트에 따르면 인간의 엑스터시 능력은 그의 성심리 역사에 의해 규정된다. 유아가 어머니에게서 받는 심리적이고 정서적인 애정은 대단히 포괄적이며 총체적이다. 생후 한 달이 지나기 전에 우리는 어머니의 몸속에 있을 때처럼 영구적으로 다가갈 수 있는 쾌락의 원천이 우리를 위해 있으며, 우리를 둘러싸고 있고, 우리와 가까이 있다는 사실을 경험한다. 프로이트에 따르면 이러한 경험에서부터 — 도로시 디너스타인의 명석한 서술에 따르면[69] — 우리의 힘에 대한 환상과 전능에 대한 표상이 형성된다. 그러나 어머니의 몸은 결코 무제한적으로 주어져 있는 것이 아니며, 지속적으로 마음대로 할 수 있는 것이 아니라는 사실을 아이가 깨달을 때 그와 같은 환상도 함께 무너진다. 이러한 원초적인 환상의 붕괴는 대체로 돌이킬 수 없다. 우리는 이러한 슬픔과 좌절의 기본 경험들과 더불어 살아가는 법을 배워야 한다. 그러나 어린아이가 지녔던 것과 같은 쾌락과 절대적인 만족에 대한 감각을 다시 경험할 수 있는 영역이 있다. 디너스타인에 따르면 사랑의 행위는 "이전의 좌절을 회복하려는 직접적인 시도"[70]이다. 엑스터시는 개인화, 개별화되면서 우리가 받은 상심을 없애는 것이다.

프로이트는 이러한 좌절을 초기 유아기적 전능감의 상실로 해석하는데, 이것은 그의 가부장주의적 체계에 상응한다. 내 생각에는 모든 것을 배려해 주는 어머니와의 연대성의 상실이라고 보고, 우리의 최초의 행복을 전능이 아니라 모든 것과의 연대성, 관계성이라 부르는 것이 나을 것 같다. 우리가 원초적으로 경험했고 또 그리워하는 그 무엇에 붙일 더 정확한 이름은 '포괄적 연대성'일 것이다. 그렇다면 모든 생명체와의 연대 관계가 원초적인 경험이라고 할 수 있다. 우리는 다양한 분리의 단계를 통해, 즉 개체성을 형성하는 고통스러운 과정을 거치면서 그러한 원초적 연대성의 경험을 상실한다. 성적인 연합을 통해 우리는 성숙한 존재로서의 인식 단계를 부정하지 않으면서 원초적 경험에 이르는 길을 되찾으려 한다. 성적 엑스터시는 우리를 새롭게 "대양적大洋的 감정 속으로"[71] 밀어 넣으며, 우리를 둘러싼 세계와 하나 되게 한다. 그 안에서는 모든 경계가 사라지고 동물과 식물, 광물도 말을 한다. 우리는 '만물의 노래'를 다시 들을 수 있게 된다.

성적 엑스터시는 "최초의 무제한적이고 동물적·시적인 양식 또는 방법으로 주변 세계와 에로틱한 교제를 할 수 있는 직접적인 길"[72]을 제시해 준다. 엑스터시의 순간에는 예전 어린 시절의 상쾌한 세계 경험이 다시 떠오르며, 옛 좌절은 사라지고 슬픔은 중화되며, 단순히 거기 존재한다는 데서 비롯되는 원초적이고 야성적인 기쁨을 다시 느끼게 된다. 말로 표현할 수 없는 오르가슴 경험에 대해 우리는 목적지를 언급하지 않은 채 '온다'라는 말을 쓴다. "나는 죽지 않을 것이다." 이 말은 한 남자가 오르가슴을 경험하는 상황에서 내게 했던 말이다. 나는 여러 해 동안 이 말에서 힘을 얻으면서 살았다. 우리는 어머니의 몸에서 나올 때, 낙원의 동산에서 쫓겨났을 때 느꼈던 최초의 분리의 감정을 극복하게 된다. 분리의 추운 시간은 지나가고 새로운 시간이 동터 온다. 하느님이 우리와 함께 계시니 우리에게 부족할 것이 없다.

이러한 엑스터시의 가능성은 자주 부정되어 온 인간의 상호 의존성과 밀접한 관계가 있다. 성의 엑스터시는 우리에게 없는 것이 무엇인지 알게 해 준다. 엑스터시를 경험하지 못한 채 우리가 얼마나 고독했으며, 불완전하고 망가져 있었는지 알게 해 준다. 성은 지상에서 생명의 갱신에 대한 하나의 표징이다. 우리가 알기로 다른 위성에는 성적 생물이 없다. 지구는 성적인 위성이다. 그리고 우리는 마지막에 하느님과 함께 "모든 것이 참으로 좋다"고 말하게 된다. 에로스는 우리를 세계와 연결시킨다.

엑스터시를 경험한 사람은 다른 사람도 엑스터시로 밀어 넣는 경험, 즉 그를 한동안 고독에서 구원하는 경험을 하게 된다. "사람이 혼자 있는 것이 좋지 않다"(창세 2,18). 그러나 창조는 "좋다!". 아담이 하와를 발견했을 때 그는 다른 사람이 있고 또 그녀가 자신과 비슷하다는 사실에 몹시 기뻐한다. "이야말로 내 뼈에서 나온 뼈요, 내 살에서 나온 살이로구나"(창세 2,23). 이 순간에 흙으로 만들어진 피조물이 새로운 정체성, 즉 성적 정체성을 얻게 된다. 필리스 트리블은 "내 뼈에서 나온 뼈요, 내 살에서 나온 살"이라는 표현을 "하나 됨과 연대성, 상호성, 평등성"이라는 의미로 해석했다.[73] 아담과 하와는 서로 의지하고 관계를 맺는 존재로 기술되었다는 것이다. "내 뼈에서 나온 …"이라는 말로 표현된 기쁨은 상호적인 엑스터시의 본질적 구성 요소다.

혼자서도 오르가슴에 도달할 수 있지만 엑스터시는 상호성에 기초한다. 예전의 억압과 최근의 방임이 아닌 일종의 반反문화 영역에서 인간의 성이 지니는 의미에 대한 새로운 탐구가 시작되었다. 여기서 중요한 가치는 상호성과 연합, 상처받을 수 있음이다. 이것들은 성에 대한 자연주의적·소비주의적 이해와 정반대되는 가치다. 오늘날 우리는 과거에서 물려받은 정복과 예속에 토대를 둔 성생활 방식에 근본적 변화가 일어나는 희망에 넘치는 경험을 하고 있다. 성적 관계에서 상호성과 솔직한 감정은 상처받을 용의 없이는 불가능하다. 여러 여성 집단은 이것을 정서적 가치로 경험하고, 또 의식하고 있다. 상처받기 쉬운 존재로 남고, 또 더 상처받기 쉬운 존재가 되기 위해서는 많은 주의가 필요하다. 상호성 없이는 엑스터시도 사라지고 말 것이다.

강간은 우리가 상호적 사랑의 형상으로 창조되었다는 사실에 대한 가장 끔찍한 부정이다. 나는 여기서 단순히 폭력 그 자체만이 아니라, 그것이 유래한 정신적 태도, 즉 강간하는 남자를 가장 사나이다운 남자로 신화화하고, 여성을 소위 성적 폭력을 갈망하는 유혹자로 만드는 정신적 태도까지 염두에 두고 있다. 파시즘 직전과 파시즘 시대 독일 소설과 영화에서 묘사되었던 성적인 남성 판타지들은[74] 소위 '정상적'이면서 동시에 굴욕적인 반여성적 표상들을 전형적으로 보여 준다. 그러한 표상들은 제2차 세계대전 당시 유다인, 러시아인, 폴란드인 여성들이 게슈타포 장교들과 강제수용소 경비병들의 노리개가 되는 것으로 표출될 수밖에 없었다. 상호성의 결여와 강간범의 정신적 태도 사이에는 내적 연관성이 존재하며, 그것은 다양한 형태로 표출된다. 마지막으로 언제 남편과 성관계를 가졌느냐는 이혼 담당 판사의 질문에 한 여자는 이렇게 대답했다. "그는 저와 삼 주 전에 성관계를 가졌고, 저는 그와 이 년 전에 마지막 성관계를 가졌습니다."

엑스터시는 상호성을 전제하며, 상호성은 상처받을 용의 없이는 존재하지 않는다. 성경에서는 이것을 다음과 같은 말로 표현하고 있다. "사람과 그 아내는 둘 다 알몸이면서도 부끄러워하지 않았다"(창세 2,25). 그들은 상호 귀속감을 감추거나 무시할 필요가 없었다. 그들은 서로 상대방과 자기 자신을 아는 것을 부끄러워하지 않았다. 알게 된다는 것은 옷과 가면을 벗어던짐으로써 옷이 나타내는 사회적 신분을 벗어 버리고 우리 자신을 자각하게 되는 것을 의미한다. 벌거벗었을 때는 우리를 보호해 주는 것이 아무것도 없다. 바람과 추위로부터 우리를 보호해 줄 뿐만 아니라 사회로부터, 늙고 뚱뚱한, 때로는 흉터로 일그러진 우리 몸에 가차 없이 쏟아지는 외부의 시선에서 우리를 보호해 줄 것을 벗어던지는 것이다. 많은 여성들이 성적 상품물신주의에서 벗어나지 못한 채 자신은 가슴이 너무 커서 혹은 너무 작아서, 또 넓적다리가 너무 굵어서 혹은 가늘어서 우스꽝스럽게 보이고 무시당한다고 고민하고 있다. 벌거벗었다는 것은 무방비 상태, 비무장 상태를 의미한다. 이를 위해서는 우리가 보통 지니고 다니는 '무기'를 던져 버려야 한다. 나의 신용카드나 박사학위, 내가 쓴 책들, 이것들은 나를 둘러싸고 있는 성벽이다. 이 모든 것은 사랑할 수 있기 위해 내가 벗어야 할 '옷들'이다. 사랑 안에서 나는 더 이상 나를 방어할 수 없고, 상처받기 쉽게 된다. 우리는 우리 자신을 상처받기 쉬운 존재로 만들며, 상처받는 모험에서 벗어날 수 없다.

신뢰 역시 사랑, 즉 인간의 성의 일부다. 우리는 엑스터시의 가능성과 엑스터시에 대한 욕구를 가지고 있다. 신뢰와 신빙성에 대해서도 마찬가지다. 함께 잔다는 것은 서로 사랑하고 서로 의지한다는 이중적 의미를 지닌다. 우리는 진보적인 충동들이나 욕구들과 함께 퇴행적인 욕구도 가지고 있다. 자주 우리는 그냥 자신을 숨기고 싶고, 작아지고 싶고, 우리의 약함을 드러내고 싶을 때가 있다. 우리가 다른 사람들의 약함을 견뎌 주듯이 말이다. 신뢰한다는 것은 때때로 성불구나 불감증에 걸렸더라도 좌절에 빠지지 않는 것을 의미한다. 우리에게는 위로가 필요하다. 우리는 두려움이나 굴종이 없는 관계에서만 누군가가 우리를 지배하거나 악용하게 되리라는 염려 없이 약해질 수 있다. 내가 약하게 되어도 괜찮을 때 나는 두려움을 느끼지 않을 수 있다. "사랑 안에는 두려움이 없습니다. 오히려 완전한 사랑은 두려움을 내쫓습니다"(1요한 4,18). 사랑할 수 있게 되는 것은 두려움을 덜 가지게 되는 것을 의미한다. 사랑이 지니는 이러한 신뢰의 차원은 우리가 자신의 성을 받아들이고 긍정하는 데에서 성립된다. 우리는 자신의 성적 표현 방식에 대해 아무런 두려움도 갖지 않을 수 있다. 우리는 성적으로 감응하는 존재로 자신이 창조되었다는 사실을 받아들이고, 있는 그대로 우리 자신에 대해 기뻐하는 법을 배우게 된다.

또한 상호 신뢰의 차원은 우리가 자신과 상대방의 성을 어느 정도로 의식하느냐에 좌우된다. 새로운 성윤리의 몇 가지 중요한 요구들 가운데 하나는 상대방을 의식하라는 것이다. 우리는 자신이 무엇을 하고 있는지 알아야 한다. 우리 자신과 우리의 소망, 걱정을 알 수 있어야 하며, 그것들을 가능한 한 명확하게 표현할 수 있어야 한다. 어떠한 행위도 애매한 의식 상태에서, 또는 단순히 상대방을 위해서 행해서는 안 된다. 피임에 대해 공동으로 책임지는 것 역시 사랑의 본질적 요소인 신뢰의 문제다. 남자가 이 문제를 회피하거나 여자에게 전가

하는 관계는 확실히 신뢰 있는 관계가 아니다.

　신뢰와 엑스터시 사이에는 생산적인 긴장이 존재한다. 하나를 잃으면 조만간 다른 하나도 위축된다. 신뢰와 엑스터시 사이의 극단적 불균형은 행복의 균형을 흔든다. 사실 많은 부부들이 엑스터시 없는 신뢰 관계에 있다. 엑스터시의 요소들은 소진되고 잊혔으며, 새로워지지 않았다. 육체적으로 서로를 위로하는 능력이 위축되었기 때문에 신뢰도 대수롭지 않은 일상적 습관이 되고 만다. 전통적인 부르주아적 결혼은 남성과 여성에 대한 이중 도덕으로 인해 혼외 관계에서만 엑스터시 ― 도대체 그러한 것이 있다고 한다면 ― 를 느낄 수 있게 되었다. 이로 인해 신뢰가 전적으로 파괴되었다. 다른 한편으로 성적 소비주의의 세계에서 엑스터시는 계량화된 오르가슴의 수행 원칙에 따라 평가된다. 이 경우 신뢰의 차원은 제대로 발전되지 못하거나 무시된다. 이렇게 되면 파트너 교환이 불가피해지며, 시간의 흐름에 따라 성숙과 감정적인 깊이에까지 도달하게 되는 관계 대신 순간적인 쾌락을 추구하게 된다.

　우리가 서로를 신뢰하면 신뢰할수록 역할을 바꾸기가 쉬워지며, 다양한 태도로 상대방을 만날 수 있다. 서로 위로하고, 서로에게서 배울 수 있으며, 상대방을 도울 수 있고, 함께 웃고 울며 기도할 수 있다. 이 모든 것은 진정한 상호성 안에서 이루어지며, 이 상호성은 약한 파트너가 착취당하는 성적 위계 상황과는 근본적으로 다르다. 그러한 성적 위계 상황은 노동 세계와 노동 세계의 위계적 억압 구조에 따라 관계 구조가 형성되었기 때문에 약한 파트너가 착취당한다. 지속적으로 유지되는 관계 안에서 우리는 엑스터시와 신뢰라는 양극 사이에서 움직인다. 자주 한쪽 극난에, 또는 다른 쪽 극단에 가까워지지만, 우리는 항상 이러한 양극성을 의식하고 있다. 사랑의 삶의 이러한 기본적 차원들은 하느님에 대한 우리 사랑의 표현이자, 삶의 원초적 토대와 우리 자신과의 연관성에 대한 표현이기도 하다. 엑스터시와 신뢰 둘 다 하느님에 대한 관계의 본질에 속한다. 만일 둘 중 하나가 위축되면 그것은 조만간 나머지 하나에도 영향을 끼친다.

정통 그리스도교는 하느님에 대한 관계가 지니는 엑스터시의 차원을 포기하고, 신뢰만으로 적합한 종교적 형태를 제한하는 위험성을 지니고 있다. 그러나 이와 정반대로 위대한 성자들은 엑스터시의 불꽃을 생생하게 유지했으며, 피조 세계 안에서 하느님을 찬양하는 우리의 능력을 삶의 엑스터시에 참여하는 것으로 이해했다. 제도화된 종교, 특히 북반구 백인들의 종교는 많은 경우 엑스터시의 불꽃들을 모두 예배에서 몰아내 버렸다. 백인 남자 대부분은 그러한 불꽃을 전혀 원하지 않았다. 나는 미국 흑인들의 예배에 참석한 적이 있는데, 그 경험은 합리주의적 종교 전통 출신인 나의 종교적 욕구들을 발견하는 데 도움이 되었다. 흑인들의 교회에서 나는 더 많은 엑스터시를 경험할 수 있었고, 그 때문에 하느님을 더욱 신뢰할 수 있었다. 나는 몇몇 백인 친구들과 함께 할렘의 예배를 마치고 나와서 어떻게 했는지 지금도 기억한다. 우리는 길거리에 서서 "내 마음속에 타오르는 불길을 보라…"라는 찬송을 계속 흥얼거렸고 그것을 쉽게 멈출 수 없었다.

아마도 종교가 없는 독자들은 어째서 내가 성적 엑스터시와 신뢰를 종교와 관련시키는지 의아해할 것이다. 사랑에 대해 말하면서 반드시 신에 대해 말할 수밖에 없는 것인가? 성적인 논의 자체만으로 충분하지 않은가? 신이 활동하면 인간의 성 경험이 더욱 풍부해지는가? 하느님에 대한 우리의 신뢰는 더욱 무조건적이 되는가? 모든 엑스터시의 근원과 관련될 때 우리의 엑스터시는 더욱 강렬해지는가? 성적 사랑을 주고받는 것을 성사라고 부른다면 어떠한 차이가 생기는가?

이 질문들에 답하기 위해 앨리스 워커의 소설 『더 컬러 퍼플』을 한 번 더 인용하겠다. 셔그가 친구 셀리에게 자신의 하느님상이 어떻게 변했는지 이야기하는 장면이다.[75]

"늙은 백인 남자라고 생각하다가 다음에는 (하느님을) 나무라고 생각하게 되었지. 다음에는 공기, 그리고 다음에는 새라고 생각했어. 또 그다음에는 다른 사람들이라고 생각했어. 그런데 어느 날 조용히 앉아 있자니까 마치 내가 엄마 없는 아이 같다고 느꼈어. 그게 바로 나라고 말이야. 그때 갑자기 내가 혼자 떨어져 있는 게 아니라 모든 것의 한 부분이라는 느낌이 들기 시작했지. 내가 만일 나무 한 그루를 넘어뜨리면 내 팔에서도 피가 난다는 것을 알았어. 그리고 나는 웃다 울다 온 집안을 뛰어다녔어. 나는 그것이 무엇인지를 똑똑히 알았어. 아, 정말로 그것이 나타나면 너는 결코 그것을 그냥 가게 놓아둘 수 없을 거야. 넌 이미 그게 뭔지 알 거야." 그녀는 말하고 나서 이를 드러내며 웃었다. 그리고 나의 넓적다리를 만졌다.

"셔그!" 내가 말했다.

"아!" 그녀가 말했다. "하느님은 모든 감정을 느낄 수 있어. 그건 하느님이 만든 것 중에서 최고야. 하느님이 그걸 할 수 있다는 걸 네가 알면 너도 거기에 훨씬 더 재미를 느끼게 될 거야. 그러면 너도 쉽게 발산할 수 있게 되고 흘러가는 대로 흐를 수 있을 거야. 그리고 네가 할 수 있는 것을 해서 하느님을 찬양하게 되지."

"하느님은 그걸 더럽다고 생각하시지 않을까?" 내가 물었다.

"아냐." 그녀가 대답했다. "하느님이 그걸 만드셨어."

이것은 성과 종교에 대한 신비로운 글이다. "하느님이 그걸 — 다시 말해 우리의 모든 성적 감정들과 엑스터시와 신뢰를 — 만드셨어." 이 말을 이해하는 것은 우리 자신을 성적인 존재로 받아들이고 긍정하는 것을 의미한다. 그러면 성은 어딘지 부정하고 하찮은 것이라는 의심이 사라진다. 우리는 방어를 포기하고 자신을 열 수 있게 된다. 셸리와 셔그의 대화는 성적 경험 안에 존재하는 종교적 경험의 핵심을 건드린다. 종교와 성은 둘 다 우리와 세계 사이의 심연을 연결시켜 주므로 (우리를) 구원한다! 우리는 자신이 "모든 것의 한 부분"임을 깨닫게 되며, 생명의 신비와 하나임을 경험하게 된다. 성과 관련해서 하느님에 대해 말할 때 우리 안에서 작용하는 사랑을 깨닫게 될 것이다. "우리는 그분 안에서 살고 움직이며 존재합니다"(사도 17,28). "하느님 안에 있다"는 표현은 우리가 자신을 능동적이면서 동시에 수동적으로 경험하는 것을 의미한다. 우리가 살지만, 동시에 삶이 우리를 계속 전진시킨다. 우리 스스로 앞을 향해 전진하지만 삶의 그물망 안으로 끌어당겨지기도 한다. 우리는 창조되었으며 동시에 스스로 창조한다.

13
통전성과 연대성

정치경제 분야에서 세 가지 관점, 곧 보수주의, 자유주의, 급진주의를 구분할 수 있듯이, 인간의 성에 대해서도 세 가지 관점을 구분할 수 있다. 성적 보수주의자들은 이른바 생물학적으로 규정된 성역할을 완강하게 고수한다. 그들은 인간, 특히 여성의 영적·성적 곤경을 진지하게 받아들여 해결하려는 노력을 하지 않는다. 이들은 쾌락과 재생산의 '자연적' 일치를 주장하는데, 그것은 대대적인 사회적 억압을 통해서만 유지될 수 있다. 그러나 억압은 어떠한 변화도 가져올 수 없고, 희생자들의 고통을 가중시킬 뿐이다. 예를 들어 성교육과 산아제한에 대한 보수주의자들의 반대는 낙태율을 감소시키는 것이 아니라 여성들의 생명을 위협한다. 동성애자들에 대한 노골적인 차별은 동성애를 종식시키기는커녕 남성 동성애자들 사이에서 더 자주 파트너를 바꾸게 만든다. 사회적 억압으로 인해 이들이 장기간에 걸쳐 통전적인 관계를 맺을 수 있는 기회가 줄어들기 때문이다. 성에 대한 보수적 입장은 확실히 별 도움이 되지 않는다.

성에 대한 자유주의적 관점은 혼전·혼외 성교와 이혼, 동성애, 낙태 등을 상당한 정도로 수용하는데, 이 관점은 지난 십여 년 동안 사회적 관용을 더욱 많이 불러일으키는 데 기여했다. 성적 자기실현을 위한 자유 공간을 완전히 확보하지는 못했더라도 적어도 두드러지게 확대시킨 공로는 이론의 여지 없이 자유주의의 업적으로 돌려야 할 것이다. 자유주의는 평등하고 자율적인 성관계를 옹호하지만, 편협한 성 이해로 인해 자유주의 성 윤리에는 한계가 있다. 자유주의는 윤리적으로 성을 오로지 자유로운 개인들의 사적 계약으로 보았다. 이 때문에 자유주의적 성 이해는 성적 자유를 주장하면서도 관계들의 사회적·경제적 맥락을 고려하지 못하는 경향이 있다. 이처럼 성적 자유와 여타의 자유를 분리함으로써 성적 억압과 사회적 불평등에 반대해서 기계적 관계들을 총체적으로 바꾸고자 하는 사람들의 더 큰 희망은 배반당하게 되었다.

1960년대 신좌파 학생운동의 최전선에 있는 지도자들은 사회혁명과 성의 혁명을 동시에 요구했다. "전쟁이 아니라 사랑을!"이 중요한 슬로건이었다. 근래에 재발견된 사상가인 빌헬름 라이히는 1920년대에 "성-정치"(Sex-Pol) 운동을 꿈꾸었다. 그에 따르면 "오르가슴의 잠재력" 또는 성행위에 자신을 온전히 내어 줄 수 있는 능력은 진정한 정치적 자유를 위한 투쟁과 결합되어야 한다.[76] 1960년대의 성 혁명은 서구 산업국가들의 도덕적 변화에 적지 않은 영향력을 끼쳤음에도, 하나의 새로운 사회질서에 대한 광범위한 희망은 실현되지 않았다. 성적 자유는 많은 사람들이 생각했던 것처럼 더욱 큰 정치적 자유로 이끌지 못했다. 성적으로 해방되었다고 생각했던 많은 사람들이 불안과 죄의식에서 부분적으로 해방되었지만, 사랑할 수 없게 만드는 불의한 사회구조를 타파하기 위해 노력하는 데까지 이르지는 못했다. 금지로부터의 해방은 있었어도 정의롭고 자유로운 세계를 향한 해방은 없었다.

동시에 성적 저항운동은 급속도로 그 혁명적 예리함을 상실했다. 새로운 성적 자유는 쉽게 상업에 흡수되었고 값싼 흥정거리가 되었기 때문이다. 성 해방 운동의 근본 목적이 전도되었다는 사실은 인간의 성을 단지 생식기의 정복으로만 묘사하는 대중적인 섹스 문고에서부터 『플레이보이』지에 이르는 일련의 책이나 잡지가 등장한 데서도 알 수 있다. 그러한 잡문들은 남자가 '성공적으로' 여자에게 접근하고자 할 때 가령 다음과 같은 철학을 갖도록 부추긴다. "우리는 일차적으로 삶에서 특이하고도 놀라운 무언가에 도달하기 위해서, 또는 다른 사람들을 돕거나 세계의 흐름을 변화시키기 위해서 존재하는 것이 아니다. 우리는 이런저런 방법으로 재미있게 즐기기 위해서 산다."[77]

내가 앞에서 인간 성의 자기초월적 요소라 불렀던 것은 그러한 이해에서는 전혀 나타나지 않는다. 섹스는 일종의 업무일 따름이며, 향락이라는 계명만 있을 뿐이다. 번지르르한 냉소주의 역시 당연히 성의 상업화에 기여한다. 성은 일상의 상품이 되어 다른 모든 상품처럼 살 수 있고, 계량화할 수 있고, 교환 가능해야 한다. 성을 사적인 것으로 보는 자유주의적 성 관념은 이러한 종류의 냉소주의와 상업화에 대해 무력했다. 그것은 여러 세대에 걸쳐 유효했던 성 윤리 규범들의 붕괴에 직면해서 보수주의가 무력했던 것 못지않게 무력했다.

성에 대한 급진적 관점은 보수주의와도, 자유주의와도 구별된다. 급진적 성 이해는 억압이나 관용의 문제를 넘어서며, 공동체와 관련해서 성적 관계성을 보려고 한다. 이러한 해방신학적 관점에서 보면 상호성은 특정한 성적 행동에 대해 성인들 간에 이루어지는 상호적 동의 이상을 의미한다. 이 상호성은 현 사회에서 위계질서의 정점에 있는 백인 남성 이성애자들의 특권을 보장하기 위해 반드시 필요한 확고한 성적 담합을 무너뜨리기 위한 길이다. 과거의 성적 태도들을 복구하려는 보수주의의 노력도, 성을 사적인 것으로 보는 자유주의의 주장도 우리를 더 나아가게 하지 못한다. 지금 필요한 것은 성적 경험을 삶의 다른 영역들과 관련시키고 궁극적으로는 신체성, 공동체성, 그리고 전 우주를 사랑의 위대한 비전 속으로 통합하는 일이다.

그러므로 앞 장에서 다룬 성의 두 가지 본질적 요소, 즉 엑스터시와 신뢰만으로는 충분하지 않다. 우리는 사랑의 또 다른 두 차원을 이해하기 위해 배타적인 나-너 관계를 넘어서야 한다. 통전성과 연대성이라는 사랑의 또 다른 두 차원은 의미와 공동체성에 대한 우리의 추구를 완성시켜 줄 것이다. 사랑의 이 네 차원, 즉 엑스터시와 신뢰, 통전성과 연대성은 서로 연관되어 있으며, 어느 하나도 독자적으로 존재하거나 다른 요소를 희생시키면서 혼자 지배할 수 없다. 만일 그렇게 되면 우리의 관계 형성 능력과 초월 능력이 손상을 입을 것이다.

만일 인간의 성을 인간이 되려는 필생의 도전에서 분리한다면, 우

사랑의 네 차원

통전성
사랑은 전체가 되는 것, 다차원적이 되는 것을 의미하며,
우리의 신체적 · 심리적 · 지적 · 심미적 · 정서적 · 영적 능력들의 통합
을 의미한다.

신뢰
사랑은 고향을 가지는 것,
위로와 신뢰받는 것을 의미하며,
퇴행적 충동을 가지고
상처받을 수 있는 것을 의미한다.

엑스터시
사랑은 자기 자신을 비우고
삶에 기쁨을 느끼는 것을 의미하며,
상호성과 진취적인 욕구,
자기초월을 의미한다.

연대성
사랑은 인식이다.
사랑과 정의는 분리되지 않는다.
사적인 것과 공적인 것으로 분리되지 않는다.
삶 전체와 연관된다.
에로스/아가페의 정치적 측면이다.

리는 성을 제대로 이해할 수 없게 된다. 타인과의 연합과 의미에 대한
추구는 우리의 신체적 충동들과 타인에 대한 의존성에 뿌리를 두고
있다. 충동들과 욕구들, 의미 추구 사이의 관계는 종교적 언어 중에서

도 성사 개념을 통해 가장 잘 기술할 수 있다. 성은 일종의 성사며, 육체라는 요소를 통해 은총이 나타나는 것이다. 전통 신학에 따르면 하느님의 말씀이 자연적 요소, 예를 들어 만찬 때의 빵이라는 요소와 결합될 때 성사가 수행된다. 인간의 노동의 열매인 빵은 하느님의 은총의 상징이다. 그러나 그것의 성사적 성격은 해석하고 의미를 제공하는 말씀과 결합될 때만 나타난다. 성만찬 때 "이것은 너희를 위한 나의 몸이다"라는 그리스도의 말씀이 반복되면서 말씀과 물질이 결합하여 그리스도의 몸의 성사적 현존이 이루어지는 것이다. 이와 비슷하게 인간의 성 역시 사랑의 말씀이 육체라는 요소 안으로 들어와서 그것을 해석하는 성사적 현실이 될 수 있다. 그렇다면 성행위는 하느님의 은총의 표징이 된다.

유감스럽게도 우리는 이처럼 소박한 그리스도교적 인식들에서 멀어졌다. 그리스도교는 '사랑'이라는 말의 의미에 대해 광범위한 혼란이 일어나고 인간의 성에 대해 오해가 생긴 것과 관련하여 적잖은 책임이 있다. 고대 그리스인들은 사랑에 대해 일반적으로 말하지 않고 다양한 표현 형태에 따라 구별해서 인식했다. 에피튀미아*epithymia*라는 말로 그들은 성적 긴장 완화에 대한 생물학적 욕구를 나타냈으며, 에로스*eros*는 사랑받는 존재를 향한 강한 열망을 의미했고, 필리아*philia*는 상호성이나 우정을 의미했다. 원시 그리스도교는 그리스도인들 사이의 상호귀속감, 즉 이교적인 주변 세계의 문화와는 여러 가지 점에서 다른 공동체성을 나타낼 적절한 표현을 찾는 과정에서 고전 그리스어에서 거의 사용되지 않던 아가페*agape*라는 말을 선택했다.

이 말은 사랑을 나타내는 가장 중요한 그리스도교적 표현이 되었다. 요한 1서 4장 8절에 따르면 하느님은 아가페다. 다시 말해 이타적이며 거저 주어지고 결코 소유하거나 강요하지 않는 사랑의 힘이다. 이러한 다양한 그리스어 단어들은 상이하지만 상호보완적 관계에 있는 사랑의 차원들을 이해하는 데 유용하다. 나를 가르쳤던 신학 교수들은 대부분 — 정통주의자건, 신정통주의자건, 자유주의자건 상관없이 — 인간적 사랑에 '불과한' 에로스와 신적 사랑인 아가페를 완전히 별개의 것으로 구별했다. 안데르스 나이그렌Anders Nygren은 『아가페와 에로스』(1930)에서 본성상 소유하려 들고 자기중심적인 에로스적 열정과 신적인 열정을 철저하게 구분했다. 나이그렌에 따르면 하느님의 아가페는 전적으로 자발적이며, 인간이 불러올 수 없다. 하느님이 허락한 것 외에 인간에게는 어떠한 독자적 가치도 없다. 하느님의 사랑은 그가 사랑하는 대상의 가치를 창조하며, 그 대상은 그 자체로서는 아무 가치도 없다. 나이그렌의 이러한 입장은 하느님의 전적인 타자성을 강조하는 신정통주의와 일치하며, 이로 인해 그는 아가페와 에로스를 엄격히 분리하게 되었다. 그리고 그렇게 분리함으로써 그는 성적 사랑을 평가절하하고, 신적 사랑의 능력과 인간적 사랑의 능력 사이에 가로놓인 심연을 더욱 확대했다.

그리스도교 전통은 에로스를 인간화하는 대신 에로스와 아가페를 분리함으로써 충동을 동물적인 것으로 보고 사실상 짐승 같은 것으로 만들어 버렸다. 그리스도교는 사랑의 다양한 표현 양태를 통전시키는 대신 사랑의 능력을 파편화했으며, 위계질서 안에 집어넣었다. 이른바 육체적 욕망을 우리 자신과 하느님을 인식하는 길로 이해하시 않고 배척했다. 그리스도교는 성을 적대시함으로 인해 무조건적인 것을 향한 우리의 욕구를 배반했다. 억압적인 그리스도교 전통은 우리 가운데서 하느님의 현존에 대한 표징으로서 성을 찬미하는 대신, 은총의 신체적 상징으로서 성이 지니는 성사적 특성을 파괴했다.

성에 대한 적대 의식과 성적 억압은 단순히 우리의 육체성을 긍정하지 못하게 하고, 성적 피조물로서 우리의 현존을 기뻐하지 못하게 하는 것만이 아니다. 이러한 억압적 유산이 미치는 최악의 영향은 아마도 영적·사회적 통전성에 대한 인간의 소망을 말살하고 성과 사랑의 통합을 불가능한 것으로 보이게 한다는 데 있을 것이다. 그리스도교적 사랑을 찬미하는 것과 동시에 그것의 가장 기본적이고 불가항력적인 표현을 정죄하는 것 사이에는 커다란 모순이 존재한다. 우리를 통전성으로 이끌어 주고 자유롭게 하며, 우리의 모든 능력과 가능성들을 발전시켜 사랑과 동일한 형상이 되도록 촉구하는 것은 성적 사랑이기 때문이다. 정신적·심미적 영역이든, 정치적 영역이든 우리 삶의 기본 영역들을 통합하지 못하는 사랑의 관계는 타인에게 전적으로 헌신할 수 있는 우리의 능력을 위축시킨다. 그리고 공동의 토대가 위축된다면 — 혹은 항상 그렇다면 — 관계도 위축된다. 나의 학창 시절 짧았던 만남이 생각난다. 그때 나는 나의 파트너가 혹시라도 쓸데없는 이야기를 꺼내면 어떻게 하나 하는 두려움을 항상 느끼고 있었다. 나는 그가 부끄러워 죽을 지경이었다. 처음에 나는 지나치게 요구가 많고 남을 잘 믿지 못한다고 스스로를 나무랐다. 그러나 결국 나의 지적이고 정서적인 발전을 파트너의 수준에 맞출 수 없다는 것이 분명해졌다. 결국 다른 한 사람을 위해 내가 누구인지를 잊어서도 안 되고 잊을 수도 없다는 것을 깨달았을 때 나는 그 관계를 포기했다.

사랑은 필연적으로 다차원적이다. 사랑은 통전성을 갈망하기 때문에 부분적 일치만으로는 만족하지 않는다. 통전성에 대한 이러한 갈망은 시간성 위에서 펼쳐진다. 사랑은 과거와 현재, 미래를 함께 결합시킨다. 사랑하는 사람들은 그들의 과거를 이야기하고, 어린 시절의 경험들을 서로 나누며, 지금까지 각자 따로 떨어져 있었던 삶의 이야기들을 서로 연결시켜 놓을 필요를 느낀다. 그들은 함께 과거를 찾아가는 길 위에서 미래를 약속한다. 과거와 미래를 지워 없애고 과거에 대한 회상과 미래에 대한 꿈을 망각하는 사랑의 관계는 시간 안에 있는 우리의 존재를 조각내 버리고 사랑을 순전히 현재에만 몰두하는 환상 속으로의 도피로 만들어 버릴 것이다.

통전적이 되려는 소망이 없다면 엑스터시와 신뢰도 발전하지 못한다. 이런 주장은 많은 여성 독자들에게 지나치게 이상적인 것으로, 결코 실현될 수 없는 낭만적인 꿈 같은 이야기로 들릴지 모른다. 어떠한 개별적 존재도 우리의 모든 욕구들을 충족시켜 줄 수는 없기 때문이다. 물론 이 말은 맞지만, 최대한 삶의 많은 측면들을 통합하려는 우리의 욕구를 반박하지는 못한다. 관계성 안에서 통전성을 지닌다는 것은 너만 있으면 되고, 너 외에 아무도, 아무것도 필요하지 않다는 뜻이 아니다! 그 같은 관계는 실은 신경증적인 의존관계다. 관계성 안에서의 통전성은 그런 것이 아니라 그때그때 우리의 욕구들을 함께 나누고 공동성 안에서 우리의 정체성을 부정하는 것이 아니라 보다 강화하는 것을 의미한다. 만일 우리가 실제 우리 자신을 실현할 수 없다면, 그러한 관계 안에서는 통전성도 이루어질 수 없다. '완전한 사랑'은 두려움과 수치, 불신을 쫓아 버린다는 것이 사실이라면, 우리는 자신을 실제보다 작은 인간으로 만들어서도 안 되며, 전체만 못한 것으로 우리 자신을 달래서도 안 된다.

짧은 기간의 우연한 일회성 관계는 자유로운 동의에 근거한다는 점에서 스스로 선택한 것이라 해도 통전성에 대한 욕구를 손상시킨다. 때로 대단히 합리적으로 상대방에게 아무 요구도 하지 않는 경우가 있는데, 이것은 아무도 '어렵게' 만들지는 않지만, 통전성을 파괴할수 있다. 비록 당신이 — 나는 지금 내가 아는 젊은 여성들을 향해 말하고 있다 — 통전적인 성관계를 아직 경험하지 못했다 해도, 당신의 영혼 안에서 그것을 향한 소망을 잠재워서는 안 된다. 일차원적 관계에만 국한되는 상호 일치는 우리의 소망을 일그러뜨린다. 가령 현대적이고 합리적으로 행동하여 욕망의 대상에 대해 완전한 동의가 이루어지고 아무도 피해당하지 않는다 할지라도, 통전성과 상호성, 자기초월에 대한 우리의 욕구는 지속적으로 손상된다. 우리가 서로를 단순한 욕망의 대상으로 만들어 버릴 때 사랑의 성사적 성격은 상실되고 만다. 통전적 사랑에 대한 비전은 우리의 실제적 욕구들과 지속적으로 관련된다는 점에서 낭만적 환상과는 구별된다. 전체가 되려는 소망은 결코 거부될 수 없다. 그것은 우리의 근원적 자아를 찬양하기 위한 것이기 때문이다. 이러한 소망을 억압한다면 커다란 소외감과 공허감이 엄습할 것이다. 만일 우리 현존의 깊은 차원이 움직여지지 않은 채 그대로 있다면, 우리의 성적인 삶도 기계적이고 기능적으로 되어 버릴 것이며, 우리는 메말라 버릴 것이다.

　우리가 물려받은 종교적 유산의 억압적 성격과 대조적으로 좌절하고 절망하더라도 통전성을 믿으라고 가르쳐 주는 해방적 전통이 있다. 확실히 "하느님은 우리 마음보다 더 크시다"(1요한 3,20). 그리고 우리는 사랑에 대한 우리의 비전이 우리가 이제까지 실현한 작은 부분보다 더 크다는 사실을 알 수 있다. 유다교와 그리스도교 전통은 사랑과 인식의 상호 관련성에 근거해 있으며, 그것은 통전성에 대한 우리의 욕구를 확증해 준다. 구약성경에서 '알다'라는 동사는 두 가지 의미를 지닌다. 하나는 지각, 즉 이해와 관련되고, 다른 하나는 성교와 관련된다. 창세기 4장 1절에는 다음과 같은 말이 나온다. "사람이 자기 아내 하와를 아니(하와와 잠자리를 같이하니), 그 여자가 임신하여 카인을 낳았다." '알다'라는 말의 이러한 고대적 용법은 그동안 잊었던 사랑의 한 부분, 즉 사랑의 인지 능력을 드러내 준다. 이러한 의미를 성적인 영역에 적용시켜 보면 누군가를 성적으로 안다는 것이 무엇을 의미하는지 분명해진다. 그것은 타인을 실제적으로 인지하는 것이며, 그 또는 그녀가 누구인지를 의식하는 것이고, 사랑받는 사람을 그의 모든 다양성 안에서 경험하는 것을 의미한다. 사랑 자체가 인지 능력을 지닌다. 이에 반해 추상적인 성은 인식과 사랑을 분리시킨다.

　아우구스티누스는 인간은 자신이 사랑하는 것만을 실제로 인식한다고 말했다. 에로스가 없으면 진정한 로고스도 없다. 통전성을 추구하는 각 사람에게 에로틱한 충동은 인지적인 것이기도 하다. 성은 파트너와 우리 자신, 그리고 우리가 사는 공동체와 세계를 인식하는 한 방법이다. 정신은 욕망과 그것의 신체적 충족을 떠나서 발전하는 것이 아니다. 성적 호기심과 지적 호기심은 서로 병행한다. 우리들의 신체적·영적 추구는 만일 다른 사람을 깊이 인식하려는 욕구에서 분리된다면 피폐해지고 말 것이다. 그리고 만일 우리의 인식능력이 열정을 잃고 사회 현실과의 관계를 상실한다면, 그러한 인식능력도 약해지고 말 것이다. 많이 아는 것은 많이 사랑하는 것을 의미하며, 많이 사랑하는 것은 많이 아는 것을 의미한다. 인식은 소유가 아니라 공동성을 목표로 한다. 참된 인식은, 타인에 대한 인식이든 자기 인식이든, 아니면 하느님에 대한 인식이든 어떠한 경우에도 소유하고 지배하거나 억압하지 않는다. 오히려 그것은 소통의 수단이다. 우리는 우리가 누구인지 알린다. 인식하는 것과 자신을 인식하게 하는 것은 상호적인 사랑 안에서는 단일한 행위다.

앞에서도 말했듯이, 많은 사람들이 통전적 성관계에 대한 나의 비전이 별 가망성이 없는 이상적인 것이라 생각하여 포기할 것이다. 성적인 관계에서 통전성을 요구하는 것은 지나치다는 견해가 오늘날 만연해 있다. 나는 모든 연령층의 성인들에게서 실망과 성적인 절망감에 대한 이야기를 끊임없이 들어 왔다. 이 때문에 인격의 지속적 발전이나 우주적 합일에 대한 종교적 경험, 또는 정의와 평화를 위한 사회적 참여와 반드시 관련되지 않는 육체적 충족이나 신뢰로 만족하는 것이 낫다고 한다. 남자든 여자든 이러한 견해를 말하는 것을 들으면 나는 슬퍼진다. 그것은 자신을 파괴하는 것을 용인하는 것이며, 우리에게 아무 동경도 남아 있지 않다는 데 동의하는 것이고, 어중간한 입장에 영합하는 것이면서 동시에 자신의 성실성을 포기하는 것이기 때문이다.

그러나 이보다 더욱 나를 화나게 하는 것은 여성들이 사랑에 대한 통전적 이해를 반대할 때다. 불의하고 내적으로 공허한 지배 구조를 바꾸려는 나의 희망은 남성들보다는 여성들에게 근거하고 있기 때문이다. 바로 우리 여성들의 사회·경제적 불이익 때문에 발터 벤야민의 다음과 같은 말이 타당하다. "오직 희망 없는 상황 때문에 우리에게는 희망이 주어졌다."[78] 나는 여성들이 객관적으로 희망 없는 상황 속에서 희망을 포기할 수도 있다는 두려움을 자주 느꼈다. 성적 특권에서의 불평등을 극복하고, 여성은 "성적 쾌락을 향유하는 데 있어서 남성만큼 자유롭지 못하다"[79]는 이중 도덕을 지양하려는 시도 속에는 가부장적 행태를 근본적으로 변화시키기보다는 간단히 역전시키고자 하는 위험성이 있다. 지금까지의 역사에서 애정과 욕정을 분리하고 신체적 사랑의 능력을 정서적이고 영적인 사랑의 능력에서 분리한 것은 남성들이 특권을 누리기 위한 것이었다. 그들만이 성을 아무 구속력이 없는 것으로 보고 사랑의 행위를 부수적인 것으로 만들며, 여성들을 통제와 강제력 아래 둘 수 있는 특권을 누렸다. 그러나 우리 여성들도 그들을 따라 하려고 하는가? 남성 지배 체제의 근저에 깔려 있는 육체와 정신의 분리, 정서적 빈곤과 인간 가치의 하락을 말이다. 오히려 우리는 희망이 없기 때문에 더 큰 희망을 가져야 하지 않는가?

나는 아직 통전성을 포기할 마음이 없다. 나는 서구 역사 속에서 여성의 사회화는 여성들이 계속해서 성적으로 침묵하고, 따라서 여성들 대부분이 자연스럽고 자발적인 성애를 요구하지 못하게 하는 방향으로 이루어져 왔다고 생각한다. 그러나 우리가 물려받은 불이익 속에는 독특한 기회가 있다. 여성으로서 우리는 바로 그러한 방식의 사회화로 인해 대부분의 남성들과는 반대로 관계성 안에서 우리의 모든 감정들을 통합하기 위해 열심히 노력하라는 요구를 받고 있다. 흔히 남성들은 부분적인 관계만으로도 잘 살아갈 수 있는 반면, 여성들은 통전성이 결여된 관계일 경우 그것을 더 깊이 느끼는 것 같다. 이것은 우리 여성들이 통전성에 마음이 더 끌린다는 것을 의미한다. 우리는 이러한 상처받기 쉬운 측면을 스스로 외면해야 하는가? 오히려 나는 일종의 엑스터시를 향해, 즉 통전성 없이는 결코 경험할 수 없는 엑스터시를 향해 부르는 낮은 목소리에 귀를 기울이고 싶다.

내가 아주 어릴 때 저명한 한 지식인과 만났던 일이 생각난다. 사람들은 항상 이 남자에 대해 존경심 가득한 어투로 내게 이야기했다. 그러나 그를 직접 만났을 때 그에 대한 나의 환상은 금방 깨졌다. 그가 자신의 여성 수행원이었던 19세의 금발 여인에 대해 자랑을 늘어놓았기 때문이었는데, 그녀는 내 친구들 사이에서 천박하고 저급하다는 평이 나 있었다. 두 사람의 관계를 알았을 때의 충격을 지금도 잊을 수 없다. 후에 나는 어머니에게 내가 알게 된 것에 관해 이야기했다. 어머니는 그와 같이 순전히 성적인 관계는 많이 있으며, 그들은 아주 정상적인 셈이라고 말했다. 나는 이해할 수 없었다. 나는 이 유명한 남자가 젊은 여자를 이용하고 있다고 느꼈으며, 그 두 사람은, 당시에는 내가 뭐라고 불러야 하는지 몰랐지만 지금은 통전적인 사랑이라고 부르게 된 그 무언가를 그르치고 있다고 느꼈다.

이러한 통전성의 흔적들은 존재하는가? 어디서 그것을 볼 수 있는가?

그리스도교 전통 속에서 그러한 흔적들을 찾는 도중에 무엇보다도 나의 마음을 사로잡은 것은 아가雅歌였다. 이것은 한 젊은 남녀 사이의 사랑과 갈망, 엑스터시 그리고 사랑의 상실과 회복을 찬미하고 있다. "사랑은 죽음처럼 강하다"라는 말은 사랑이 죽음과 마찬가지로 우리 전 존재를 적중한다는 것을 의미한다. 이 시에서는 결코 고정된 성 역할이나 행동들을 전제하고 판에 박은 듯이 기술하지 않았다. 젊은 여인은 자주 주도적으로 행동한다. 그녀는 내적 확신과 평온한 자의식을 담은 어조로 상대방을 이끌며, 이렇게 말한다.

사랑은 죽음처럼 강하고
정열은 저승처럼 억센 것.
그 열기는 불의 열기, 더할 나위 없이 격렬한 불길이랍니다.
큰 물도 사랑을 끌 수 없고
강물도 휩쓸어 가지 못한답니다(아가 8,6-7).

아가는 결혼이나 그에 비견할 만한 사회제도에 대해 말하지 않는다. 재생산에 대해서도, 가족에 대해서도 관심을 기울이지 않는다. 아가는 인간의 성 안에서 창조가 완성되는 것을 찬미하는 노래다.

에덴동산처럼 이 사랑의 동산에도 인간이 마실 수 있는 샘과 시내가 있다. 차이점은 오직 사랑하는 사람들이 동산의 "맛깔스러운 과일들"(아가 4,16)을 먹도록 서로를 초대할 수 있다는 것이다. 어기면 죽음의 형벌을 받게 되리라고 위협하는 금령도 없으며, 순종과 불순종에 관해서도 전혀 말하지 않는다. 아가는 타락 설화의 도피전승(창세 3장)과 뚜렷한 대조를 이룬다. 아가의 동산에서는 노동과 사랑놀이가 한데 어우러진다.

> 나의 연인은 자기 정원으로,
> 발삼 꽃밭으로 내려갔어요.
> 정원에서 양을 치며
> 나리꽃을 따려고 내려갔어요.
> 나는 내 연인의 것, 내 연인은 나의 것.
> 그이는 나리꽃 사이에서 양을 친답니다(아가 6,2-3).

아가는 식물과 동물, 남자와 여자 모두 동산 안에 넘치는 기쁨과 풍요, 삶의 충만에 참여하는 것으로 기술하고 있다.

완성된 관계는 또 하나의 차원을 지니는데, 그것은 살아 있는 모든 것들과 우리와의 연대성을 표현하는 차원이다. 나는 이 네 번째 차원을 무어라고 불러야 할지 오랫동안 망설였다. 하나 됨이나 관계성, 관련성 같은 말들도 생각해 보았으며, 거룩한 도시에 대한 성경의 표상도 생각해 보았다. 나는 노예들이 자유롭게 다니는 새로운 도시, 예루살렘에 대한 표상을 떠나서 사랑을 쉽게 상상할 수 없다. 성에 대한 우리의 성찰도 도시(polis)에 대한 비전 없이는 불완전하다. 결국 나는 성의 이러한 사회·정치적 차원에 '연대성'이라는 이름을 붙이기로 했다. 이것은 그리스도교 전통에서 '사랑'이라는 말이 뜻하는 바를 지칭하기 위해 19세기 노동운동이 사용한 표현이다. 20세기 말에 연대성에 대해 말했던 사람은 동일한 이름을 가졌던 폴란드 노조를 떠올리지 않을 수 없었을 것이다. 여기서 나는 그것을 의도적으로 떠올리고자 한다. 우리 시대의 위대한 자유를 위한 투쟁을 결코 망각 속에 흘려보내고 싶지 않기 때문이다.

진정한 에로틱한 사랑은 사랑하는 사람들이 타인들을 위해서도 마음과 감성을 열게 한다. 이것은 케케묵은 말로 들릴지도 모른다. 그러나 나는 그리스도교가 에로스와 아가페를 지나치게 구분함으로써 우리가 사랑의 포괄적인 실체를 보지 못하게 된 것이 걱정스럽다. 많이 사랑하는 것은 많이 아는 것을 의미한다. 우리의 파트너뿐만 아니라 모든 인류 가족까지 말이다. 아가페 없이 에로스 없고, 에로스 없이 아가페 없다. 성적인 존재로서 인간의 관계성의 의미를 섹스 파트너의 교체에 국한해서 이해하고자 하는 것은 피상적이다.

바로 이러한 피상성이 확실히 우리 문화를 지배하고 있다. 당신과 나 둘이서 적대적인 세상에서 도망쳐 나와 아름답고 목가적인 무인도에서 산다는 식의 진부한 신화는 성적 도피주의의 한 형태며, 그것은 우리가 살고 있는 세계와 하나가 되려는 우리의 더욱 큰 소망을 부정한다는 점에서 위험하다. 그러나 이러한 진부한 신화는 우리 문화에서 가장 지속적이고 영향력 있는 신화들 중 하나며, 영화나 광고, 그외 대중매체들에서 끊임없이 환기되고 있다. 누구나 두 사람만의 숨겨진 아름다운 도피처를 가지고 싶다는 욕망을 느끼기 때문에 그러한 신화는 반복된다. 그리고 행복의 섬에 대한 각자의 꿈이 서로 다르더라도 한 가지는 공통적이다. 즉, 그 꿈들은 우리의 근원적 삶이 노동하는 일상의 삶 속에서가 아니라 저 멀리 어딘가에서 실현된다는 생각을 담고 있다.

행복의 섬에 관한 이러한 신화는 대중매체들에 자주 등장해서 아름다운 연인 관계의 전형으로 우상화되기까지 했다. 백인 이성애자이며 유복한 한 쌍의 젊은 연인이 건강하고 멋진 모습으로 섬에 은둔한다. 그들은 자유롭고 아무것에도 얽매이지 않았다. 그들에게는 직업도 가족도, 다른 인간적 속박이나 의무도 없다. 세상 걱정과 무관한 그들의 자유는 선별된 표상들로 대중매체 속에 나타난다. 예를 들어, 광고에서 우리는 길게 펼쳐진 한적한 모래사장, 호화로운 요트, 하늘을 나는 새들을 보게 된다. 두 사람은 그들만을 위해 살며, 태양이 눈부시게 빛나는 세상을 둘이서만 나르시시즘적으로 누린다. 이와 반대로 일상생활은 틀에 박히고 지겹고 맥 빠지고 지루한 것으로 묘사된다. 이러한 일상생활을 뒤로하고 떠날 수 있는 모든 사람들에게 대중매체는 새로운 삶에 관한 신화를 약속한다.

행복의 섬에 관한 신화는 통전성에 대한 우리의 욕구를 이용한다. 그것은 때 묻지 않은 아름다운 자연 속에서 누리는 행복한 사랑을 그려 줌으로써 통전성에 대한 환상을 불러일으킨다. 그러나 현실의 가장 중요한 부분과 정치와 관련된 모든 것은 눈앞에서 가려진다. 이러한 비정치적인 꿈은 살아 있는 모든 것과 하나가 되려는 사랑의 경향을 왜곡한다. 그것은 우리를 다른 모든 것들에게서 떼어 놓는다. 만일 우리가 이런 거짓된 꿈을 꾼다면 세계의 나머지 모든 부분들에게서 사랑을 고립시키게 된다. 우리는 그저 세계에서 달아나고만 싶어지고, 탈세계성이 행복한 사랑을 위한 조건이 되는 것이다. 사랑은 삶이 우리에게 가져다준 모든 상실감과 상처에 대한 보상이 된다. 그러나 사랑은 결코 다른 어떤 것에 대한 보상이 될 수 없다. 또한 사랑은 폭풍우를 막아 주는 우리의 보호벽이 될 수도 없다. 반대로 참된 사랑은 우리의 방어적이고 변호적인 태도를 사라지게 한다. 사랑은 우리로 하여금 기꺼이 상처받을 수 있게 하며, 비방어적이 되게 한다. 사랑 안에서 우리가 경험하는 엑스터시는 우리로 하여금 다른 사람들이 당하는 폭력에 대해 더욱 민감하게 하며, 삶의 풍요로움을 박탈당한 사람들에게 더욱 주의를 기울이게 한다. 사랑은 우리에게 신뢰하라고 가르친다. 이것은 잘 믿지 못하는 우리의 습관을 버리는 것을 의미한다. 그렇기 때문에 우리는 가까운 우리 이웃들이 겪는 고독과 두려움, 자기혐오를 심각하게 받아들이기 시작한다. 우리는 사랑을 통해 통전성을 향해 나아가고자 하므로 이 땅의 권리를 박탈당한 사람들과 화해를 이루기를 원한다. 달리 말하자면 "사랑이 강할수록 혁명적 힘도 강해진다!" 또는 68운동의 또 다른 슬로건이 말하듯이 "나는 사랑을 하면 할수록 혁명을 하고 싶어진다!".

사랑은 정의와 분리될 수 없다. 사랑하려는 욕구와 정의를 실현하려는 욕구는 하나가 되어야 한다. 이 둘은 오늘날 사적 삶과 공적 삶의 분리를 얼마나 극복하느냐에 따라 서로 접근하게 될 것이다. 어린아이들은 그들의 신체가 은밀한 성감대와 나머지 무감각한 부분으로 나뉘어 있다고 느끼지 않는다. 이들에게서 우리는 우리의 감각 능력이 친밀한 친구끼리만 나누는 사적 감정들과 동료 인간들의 고통에 대해 무감각해지는 공적이고 합리적인 사귐으로 양분될 수 없다는 것을 배울 수 있다.

베르톨트 브레히트의 희곡『코카서스의 백묵원』의 한 장면이 내가 말하려는 바를 밝혀 줄 수 있을 것이다. 적의 침입 때문에 부엌데기 소녀 그루셰는 지사 관저의 다른 식솔들과 함께 피난해야 했다. 갑작스런 소동이었기 때문에 부유한 지사 부인은 자기 아이를 잊고 떠났다. 그루셰는 그 아이를 발견하고 버려둘 수 없었다. 지사의 상속자와 함께 있다가는 적의 기병대에게 살해당할 것이라는 하인들의 경고를 듣고 마음을 정하지 못하고 머뭇거릴 때, 가수의 노래가 들린다.

현관문과 성문 사이에 서 있을 때 그녀는 나지막한 소리를 들었네,
아니 들었다고 생각했네. 어린아이가
그녀를 불렀지, 흐느끼지 않고 또렷하게 말했지.
'여인아, 깨달아라. 도와달라는 소리를 듣지 않고
그냥 지나치며 귀를 막는 사람은
가장 사랑하는 이의 나지막한 소리도 듣지 못하고

동틀 무렵에 지빠귀 울음소리도

포도 따다 지친 이들이 기도문을 외면서

토해 내는 고운 한숨 소리도 듣지 못한다는 것을.'80

그루셰는 다른 이들과 함께 도망가지 않고 혼자 아이와 함께 길을 간다. 브레히트는 우리의 감정을 소수의 사람들을 위해서만 남겨 두고 나머지 사람들에게는 은폐하거나 억누를 수 없다는 것을 보여 준다. 그가 말하는 "선善을 향한 이끌림"은 선택적 원칙이 아니다.

곤궁한 사람들의 외침에 귀를 막을 때 우리는 아가페와 자비만이 아니라 에로스까지 죽이게 된다. "그는 가장 사랑하는 이의 나지막한 소리도 듣지 못한다." 아가페가 없다면 에로스도 없다. 사랑의 행복이 사적 영역에 한정될 수 없듯이, 사랑에서 방출되는 에너지는 공적 삶에서 유리될 수 없다. 우리의 깊은 애정 관계는 우리가 공적으로 행하거나 말없이 견디고 있는 일들과 관련해서도 중요하다. 제1세계 국가들이 천연자원과 지적·재정적 능력의 대부분을 전쟁과 죽음을 준비하는 데 사용한다는 사실은 우리의 성심리적 현실에 영향이 없지 않다. 무기와 대량 학살 수단이 날로 증가한다는 사실은 우리가 지니는 사랑의 능력에 대해서도 무언가를 말해 준다. 이 시대의 가장 중요한 죽음의 상징인 미사일은 남근男根을 상징한다. 권력 엘리트의 성적 에너지가 죽음에 대한 소망으로 표현된 것이다.

에리히 프롬은 현대의 이런 특징을 '시체애호증', 즉 죽은 것에 대한 사랑이라고 기술했다. 예컨대 독일연방공화국 방위군, 특히 공군을 위한 선전 자료를 보면 기술과 성애가 결합되어 공격성을 띠고 있는 것을 볼 수 있다. 우리가 이렇게 공공연하게 죽음을 숭배한다면, 성관계를 통해 개인적으로 이루어지고 있는 생명을 위한 결단은 정말 확고할 수 있을까? 우리는 정말 우리의 사랑을 진지하게 여기는 것일까? 우리 감정의 힘이 정치에서 통용되지 않는다면 그것은 무슨 소용이 있을까? 사랑을 나눌 때 우리는 우리가 창조된 존재임을 긍정하고, 서로를 새롭게 하며, 더 이상 우리의 몸에 적대해서 사는 것이 아니라 그 몸 안에서 살아간다. 이러한 체현體現은 성행위 속에서 일어나지만, 육체의 순간적인 충족과 불안을 넘어 정치적 영역으로까지 우리를 끌고 간다. 만일 사회적 영역까지 확장되지 않는다면, 그러한 체현은 충분치 않다.

나는 앞에서 통전성을 향한 우리의 길에 방해가 되는 그릇된 관계들을 비판했다. 그러나 우리의 사랑이 정의를 실현하고 에로스적 힘을 혁명적 힘으로 전환할 수 있게 하지 못하기 때문에 어떤 의미에서 우리의 성적 행동 전반이 잘못되었다고 할 수 있다. 다른 사람들의 투쟁과 고난에 결부된다면, 우리의 내밀하고도 인격적인 관계들은 결실을 얻게 될 것이다. 성에서의 자기초월은 연대성으로 이끌며, 연대성의 부재는 성적 고립과 미성숙을 가리킨다. 연대성은 엑스터시를 고조시키고 신뢰를 강화한다. 우리의 온전한 존재를 위해 연대성은 반드시 필요하다.

바오로 사도의 코린토 1서에 나오는 사랑의 찬가는 아마도 신약성경에서 사랑의 의미에 대해 가장 아름답게 말하는 본문일 것이다.

코린토 1서 13장에 대한 전통적 주석이 사랑에 대한 바오로 사도의 통전적 정의를 회피하고 있다는 것은 매우 놀랍다. 편견 없이 바오로 사도의 본문을 읽어 보면, 바오로 사도의 사랑 개념에는 엑스터시와 신뢰, 통전성, 연대성이 상호적인 관련성 속에서 나타난다는 것을 알 수 있다.

"(1) 내가 사람들의 언어와 심지어 천사의 언어를 말한다 할지라도 내게 사랑이 없다면, 나는 소리 나는 징이나 요란한 꽹과리에 지나지 않을 것입니다. (2) 또 내가 예언의 은사를 가지고 있고 모든 신비와 모든 지식을 알고 있으며, 또 내가 산을 옮길 만한 믿음을 다 가지고 있다 할지라도 내게 사랑이 없다면 나는 아무것도 아닙니다. (3) 또 내 모든 재산을 희사하고 내 몸마저 내주어 불사르게 한다 할지라도 내게 사랑이 없다면 내게는 조금도 이로울 것이 없습니다."

여기서 바오로 사도는 우리가 통전성이라고 칭하는 것에 대해 말한다. 사랑이 없으면, 종교적 엑스터시(1절)와 철학적 인식, 예언자적 지혜(2절)와 자비, 사회참여(3절)를 위한 우리의 능력들이 모두 아무 가치 없다. 아가페 없는 엑스터시와 지혜, 자선은 무언가를 달성하려는 개별적 시도에 불과하다. 그것은 사랑의 행위처럼 보이지만, 진정한 사랑이 요구하고 불러일으키는 삶의 전체적인 방향 전환이 일어나게 하지는 못한다. 여기서 바오로 사도는 전체성과 연대성을 위한 고유한 능력들을 통합해 내지 못하는 사랑을 비판하고 있다. 처음 이 세 구절들은 불충분한 사랑을 다루고 있다. 그렇다면 아가페는 어떤 것인가? 내가 밝히려 했던 사랑의 차원들을 바오로 사도의 글에서 다시 한

번 확인할 수 있을 것이다.

"(4) 사랑은 너그럽습니다. 사랑은 친절합니다. [사랑은] 시기하지 아니하고 허세를 부리지 않으며 교만하지 않습니다. (5) 사랑은 무례하지 않으며 자기 이익을 찾지 않습니다. 사랑은 분통을 터뜨리지 않고 억울한 일을 따지지 않습니다. (6) 불의를 기뻐하지 않고 진리를 기뻐합니다. (7) 모든 것을 덮어 주고 모든 것을 믿으며 모든 것을 바라고 모든 것을 견딥니다."

여기에는 시기심과 교만이 없는 반면, 서로를 향한 신뢰와 책임의 차원이 나타난다(4절). 연대성이 언급되는 반면 연대성을 파괴하는 기회주의와 불평불만은 없다(5절). 사랑 안에서의 연대성이란 결국 우리가 우리 자신을 초월하는 것을 뜻한다. 사랑은 "불의를 기뻐하지 않고 진리를 기뻐합니다"(6절). 사랑은 고난당하는 사람들과 함께 고난을 당하며, 진리에 따라 살고, 우리 앞에 있는 죽음의 세력에 저항한다. '모든 것' 또는 만물을 뜻하는 그리스어 판타*panta*가 마지막 7절에서 네 차례 반복된다. 이것은 사랑하는 사람이 다른 사람들, 그리고 피조 세계 전체와 통전적으로 관련되어 있음을 나타낸다.

모든 통전적인 성관계에는 아가페의 요소가 나타난다. 성관계에서조차 무자비한 성과주의에 빠지는 대신 우리는 그러한 관계를 통해 서로에게 커다란 위로를 주는 경험을 할 수 있다. (성기능을) 상실하거나 훼손당한 후에도 누군가 우리를 신체적으로 위로할 수 있다는 사실은 에로스와 아가페를 분리하는 것이 얼마나 잘못된 것인지 입증해 준다. 사랑은 실제로 모든 것을 덮어 주고 믿고 바라고 견딘다(1코린

13,7). 그리고 충족된 성관계에서 우리는 사랑의 존재에 참여하며, 덮어 줌, 믿음, 바람, 그리고 견딤에 대해 배운다. 사랑은 우리를 세상과 자매가 되게 한다. 우리는 에로스와 아가페를 구현한 관계 속에서 서로에게 서로를 내놓게 된다.

프란치스코 성인의 생애는 이원론적 전통이 위계질서화하고 갈라놓았던 것이 실제로는 나뉠 수 없는 것임을 생생하고 비범하게 증언해 준다. 그의 영성에는 에로스와 아가페가 함께 녹아들어 있다. 자신을 '하느님의 연인'이라 불렀던 아시시의 프란치스코는 궁정 연가戀歌의 형태로 그의 사랑하는 '가난 부인'을 찬양했다. 그의 생활 방식은 에로스적 사랑과 배려하는 사랑이 혼합된 것이었다. 그는 기도와 격언, 바보 같아 보이는 행동들을 통해 하느님을 향한 열정과 모든 살아 있는 것들에 대한 온전한 사랑을 보여 주었다. 그는 나병환자들을 끌어안고 입 맞추었다. 그가 살았던 수도 공동체는 다정하고 에로스적인 분위기를 자아냈다. 그들은 모든 소유와 다른 사람들에게서 받은 선물까지도 나누어 주었다. 그들은 공동체의 약한 형제들의 욕구에 대해서도 주의 깊게 배려했으며, 그들을 위해 엄격한 금욕적 계율, 예컨대 금식의 계율을 깨뜨리는 경우도 드물지 않았다. 기쁨과 고통을 나타내는 극단적 표현 형태, 가령 춤과 울음도 프란치스코와 그 형제들에게는 아주 자연스러운 것이었다.

이러한 관점에서 보면 열정 없는 삶, 상처받는 일이 없고, 기쁨도 없는 삶은 죽음과 다를 것이 없다. 사랑을 통해 우리는 우리가 필요를 느끼는 존재인 것만이 아니라 다른 사람에게 필요한 존재라는 확신을 갖게 된다. 다른 사람이 우리를 필요로 하지도 않고, 또 우리는 쉽게 대체될 수 있는 존재라는 경험을 하면 할수록, 우리는 그 정도만큼 죽어 있다. 그러나 "우리가 알다시피 우리는 형제들을 사랑하기 때문에 죽음에서 생명으로 옮겨 간 것입니다. 사랑하지 않는 자는 죽음에 머물러 있습니다"(1요한 3,14). 성경 전통에 따르면 필요한 존재가 되려는 욕구와 다른 사람들의 필요를 충족하려는 욕구는 창조 자체 안에 뿌리를 두고 있다. 사랑의 욕구, 즉 사랑을 주고받고자 하는 욕구에 대한 우리의 성찰은 이제 한 지점, 즉 하느님에 대해 말해야 할 지점에 이르렀다. 하느님이야말로 우리 모두를, 우리 한 사람 한 사람을 절대적으로 필요로 하고 무조건적으로 사랑하는 분이다. 창조가 지속되기 위해서는 우리가 끝까지 더욱더 사랑하는 법을 배워야 한다고 하느님은 알려 주셨다. 굶주림과 착취, 전쟁을 통해 우리를 지배하는 죽음과 맞서 싸우는 사회적이고 정치적인 투쟁에서 하느님은 삶에 대한 우리의 열정과 통전적이고 온전한 사랑을 사용하려 한다.

14
희망하도록 창조되었다

우리는 스스로 창조자가 되도록 창조된 존재며, 스스로 해방을 위해 힘쓰도록 해방된 존재이고, 스스로 사랑하는 자가 되도록 사랑받는 존재다. 이 책은 이 사실을 확인하려는 시도다. 그러나 창조자를 신뢰할 수 있게 하는 확신의 힘에 대해 항상 의심하고 절망하는 시대에 우리는 살고 있다. 전 세계 강대국들이 도처에서 자유와 정의를 위해 일어나는 투쟁을 저지하려 하며, 피조 세계 전체에 대한 묵시적 위협을 더욱 고조하는 전례 없는 역사적 상황 속에서 우리는 산다.

아직 희망이 있을까? "폭탄이 떨어지고 있다. 지금 여기!" 이것은 미국 평화운동의 오래된 구호다. 이 말은 무시당하는 사람들과 그들의 인간적 권리에만 해당하는 말이 아니다. 그들은 음식과 휴식처, 교육받을 권리를 빼앗겼으며, 치료받을 권리마저 빼앗겼다. 폭탄은 가난한 사람들뿐 아니라 우리도 죽인다. 폭탄은 피조 세계와 그것의 역사적 지속을 신뢰할 수 있는 우리의 능력을 파괴한다는 점에서 이미 우리를 죽이고 있다. 우리는 사랑과 정의를 실현하도록 창조되었다. 그러나 부력한 자들이 무슨 힘이 있단 말인가?

우리에게는 현재의 상황에서 얻을 수 있는 것보다 더 큰 격려가 필요하다. 그리스도인으로서 나는 오랜 전통 속에 서 있다. 그 전통은 희망과 승리보다는 실패와 패배가 두드러짐에도 한 가지 분명한 소식을 전한다. 이 전통의 중심에는 십자가가 있다. 즉, 골고타와 아우슈비츠 같은 곳에 있었던 하느님의 패배가 있다. 그러나 이 전통은 포기할 수 없는 진리, 그것이 존재하는 이유이기도 한 진리를 말해 준다. 이 전통은 우리가 하느님의 모상대로 창조되었으며, 강도와 강탈자로 창조되지 않았다는 것을 확고하게 말하고 있다. 그리스도인이 갖는 이점은 하나의 종교적 전통에 속해 있으며, 신앙의 선조들의 목소리에 귀를 기울일 수 있다는 것이다. 신앙의 선조들도 고독과 패배를 경험했으며, 자기 시대의 군사적 폭력에 제압당했다. 흔히 그들은 자신의 동족에 의해 희망이 깨지는 경험을 했다. 그들 역시 권력과 제도 종교, 왕좌와 제단이 결탁하여 하느님의 정의가 아니라 부와 군사력에 의지하는 것을 보아야 했다. 그러나 그리스도교 유산을 돌아보면, 저항의 힘과 반항의 형태들, 폭력에 대한 거부 역시 알게 된다. 이 전통은 경제적 초강대국의 지배에서 약소민족이 해방된 이야기(출애굽)를 전하고 있으며, 폭력적 죽음에서 생명이 부활한 이야기를 하고 있다. 이 이야기들은 나의 신앙을 더욱 굳건하게 하고, 명료하게 한다. 나의 선조들은 그들이 하느님이라 불렀던 생명의 힘에 희망을 걸도록 나를 도와준다.

희망에 대한 신약성경의 고전적 구절에서 바오로 사도는 하느님을 믿고 하느님의 약속을 신뢰했던 "많은 민족들의 아버지" 아브라함에 대해 말한다. "그는 희망할 수 없는데도 희망했다"(로마 4,18). 고대 철학과 대조적으로 희망의 개념은 유다교 및 그리스도교 사상에서 중심 역할을 한다. 고대 철학에서는 대부분 희망을 미덕이 아니라 주로 여성들이 지니는 약점으로 보았다. 희망은 망상이자 어리석은 것으로 여겨졌다. 바오로 사도가 이방인에게는 희망이 없다고 말했을 때 염두에 두었던 것은 바로 그렇게 생각하는 사람들이었을 것이다(에페 2,12; 1테살 4,13). 어떤 종교를 신봉하든 희망 없이 사는 모든 사람들이 거기 해당한다.

어째서 희망은 무시되는가? 그리고 누가 희망을 무시하는가? 확실한 것은 희망을 필요로 하지 않는 사람들이 누구보다도 희망을 무시한다는 것이다. 현명하게도 그들은 세계에 대해 어느 정도 거리를 두고 물러나서 현실에 대한 합리적 인식 안에 머무른다. 그리스도교가 탄생한 로마제국 지배 체제의 문화적 토대, 즉 '로마의 평화'(Pax Romana)는 중심부와 주변부에 대한 엄격한 법적·경제적 구분을 토대로 하고 있었다. 영광과 비참이 분명하게 나뉘었고, 안정된 삶에 대한 기대는 로마 식민 권력에게 정복당한 민족들의 가난과 일상화된 비참을 대가로 한 것이었다. 수많은 병자들과 배고픈 사람들, 버림받은 사람들, 아무 권리도 갖지 못한 채 절망한 사람들, 신약성경 복음서들에서는 이들에 대해 기록하고 있는데, 그것은 희망을 필요로 하고 희망을 붙들고자 안간힘을 썼던 사람들에 대한 소중한 증거다.

1990년대 신자유주의의 약진을 보면서 나는 오늘날 우리 세계가 이 옛 제국과 점섬 더 닮아 가고 있다는 근본적인 느낌을 더욱 강하게 갖게 되었다. 경제적 능력이 있는 사람들과 소외된 사람들 사이의 간격이 점점 더 커지고 있기 때문이다. 이 경제-정치 체제 안에는 모든 사람이 '충만한 삶'을 누리기를 원하는 정의의 하느님이 설 자리가 보이지 않는다. 그리스도교의 근본 개념인 믿음과 소망 그리고 사랑은 조롱의 대상이거나 과학 이전 미신적 사고의 불필요한 잔재로 여자들이나 꿈꾸는 것으로 여겨지고 있다. 그리스도교에 대한 고대인들의 비판의 주요 쟁점 역시 재판에 설 수도 없는 여자들이 예수의 부활을 증거한다는 것이었다. 예나 지금이나 이것은 결코 우연이 아니다.

오늘날의 세계에도 모든 면에서 승인되는 이데올로기적 시스템으로서 고대 로마 체제에 비견할 만한 것이 있다. 그것은 눈부신 경제적·기술적 발전을 가능하게 하고, 오래된 우리의 희망을 불필요한 것으로 여기게 만드는 것으로서 과학이다. 우리는 희망을 버리고 과학의 전제들과 목표를 따라야 한다. 과학의 진리는 소수 분야의 전문가들만이 접근할 수 있다. 외견상 가치중립적으로 보이는 과학적 인식 체계는 현실적 제약, 경제적 필연성, 또는 진보 같은 개념들로 치장하고 있으며, 현존하고 인식되고 제조될 수 있는 것은 모두 만들어 팔아야만 한다는 원칙에 의해 작동한다.

루터는 이성을 가리켜 창부라고 했다. 나는 1990년대 기술 관료들의 무자비한 승리를 보면서 비로소 이 말의 의미를 이해했다. 과학의 이데올로기는 독자적 사제 계급을 지닌 신앙 체계를 만들어 냈다.

합리적으로 통제하는 이 체계 안에서 희망은 과학 이전의 것, 불필요한 것이 된다. 이데올로기화된 과학은 예측할 수 없는 것에 여지를 남겨 놓지 않는다. 나는 로마서에 나오는 희망에 관한 본문에서 바오로 사도가 비판한 '율법', 즉 노모스를 '과학'이라는 오늘날의 근본적인 개념으로 바꾸어 씀으로써 이 점을 보여 주고자 한다.

"과연 세상의 상속자가 되리라는 언약이 아브라함이나 그 후손에게 주어진 것은 과학 때문이 아니라 신앙의 의로움 때문이었습니다. 만일 과학 때문에 상속자가 된다면 신앙이란 무의미하고 언약도 무효가 됩니다. … 그렇기에 상속자가 되는 것은 신앙 때문이었습니다. 그래야 그 일이 은총으로 이루어지게 되며, … 아브라함의 신앙으로부터 난 이에게도 확고한 언약이 되는 것입니다. 그는 우리 모두의 아버지가 되었으니 성경에 '나는 너를 많은 민족들의 아버지로 세웠노라'고 기록된 바와 같습니다. 아브라함은 그가 믿었던 분, 곧 죽은 자들을 살리시고, 없는 것을 불러내시어 있는 것으로 만드시는 하느님 앞에서 우리 모두의 아버지가 되었습니다. 그는 희망할 수 없는데도 희망하면서 '네 후손이 저만큼 되리라'고 하신 말씀대로 많은 민족들의 아버지가 될 것을 믿었습니다"(로마 4,13-18).

과학 경제 복합체가 우리를 지배하는 현실 앞에서 신앙은 희망을 필요로 한다. 그것은 환상으로서의 희망이 아니라 이데올로기화된 과학을 거부하는, 삶의 부름에 대한 살아 있는 응답으로서의 희망이다. 바오로 사도에게 희망은 우리의 의도나 행위에서 나오는 것이 아니며, 그러한 것들에 선행한다. 희망은 기존의 것을 정체시키거나 연장시키는 것이 아니라 역전시킨다. 희망은 기술에 의해 도래한 '노동의 종말'을 변화시키고, 인간의 성을 상품으로 대하는 것 역시 바꾼다. '희망을 거스르는 희망'(spes contra spem)은 주어져 있는 것, 현실의 제약을 넘어서는 것이다. 희망은 많은 사람들이 하느님이라 부르는 초월의 힘에 대한 신앙과 분리될 수 없다. 저항으로 표현되는 신앙은 제도화된 종교와 전혀 관련이 없다. 하느님을 믿는다고 하면서 인간적 가치와 노동의 지속에 대한 희망을 포기하고 의식적으로든 무의식적으로든 피조 세계를 파괴하는 행동을 묵인하거나 촉진하는 사람은 실제로는 하느님을 믿지 않는 사람이다. 희망에 대해 아무것도 알지 못하는 하느님 이데올로기는 신앙이라고 할 수 없다. 그러나 자신의 삶과 행동을 통해 다른 사람들과 함께 희망을 드러내는 사람은 진정으로 하느님을 믿는 사람이다. 이 경우 '믿음'이나 '하느님' 같은 종교적 표현의 사용 여부는 중요하지 않다.

희망의 의미를 내게 가르쳐 준 또 한 사람은 교부 아우구스티누스다. 코린토 1서 13장 13절에서 바오로 사도는 믿음, 희망, 사랑 가운데 사랑이 가장 위대하다고 가르쳤다. 이와 달리 아우구스티누스는 이 세 가지 신학적 덕목 가운데 희망이 가장 중요하다고 말했다. 아우구스티누스에 따르면 믿음은 단지 하느님이 존재함을 가르치며, 사랑은 하느님이 선하다는 것을 가르치지만, 희망은 하느님의 뜻이 성취된다는 것을 가르친다. 하느님의 뜻은 만인을 위한 정의正義다. 그렇다면 하느님은 자신의 뜻을 어떻게 실현하는가? 어디서, 누구와 함께 하느님은 자신의 뜻을 실현하는가? 하느님과 함께하는 자, 동역자는 누구인가? 우리가 이러한 물음을 가지고 씨름할 때 아우구스티누스의 다음과 같은 통찰이 도움을 준다. 그에 따르면 희망은 분노와 용기라는 사랑스런 두 딸을 가지고 있다. 분노는 헛된 것이 헛된 것으로 남아 있게 하려는 것이며, 용기는 있어야 할 것이 있도록 하기 위한 것이다.

무엇이 필요하고 무엇이 있어야 하는지를 고려하지 않고, 있는 그대로 기술하는 것만으로는 충분하지 않다. 피해자의 입장에서 이루어진 분석은 소위 중립적인 분석과 다르다. 투쟁은 희망의 가장 중요한 원천이다. 희망은 하느님의 선물로 하늘에서 저절로 주어지지 않는다. 희망은 모욕당하고 권리를 빼앗긴 자들의 투쟁에서 자라난다. 분석을 위한 분석은 현 상태를 유지하는 데 기여할 뿐이다. 변혁을 위해 기여하지 못하는 분석, 기존 상황에 대한 과학적 분석만으로는 충분하지 않다. 우리는 불의한 사회경제 체제의 내적 모순이 백일하에 드러나는 시점을 향해 노력해야 한다. 그때가 되면 무감각과 절망에 빠져 있던 사람들이 깨어나 '분노와 용기'를 가지고 투쟁하고 희망하게 될 것이다. 구약의 예언자들이 했던 것이 바로 그런 일이다. 유익하고 좋은 분석이란 그때그때 사회적 상황에서 불의로 인한 희생자를 구체적으로 호명하고 다음과 같이 질문하는 분석이다. 얼마나 오래 이들이 희생을 감수해야 하는가? 얼마나 더 이들이 잠잠히 있어야 하는가? 언제 이들이 일어설 것인가? 변혁의 실천적 담지자는 누구인가?

예수와 그의 친구들이 마귀를 쫓아냈듯이, 압제자를 몰아낼 힘을 얻은 가난한 사람들에게는 희망이 있다. "저항하지 않는 사람은 타락한다." 이것은 종교적 진술이기도 하다. 저항하지 않는 사람은 사랑을 믿지 않으며, 적어도 사랑을 신뢰하지 않는 사람이다. 스스로 교회라고 생각하는 세1 세계 그리스도인들의 공동체는 실은 저항을 할 때 비로소 진정한 교회가 된다. 저항 속에서 사는 것은 모든 희망이 사라졌는데도 희망을 믿는 것이다.

곧바로 희망에 대해서 여러 가지 질문이 제기된다. 희망은 나를 당혹스럽게 하는데, 그것은 행동을 시작하기 전에 희망은 종종 한심한 상황 속에 숨어 있기 때문이다. 대부분의 사람들은 모든 일이 잘되고 어쨌든 행동을 하면 좋은 결과를 얻으리라는 확실한 전망을 갖고 싶어 한다. 그러나 아마도 좋은 결과를 얻을 수 있는지에 대한 질문은 잊어버리는 것이 좋을 것이다. 그 질문은 답을 얻을 수 없다. 예측할 수 있는 미래에 지상에서의 삶이 붕괴하지 않는다고 해도, 그것은 아무것도, 어떠한 무지갯빛 미래도 보장해 주지 않는다. 그러나 희망할 때 우리는 행동할 수 있다. 마치 구원이 가능한 것처럼 우리는 행동할 수 있다. 이때 아우구스티누스가 말한 희망의 두 딸들이 우리를 도와줄 것이다.

마치 좋은 결과가 있을 것처럼 행동하는 것, 이것은 우리 자신을 위해서만이 아니라 우리 후손들을 위해서도 반드시 필요하다. 사태가 불행으로 치닫도록 방관하는 것은 스스로 품위를 떨어뜨리고 자신의 주체성을 부정하는 행동이다. 세상이 멸망하더라도 사과나무를 심겠다는 루터의 말은 멸망하는 세상을 외면하겠다는 것이 아니다. 그것은 맹목적인 낙관주의가 아니다. 루터는 자신을 존중한다. 그는 자신을 행동하는 자로, 즉 생명을 지키고 촉진하는 과제와 능력을 가진 사람으로 이해했기 때문이다. 성과만이 사람의 행위를 정당화하는 것이 아니다. 그 자체로서 정당성을 지닌 행위들이 있다. 사랑과 정의는 그 성과에 의해서가 아니라 그 자체가 인간을 거룩하게 한다.

후손을 위해서도 우리는 지금 행동해야 한다. 우리의 수고가 헛된 것은 아니다. 모든 해결책이 차단된 것도 아니다. 니네베의 임박한 파멸에 대한 예언자 요나의 설교를 듣고 왕은 참회와 애도를 명했다. 왕은 말한다. "하느님께서 다시 마음을 돌리시고 그 타오르는 진노를 거두실지 누가 아느냐? 그러면 우리가 멸망하지 않을 수도 있다"(요나 3,9). 세상과 후손의 생명을 사랑하는 사람은 적어도 "누가 알겠는가!" 라고 말할 것이다. 그 또는 그녀는 분명한 희망을 갖지는 못하더라도 실천적인 행동 속에서 생명과 자유, 재화의 공정한 분배, 창조의 보호가 이루어질 것을 예상할 것이다. 희망은 기본적으로 이론적 성찰이나 기대가 아니다. 그것은 행동이다. 내가 희망하는 인간인지 아닌지는 나의 이론적 진단을 통해서가 아니라 나의 실천을 통해 확인된다. 희망은 사랑의 자매다. 그것은 좋은 근거가 아니라 선한 행동을 통해 자란다. 자식 가진 사람이 자식의 미래를 위해 노력하는 것은 그 일이 성공을 가져오기 때문이 아니라 자식을 사랑하기 때문이다.

창조에 대한 신앙과 희망하고 저항하는 우리의 능력 사이에는 내적 연관성이 있을까? 창조와 해방이라는 성경의 두 전승 궤도를 어떻게 연결시킬 수 있을까? 이것은 창조에 대한 우리의 견해를 과거에만 붙잡아 두지 않고 열린 과정으로서의 창조와 그 창조는 지금 이 시간에도 계속되고 있다는 점에 주목할 때, 그 관련성이 드러날 것이다.

성경은 세 가지 상이한 형태의 창조를 이야기한다. 우리를 현존하게 한 첫 번째 창조는 창세기 1장에 나온다. 이 본문을 성찰할 때, 나는 우리 인간이 존재하기 전에 이미 바람과 물, 땅과 공기, 물고기와 새가 있었다는 사실에서 위로를 받는다. 여기서 존재는 관계 속에 있는 존재를 뜻하며, 삶은 함께하는 삶을 뜻한다. 죽음, 즉 나 자신의 죽음에 대해서 생각할 때 나는 자신을 지구라는 행성의 일부로 느낀다. 내가 죽더라도 바람과 물, 땅과 공기, 물고기, 새 그리고 모든 생물은 살아 있을 것이다. 그렇다면 내가 왜 죽음을 두려워해야 한단 말인가? 모든 피조물이 서로 관련되어 있기 때문에 아시시의 프란치스코는 죽음을 우리의 자매라고 말할 수 있었다. 그렇게 말할 수 있는 사람은 창조에 대해 최대의 긍정을 한 것이다. 죽음조차도 삶의 일부가 되는 창조를 긍정한 것이기 때문이다. 그러므로 우리는 자신의 작은 존재를 우리가 돌아가게 될 커다란 존재의 일부분으로 이해할 수 있다. 우리는 죽음의 자매로서 자매인 죽음으로 돌아가며, 어머니 대지의 자녀로서 대지로 돌아가고, 작은 물방울로서 대양으로 돌아가며, 불꽃으로서 빛 속으로 돌아간다.

그런데도 오늘날 인간들이 존재보다는 비존재에 참여하고, 우리의 깊은 고립으로 인해 지구라는 작은 행성 위의 모든 생명을 파괴하고 창조를 무로 되돌리게 되지나 않을까 나는 두렵다. 나는 허무가 존재에 대해 승리를 거둘까 불안하며, 제어되지 않은 성장, 즉 더 빨리, 더 자주, 더 많이 성장하는 암세포가 창조의 남은 모든 것을 파괴하고 우리 자신마저도 집어삼키지 않을까 두렵다. 지나간 역사에서 어떤 세대도 피조 세계를 우리처럼 부정하지는 못했다. 과거의 어떤 세대도 우리처럼 그리스도를 계속해서 십자가에 못 박을 수 없었고, 또 우리처럼 하느님 자신, 창조자, 관계 속의 존재를 제거할 수는 없었다. 성경에서는 하느님을 생명의 시작이자 끝이라고 했으며, 알파요 오메가라 했다(묵시 1,8). 그러나 오늘날에는 유전공학과 죽음이 거의 완전히 주권을 장악하고 있다.

보수적인 그리스도인들은 흔히 운명론적 견지에서 창조의 의미를 오해한다. 창조자에 대한 그들의 신뢰는 정치적 극우파의 대변자들에 의해 조작당해 그들은 이렇게 주장하게 된다. 결국 하느님이 만물의 통치자며, 피조 세계를 파괴하는 것이 하느님의 뜻이라면 아무도, 아무것도 이 결정을 바꿀 수 없으며, 모성애나 인간의 건강한 이성도, 이성적 정치나 파괴 전략에 대한 결연한 저항도 '그'와 그의 절대적 의지에 대해서는 아무 소용이 없다는 것이다.

이러한 유사종교적 이데올로기는 하느님의 뜻에 대한 경건한 순종의 탈을 쓴 잘못된 가르침이다. 그것은 하느님과 사탄을 구별할 수 없을 정도로 뒤섞어 놓는다. 둘 중에 누가 피조 세계를 멸망시키려 하는가라는 물음은 대답되지 않은 채로 남아 있다. 종교개혁가들은 하느님과 우상의 구별을 신학의 중요한 비판적 관심사로 보았다. 하느님과 우상은 둘 다 생명을 약속한다. 그러나 하느님은 생명을 주는 분인 데 반해서 우상은 죽음을 준다. 오늘날 우상은 생명을 약속하지만 죽음을 준다.

만일 우리가 창조에 대해 달리 응답하고자 한다면, 다시 말해 땅

위에 살아가는 모든 것들에 대해 애정을 가지려면, 그리고 하느님의 모상에 따라 창조된 공동 창조자가 되기를 원한다면, 창조는 우리의 근원과 관계될 뿐 아니라 항상 우리의 미래와도 관계된다는 점을 명확히 밝혀야 한다. 첫 번째 창조에서 시작되었던 창조는 아직 끝나지 않았다.

우리의 현존을 가능케 한 또 다른 창조는 하느님의 백성이 홍해를 건너 노예 생활에서 벗어나 자유의 나라로 들어갔다는 성경의 이집트 탈출 이야기에 나타난다. 이 두 번째 창조는 하나의 역사적 사건이다. 오늘날에도 위대한 출애굽이 일어나고 있다. 지배와 종속이라는 이집트의 어둠에서 벗어나 평화와 정의가 서로 얼싸안는 나라로 들어가는 일이 지금도 일어난다. 두 번째 창조, 즉 이집트의 '종살이'에서 탈출한 역사적 사건을 기억할 때, 우리는 오늘날 멕시코 치아파스의 토착민들이 자신들의 삶의 토대를 약탈하는 데 저항해서 일어났듯이, 자신들을 억압하는 각자의 이집트에서 벗어나고자 길고 고통스러운 투쟁을 해 온 모든 민중들을 생각하게 된다. 두 번째 창조 역시 아직 끝나지 않았다. 모든 세대는 자유에 대한 자신들의 이해를 새롭게 규정해야 한다.

창조에 관한 세 번째 이야기가 아직 남아 있다. 성경은 예수 그리스도의 죽음과 부활을 통한 우리의 세례에 대해 상징적 언어로 이야기한다. '새 인간'이 '새 여성'과 '새 남성'으로 존재하게 되며, 죽음과 부활의 과정을 통해 분명하게 드러난다. "그리스도 예수와 하나가 되는 세례를 받은 우리는 누구나 다 그분의 죽음과 하나가 되는 세례를 받았다는 사실을 여러분은 모르십니까? 과연 우리는 그 죽음 안으로 이끄는 세례를 통하여 그분과 함께 묻혔습니다. 그것은, 그리스도께서 아버지의 영광으로 말미암아 죽은 자들 가운데서 일으켜지신 것과 같이 우리 또한 새로운 생명 안에서 거닐 수 있기 위함입니다. 우리가 그분과 같은 죽음으로 그분과 합치되었다면 그 부활과도 그렇게 될 것이기 때문입니다. 우리는 이것을 명심합시다. 곧, 우리의 묵은 인간은 십자가에 이미 그분과 함께 처형되어 죄의 몸이 무너져 버렸습니다. 그것은 우리가 다시는 죄에 대해 종노릇하지 않기 위함입니다"(로마 6,3-6). 새롭게 태어나기 위해 우리는 그리스도와 함께 죽어야 한다. 다시 말해 우리의 옛 자아는 그리스도와 함께 십자가에 못 박혀야 한다. 죽어야 할 '옛 남성' 또는 '옛 여성'은 누구인가? 그것은 우리의 낡은 존재, 이기적이고 자기중심적이며 비정치적인 존재, 지극히 개인주의적인 신앙생활을 하는 존재다. 바오로 사도는 예의 바르고 절도 있는 생활을 하지만 우리가 사는 세계의 구체적인 고통에 대해서는 눈을 감는 세속적 개인주의자들 역시 염두에 두었을 것이다.

죽어야 할 '옛 존재'는 이기적인 존재만이 아니다. 세상의 변혁을 위해 아무것도 할 수 없다고 느끼는 무력한 자아도 옛 존재다. 이 옛 존재는 죄의 지배 아래 예속되어 있으며, 이 땅에 불의와 파괴를 가져오는 세력들에 무력하게 맡겨져 있다. 이기주의와 무기력이 이 옛 존재의 주된 특징이다.

새 인간은 그리스도의 부활과 함께 태어난다. 우리 남성, 여성들은 죽음에 대항하여, 그리고 죽음의 세력에 우리를 가두어 두는 자들에 대항하여 싸울 수 있는 힘을 얻는다. 그리스도 안에서 새 인간은 투사며 혁명가다. 무엇을 위해 살고 죽을지 아는 여성들이며, 하느님 나라를 위해 싸우는 남성들이다. 새 인간은 공동 창조자로서 세 가지 창조의 과정, 즉 땅의 쇄신과 예속에서의 해방, 죽음과 죽음을 가져오는 모든 세력에 대한 투쟁의 과정에 참여하며, 또한 사랑하는 존재다. 이 세 가지 창조 과정 가운데 어느 하나도 아직 완결되지 않았다. 세 가지 창조 과정은 지금도 계속되고 있다.

첫 번째 창조에 대한 소박한 신앙은 우리에게 더 이상 가능하지 않다. 지구의 운명은 갈림길에 있으며, 우리는 그 운명이 오직 하느님의 손에 달렸다는 생각만으로 그냥 손 놓고 있을 수 없다. 지구의 운명은 우리의 손에 달려 있기도 하다. 저항하는 인간들의 공동체만이 사랑과 노동의 가능성들이 파괴되는 것을 막을 수 있다. 우주와 이 작은 행성을 창조한 하느님, 모든 예속에서 우리를 해방하는 하느님, 이 하느님은 죽은 자들을 새로운 생명에로 일깨우는 하느님이기도 하다. 그렇게 해서 하느님은 아무 희망 없이 죽어 있는 우리가 저항하는 사람으로, 삶을 사랑하는 사람으로 변화될 수 있게 하신다. "생명을 사랑하시는 분"(지혜 11,26)은 하느님의 오래된 이름이다. 이 이름은 지금, 그리고 영원히 우리의 이름이 되어야 한다.

1 참조: B.U.N.D./Misereor (hrsg), *Zukunftsfähiges Deutschland. Ein Beitrag zu einer global nachhaltigen Entwicklung* (Basel: Studie des Wupertal-Instituts für Klima, Umwelt, Energie 1996); Orio Giarini/Patrick M. Liedtke, *Wie wir arbeiten werden. Der neue Bericht an den Club of Rome* (Hamburg 1998); Jeremy Rifkin, *Das Ende der Arbeit und ihre Zukunft* (Frankfurt/M.: Fischer-Taschenbuch 1998).

2 Rosemary R. Ruether, *Gaia & Gott. Eine ökofeministische Theologie der Heilung der Erde* (Luzern: edition exodus 1994); Dorothee Sölle/Luise Schottroff, *Den Himmel erden. Eine ökofeministische Annäherung an die Bibel* (München: dtv 1996); Maria Mies/Vendana Shiva, *Ökofeminismus. Beiträge zu Praxis und Theorie* (Zürich: Rotpunktverlag 1995).

3 Emil L. Fackenheim, *God's Presence in History: Jewish Affirmations and Philosophical Reflections* (New York: Harper & Row 1970) 9; Severino Croatto, *Exodus: A Hermeneutics of Freedom* (Maryknoll, N.Y.: Orbis Books 1981) 13.

4 Fackenheim, 같은 책.

5 이 논문은 *Zeitschrift für die alttestamentliche Wissenschaft*, Bd. 66 (1936), 138-147에 처음으로 발표되었다.

6 H. Assmann u.a. (Hrsg), *Die Götzen der Unterdrückung und der befreiende Gott* (Theologie und Kirche im Prozeß der Befreiung, Bd. 3) (Münster: Edition Lib-

eración 1984) 참조.

7 Ernst Bloch, *Atheismus im Christentum. Zur Religion des Exodus und des Reichs* (Frankfurt/M.: Suhrkamp Verlag 1968).

8 Dorothee Sölle/Horst Goldstein (Hrsg), *Dank sei Gott und der Revolution. Christen in Nicaragua* (rororo aktuell Nr. 5438) (Reinbek bei Hamburg 1984).

9 moral majority: 1979년 미국에서 창설된 보수적 기독교 정치 단체. 진화론을 부정하는 근본주의적 창조론자들로서 정치적으로 보수 우익을 대변했다. 1980년 대선에서 보수주의자인 레이건 대통령의 당선에 기여했다 – 역자 주.

10 Claus Westermann, *Schöpfung, erweiterte Studienausgabe* (Stuttgart: Kreuz Verlag 1983) 73.

11 같은 책, 64.

12 Phyllis Trible, *God and the Rhetoric of Sexuality* (Philadelphia: Fortress Press 1978) 18 참조.

13 "The Road Back the Our Future", in: *Gamaliel* 3, Nr. 1 (Washington 1977) 35.

14 여기서 나는 러시아정교회(russisch-orthodoxen)와 같은 한 종파의 명칭으로서가 아니라 큰 교파들 내부에서 자유주의적으로 이탈해 가는 경향에 맞서 순수한 교리를 지키려는 자들을 나타내기 위해 '정통적'(orthodox) 또는 '전통신앙적' 이라는 표현을 사용했다.

15 James Weldon Johnson, *Gib mein Volk frei*, deutsch von Rudolf Hagelstange (Gütersloher Verlagshaus Gerd Mohn 1961).

16 이 연설의 출처는 여러 차례 의문시되었는데, 여기에는 역사적 근거가 있다. 가장 널리 알려진 형태는 미국인 윌리엄 애로우스미스William Arrowsmith에게로 거슬러 올라간다. 원래 헨리 스미스Henry Smith 박사에 의해 전승되었던 것을 (*Seattle Sunday Star*, 29. 10. 1887) 1969년에 애로우스미스가 훌륭하게 개작했다. 그러나 여기서 서구의 자연 이해를 비판하는 마당에 이러한 역사적 문제는 크게 문제시되지 않는다. A. Pytlik und R. Gehlen, "Mit der Wahrheit auf Kriegsfuß", in: *Natur,* Jul. 1984. 여기서 인용한 부분은 1982년 올텐Olten의 발터 출판사 Walter-Verlag에서 *Wir sind ein Teil der Erde*라는 제목으로 출간된 데도 바이거트 Dedo Weigert의 번역에 따른 것이다.

17 Carter Heyward, *Our Passion for Justice. Images of Power, Sexuality, and Liberation* (New York: Pilgrim Press 1984).

18 Heinrich von Kleist, *Über das Marionettentheater*, 1810.

19 Martin Buber, *Die Schriften über das dialogische Prinzip* (Heidelberg: Lambert Schneider Verlag 1954) 22.

20 David R. Griffin, *Creatio ex nihilo. The divine modus operandi and the imitatio dei.* Papier für die Konsultation "Spannungen innerhalb heutiger Schöpfungstheologie" des Centre d'Etudes Œcuméniques (Straßburg, October 1984). 과정신학적 사고를 더욱 발전시킨 이 연구에서 나는 큰 도움을 받았다.

21 epd-Zentralausgabe Nr. 201 (16. Oktober 1984).

22 Carter Heyward, *Und sie rührte sein Kleid an. Eine feministische Theologie der Beziehung* (Stuttgart: Kreuz Verlag 1986).

23 Willy Schottroff/Wolfgang Stegemann (Hrsg), *Der Gott der kleinen Leute. Sozialgeschichtliche Auslegungen*, Bd. 1: Altes Testament, Bd. 2: Neues Testament, (München/Gelnhausen: Chr. Kaiser Verlag/Burckhardthaus-Verlag 1979); 같은 이들이 엮은 *Traditionen der Befreiung.* Sozialgeschichtliche Bibelauslegungen, Bd. 1: Methodische Zugänge, Bd. 2: Frauen in der Bibel (München/Gelnhausen: Chr. Kaiser Verlag/Burckhardthaus-Verlag 1980).

24 Ernesto Cardenal, *Das Evangelium der Bauern von Solentiname*, übersetzt von Anneliese Schwarzer de Ruiz (Wuppertal: Peter Hammer Verlag 1980) 16.

25 Carter Heyward, *Und sie rührte sein Kleid an. Eine feministische Theologie der Beziehung* (Stuttgart: Kreuz Verlag 1986) 159.

26 같은 책, 163.

27 A. Cohe (ed), *Everyman's Talmud* (New York: Schocken Books 1975) 23.

28 *Der Babylonische Talmud*, übersetzt und erklärt von Reinhold Meyer (München: Wilhelm Goldmann Verlag 1963) 224.

29 Ernesto Cardenal, *Das Evangelium der Bauern von Solentiname*, übersetzt von Anneliese Schwarzer de Ruiz (Wuppertal: Peter Hammer Verlag 1980) 97.

30 Dorothee Sölle, *die revolutionäre geduld* (Berlin: Wolfgang Fietkau Verlag 1974) 24.

31 Alice Walker, *Die Farbe Lila(The Color Purple)*, deutsch von Helga Pfetsch (Reinbek bei Hamburg: rororo-Taschenbuch Nr. 5427, 1984) 139.

32 Georg Klaus/Manfred Buhr (Hrsg), *Philosophisches Wörterbuch* (Leipzig: Bibliographisches Institut 1965) 137.

33 1777년에 출간된 제3증보판, 965.

34 Simone Weil, *Fabriktagebuch und andere Schriften zum Industriesystem*, Heinz Abosch (Hrsg) (Frankfurt/M.: edition suhrkamp Nr. 940, 1978).

35 Jeremy Rifkin, *Das Ende der Arbeit und ihre Zukunft* (Frankfurt/M.: Fischer-Taschenbuch 1998) 132.

36 Bettina Musiolek (Hrsg), *Ich bin chic, und du mußt schuften. Frauenarbeit für den global Modemarkt* (Frakfurt/M.: Brandes & Aapsel 1997).

37 *Die Autobiographie der Mother Jones*, übersetzt von Marianne Ihm (Köln: Prometh Verlag 1979).

38 같은 책, 152.

39 Ulrich Grober, *Ausstieg in die Zukunft. Eine Reise zu Ökosiedlungen, Energie-Werkstätten und Denkfabriken* (Berlin 1998).

40 Phyllis Trible, *God and the Rhetoric of Sexuality* (Philadelphia: Fortress Press 1978) 85.

41 Abraham Joshua Heschel, *Between God and Man: An Interpretation of Judaism* (New York: The Free Press 1959) 221.

42 Sören Kierkegaard, *Der Begriff Angst* (1844).

43 Erich Fromm, *Ihr werdet sein wie Gott. Eine radikale Interpretation des Alten Testaments und seiner Tradition* (Stuttgart: Deutsche Verlags-Anstalt 1982).

44 Ernesto Cardenal, *Das Evangelium der Bauern von Solentiname*, übersetzt von Anneliese Schwarzer de Ruiz (Wuppertal: Peter Hammer Verlag 1980) 1615-16.

45 같은 책, 17.

46 Ernst F. Schumacher, *Good Work* (New York: Harper & Row 1979) 3 참조.

47 같은 책, 27.

48 Peter Gey, "Jugoslawiens Selbstverwaltung-besser als ihr Ruf", in: D. Grohmann/H. Pawlowski, *Arbeit-mehr als Kapital* (Wuppertal: Publik Forum Buch 1983).

49 Ernst F. Schumacher, *Good Work* (New York: Harper & Row 1979) 50 참조.

50 Dorothee Sölle, *Mystik und Widerstand* (Hamburg: Hoffmann und Campe 1997) 309-316.

51 Marc H. Ellis, *Peter Maurin: Prophet in the Twentieth Century* (New York/Toronto: Paulist Press 1981) 참조.

52 Johannes Paul II, *Über die menschliche Arbeit. Mit einem Kommentar von Oswald*

von Nell-Breining SJ (Freiburg: Herder-Verlag 1981).

53 Karl Marx/Friedrich Engels, *Studienausgabe in 4 Bänden*, hrsg. von Iring Fetscher, Bd. 2: *Politische Ökonomie* (Frankfurt/M.: Fischer Bücherei Nr. 765, 1966) 261.

54 Ernst F. Schumacher, *Good Work* (New York: Harper & Row 1979) 4.

55 Veronika Bennhold-Thomsen/Maria Mies, *Eine Kuh für Hillary. Die Subsistenzperspektive* (München: Frauenoffensive 1997).

56 Marc H. Ellis, *Peter Maurin: Prophet in the Twentieth Century* (New York/ Toronto: Paulist Press 1981) 141.

57 Ernst F. Schumacher, *Good Work* (New York: Harper & Row 1979) 79.

58 같은 책, 54.

59 Heide Simonis, *Kein Blatt vorm Mund. Für eine aktive Bürgergesellschaft* (Hamburg: Hoffmann und Campe 1997) 126 이하.

60 Dorothy Dinnerstein, *The Mermaid and the Minotaur: Sexual Arrangements and Human Malaise* (New York: Harper & Row 1976).

61 Sigmund Freud, *Das Unbehagen in der Kultur* (Wien 1930); Studienausgabe, Bd. IX: *Fragen der Gesellschaft, Ursprünge der Religion* (Frankfurt/M.: S. Fischer Verlag 1974) 246, 270에서 인용.

62 "DARLING: I like men who like money–who know how to get I, enjoy it. I'm betting you're one of them, and I'd like to give you a subscription to a magazine that's SINFULLY enriching ··· Hurry. Don't keep me waiting. C'mon, be a darling." *New York Times*, 21. Feb. 1980, B9.

63 Dorothy Dinnerstein, *The Mermaid and the Minotaur: Sexual Arrangements and Human Malaise* (New York: Harper & Row 1976) 11.

64 Pier Paolo Pasolini, *Freibeuterschriften. Die Zerstörung der Kultur des einzelnen durch die Konsumgesellschaft* (Berlin: Verlag Klaus Wagenbach 1978).

65 Phyllis Trible, *God and the Rhetoric of Sexuality* (Philadelphia: Fortress Press 1978) 17-18.

66 같은 책, 18-19.

67 같은 책, 15.

68 James B. Nelson, *Embodiment: An Approach to Sexuality and Christian Theology* (Minneapolis: Augsburg Publishing House 1978) 18.

69 Dorothy Dinnerstein, *The Mermaid and the Minotaur: Sexual Arrangements and Human Malaise* (New York: Harper & Row 1976) 60.

70 같은 책, 61.

71 Sigmund Freud, *Das Unbehagen in der Kultur* (Wien 1930); Studienausgabe, Bd. IX: *Fragen der Gesellschaft, Ursprünge der Religion* (Frankfurt/M.: S. Fischer Verlag 1974.

72 Dorothy Dinnerstein, *The Mermaid and the Minotaur: Sexual Arrangements and Human Malaise* (New York: Harper & Row 1976) 145.

73 Phyllis Trible, *God and the Rhetoric of Sexuality* (Philadelphia: Fortress Press 1978) 99.

74 Klaus Theweleit, Männerphantasien, Bd. 1 und 2, rororo-sachbuch, Nr. 7299, 7300 (Reinbek bei Hamburg: Rowohlt 1980) 참조.

75 Alice Walker, *Die Farbe Lila(The Color Purple)*, deutsch von Helga Pfetsch (Reinbek bei Hamburg: rororo-Taschenbuch Nr. 5427, 1984) 140-141 참조.

76 1932년에 빌헬름 라이히Wilhelm Reich가 독일 공산당의 뒷받침을 받아 설립했던 조직의 이름이 Sex-Pol(성-정치)이었다. 일 년 후 독일 공산당은 이 조직을 해체하고 라이히를 당에서 축출했다. '오르가슴의 힘'이란 개념에 대해서는 Wilhelm Reich, *Die Funktion des Orgasmus* (Neue Arbeiten zur ärztlichen Psychoanalyse, hrsg. von Sigmund Freud, Bd. VI) (Wien 1926)를 참조하라.

77 Sam Keen, *The Passionate Life, "Stages of Loving"* (New York: Harper & Row 1983) 115의 Albert Ellis, 1963 인용문.

78 Walter Benjamin, Goethes Wahlverwandtschaften, in *Gesammelte Schriften*, Bd. I/1 (Frankfurt/M.: Suhrkamp Verlag 1974) 201.

79 Dorothy Dinnerstein, *The Mermaid and the Minotaur: Sexual Arrangements and Human Malaise* (New York: Harper & Row 1976) 38.

80 Bertolt Brecht, *Gesammete Werke* (Werkausgabe), Bd. 5 (Frankfurt/M.: Suhrkamp Verlag 1967) 2024.

1. 해방신학으로서의 창조신학

이 책은 여성신학적·해방신학적 관점에서 쓰인 창조신학을 말한다. 창세기 창조 설화에 따르면 인간은 사랑하고 노동하는 존재로 창조되었다. 아담은 자신의 옆구리에서 창조된 하와를 보았을 때 "내 뼈 중의 뼈요, 살 중의 살"이라고 탄성을 터뜨렸고, 이는 한 남자가 한 여자와 만나서 느끼는 성적 엑스터시를 연상하게 한다. 창세기에 따르면 인간은 성적인 존재로 창조되었다. 또한 아담과 하와는 하느님이 창조하신 에덴동산을 돌보는 청지기 임무를 맡는다. 일하는 존재로 창조된 것이다. 이처럼 사랑하고 노동하는 존재로 인간이 창조되었다는 성경적 신앙에 근거해서 저자는 사랑과 노동의 신학으로서 창조신학을 전개하고 있다. "사랑하고 노동하는 가운데 우리는 다른 사람들과 함께 창조의 과정에 참여하며, 하느님과 결합된다"는 것이다.

일반적으로 '창조신학은 창조주로서의 하느님과 피조물로서의 자연 및 인간과의 관계를 다루며, 피조성에 입각하여 자연론, 인간론, 신론을 전개한다'. 그러나 이 책에서 저자는 무엇보다도 출애굽의 해방 사건에 근거해서 창조신학을 전개한다. 저자는 창조 신앙보다 구원 신앙이 앞선다는 전승사적 추론에 근거하여 "성경의 신앙은 창조신의 활동에 대한 확신이 아니라 역사적 해방 사건에 근원을 두고 있다"고 한다. 이집트에서의 탈출, 노예 생활에서의 출애굽은 이스라엘 백성에게 근본적이고 원초적인 경험이었고, 따라서 신학적으로도 구원 신앙이 창조 신앙보다 앞서며, 자유와 해방이 창조에 앞선다. 이스라엘의 핵심적인 하느님 표상이 하느님의 역사적 해방 행위에서 생겨났다는 것이다. 하느님이 선택받은 자신의 백성을 위해 구체적인 역사적 순간에, 구체적인 장소와 특별한 상황에서 해방의 능력을 가지고 활동하신다는 것은 이스라엘의 신앙에서는 하느님과 인간을 이해하는 데 결정적으로 중요한 요인이다. 따라서 저자는 인간은 본질적으로 자유로운 존재로 창조되었고, 자유롭게 되어야 한다는 사실에서 출발해서 창조신학을 전개한다. 이것은 저자가 넓은 의미에서 해방신학적 관점에 서 있음을 분명히 하는 것이며, 이 책이 해방신학적 관점에서 쓰인 창조신학임을 말해 준다.

이처럼 출애굽의 해방 사건에 근거해서 창조신학을 전개하기 때문에 저자의 창조신학은 피조 세계에 대한 낙관적 찬미나 여행자적인 감탄에 머물지 않으며, 사랑하고 노동하는 존재로 창조된 인간의 피조성의 실현을 가로막는 현실적인 사회경제적·생태적 조건들에 주목하게 한다. 불의가 지배하는 현실에서 해방되어야 한다는 점이 강조되며, 피조 세계에 대한 무조건적 찬미가 아니라 그렇게 할 수 없도록 가로막는 현실의 문제들을 지적하고 창조의 실현을 위해 행동하도록 촉구한다. 그래서 이 책에서는 사랑하고 노동하는 존재로서 인간의 자기실현을 가로막는 조건들을 구체적으로 언급하면서 창조신학을 전개하고 있다. 이 책 1-5장이 일종의 서론으로 창조신학의 해방적·생태학적·신학적 근거를 제시하고 있다면, 6-10장에서는 산업주의 사회에서 노동하는 존재로서 인간의 삶을 가로막는 임금노동, 분업, 신자유주의, 기술혁명의 문제를 구체적으로 제기하면서 노동신학을 전개하고 있다. 11-13장에서는 한편으로는 성의 상품화와 다른 한편으로는 성에 대한 전통적인 가부장적 견해들과 비판적으로 대결하면서 성의 신학을 전개하고 있다. 마지막으로 14장에서는 창조의 완성을 위해 계속해서 노력해야 할 희망의 근거를 이야기하고 있다.

이 책에서는 현실적인 문제들에 대한 성찰과 함께 '창조자 하느님을 빙자해서 성차별과 인종차별 같은 불의한 질서와 지배 구조를 정당화해 온' 교회와 신학의 역사, 잘못된 창조신학과 신 개념에 대한 비판 역시 이루어진다. 저자는 특히 하느님과 세계를 과도하게 구분하고 분리하는 것이 그리스도교의 많은 오류들의 원인이었다고 한다. 서구 신학은 하느님의 절대적 초월을 부각시키기 위해 창조자와 피조 세계의 분리를 강조했다. 고대 이스라엘은 이방 제의와 대결하는 과정에서 범신론적 경향을 거부했고, 그리스도교는 이를 극단적으로 강화했다. 창조 개념을 설명하면서 정통주의 신학은 하느님을 피조 세계에서 물러나게 하고 하느님의 전적인 타자성을 지나치게 강조하는 방향을 취했다. 정통주의 신학은 이러한 반反범신론적 경향을 더욱 강화하여 하느님과 세상을 완전히 분리하기에 이르렀다. 모든 생명의 유일한 원천으로서 하느님은 '무로부터의 창조자'(creator ex nihilo)로 명명되었고, 타자성은 신적 존재의 주요 특징이 되었다. 하느님의 독립성, 관계 없음이 하느님의 위대함과 영광스러움의 표징이 된 것이다.

저자는 이 책에서 이러한 하느님 이해, 즉 홀로 떨어져서 절대적 자유를 누리는 초월적 하느님상을 비판하고 있다. 대신 저자는 창조의 지속성과 공동성에 대한 과정신학과 여성신학의 통찰을 끌어들인다. 초월적이고 절대적인 하느님상은 독립적인 왕, 전사, 영웅의 이상과 가부장적 세계관이 투사된 것이고, 이에 따르면 관계를 갖고 함께 고통을 당하는 것은 다른 존재에 의존하는 것이고 따라서 약점으로 여겨진다. 저자는 창조를, 그리고 하느님과 세상과의 관계를 다른 방식으로 생각할 수 없는지 묻는다. 종교와 지배는 뗄 수 없이 서로 결합되어 있는가? 어떻게 하면 우리는 협동적 창조와 공동 창조로, 즉 '무로부터의 창조'에서 '사랑으로부터의 창조'로, 전능한 주의 강압적 힘에서 생명의 설득하는 힘으로 나아갈 수 있을까?

이는 이 책 전반에 깔린 저자의 신학적 질문이다. 저자는 이와 관련해서 관계의 하느님에 대해 말한다. 사랑은 다른 존재의 현존을 필요로 하며, 그와의 관계를 필요로 한다. 저자는 창조 신앙의 하느님을 무엇보다도 피조물과 관계를 맺는 하느님, 즉 사랑의 관계를 맺고자 하는 하느님으로 이해한다. 저자는 이렇게 말한다. "피조 세계를 관계성 없는 고립의 체계로 파악하는 사람은 피조 세계로부터 그 중심적 요소인 사랑을 박탈하게 된다. … 어째서 서구 신학은 '무로부터의 창조'에 대한 가르침은 발전시켰으면서도 '사랑으로부터의 창조'는 생각하지 못했을까?" 저자에 따르면 하느님이 사랑으로부터 세상을 창조하지 않았다면 창조에 대한 모든 개념은 무의미하고 공허하다.

하느님이 전적인 타자라면, 세계는 하느님 없는 장소가 되고, 거룩한 것, 신적 현실은 더 이상 세계 안에 존재하지 않게 된다. 세상은 사실들과 사물들로 축소된다. 신적 현실이 우리가 사는 이 세상에서 전적으로 분리되고, 무관한 것이 된다면, 경외심과 두려움의 근거가 없어진다. 거룩한 것에 대한 비합리적인 부정이 이루어지고, 그것이 정상적인 것으로 여겨진다. 실증주의적 세계관이 유행하며, 내재성을 결여한 초월은 인격적으로 우리와 아무 관계가 없고 세계와 우리의 관계를 규정하지도 못하는 무의미한 교리적 주장으로 전락한다. 물질 세계에서 거룩함을 발견하는 성사적 감수성을 상실한 채 하느님이 세계를 창조했다는 진술에만 매달리는 신학적 창조 개념은, 내재성과 연결되어 있지 않기 때문에, 피조 세계의 영성에 대한 감수성을 상실한다. 그리고 우리는 세계 전체를 하느님의 존재 안에서 볼 수 있는 내면의 눈을 잃어버린다.

이러한 절대타자로서의 하느님 개념에 대한 저자의 비판은 생태적 감수성과 연결되며, 현대 자연과학의 제국주의적인 자연관에 대한 비판으로 이어진다. 하느님과 세계가 두 개의 분리된 실재로 이해된 결과 자연은 그 모든 거룩한 성격을 잃어버리게 되고 단순한 객체가 되어 버렸다. 인간은 이처럼 객체화된 자연을 단지 이용 대상으로 여기고, 자연에 대한 착취와 수탈에 내해 부감각해진다. 현대 자연과학 역시 피조 세계의 거룩함을 인정하지 않으며, 피조 세계의 신학적 차원을 필요로 하지 않는다. 결국 하느님의 절대타자성에 대한 신학은 세계와 자연을 하느님 없는 장소로 만들었고, 이것은 오늘날 자연에 대한 제국주의적 태도의 근거가 되었다. 나아가서 신학은 자연 세계를 무신적인 자연과학에 넘겨주고 과학에 백기투항하게 되었다. 자연 세계를 적극적인 신학의 주제로 삼지 못하게 된 것이다. 하느님의 전적인 타자성이라는 신학적 개념은 우리를 이 땅에서 낯선 자로 만든다. 저자는 창조에 대한 새로운 이해를 발전시키려면 이러한 절대타자로서의 하느님 이해와 우리의 신앙에 내재된 파괴성에 대해 비판적으로 의식할 필요가 있다고 한다.

저자는 이 책에서 출애굽의 해방신학에 근거하여 사랑과 노동의 창조신학을 전개하고 있으며, 이 창조신학은 세계와 자연에서 독립되고 분리된 절대타자로서의 하느님이 아니라 지금도 끊임없이 피조 세계와 관계하고자 하는 사랑의 하느님을 믿는 신앙이다. 저자는 그러한 하느님과의 관계 속에서 함께 일하고 사랑함으로써 하느님의 창조에 동참할 것을 격려한다.

2. 임금노동에서 생태정의를 지향하는 노동으로

6장부터 10장까지 저자는 노동의 신학으로서 창조신학을 전개하면서 오늘날 노동의 소외가 어떻게 일어나는지 밝히는 데서 시작한다. 오늘날 인간의 노동 방식은 자기소외를 드러내며, 사회적 관계들을 파괴할 뿐만 아니라 점점 더 창조에 적대적이 되어 가고 있다. 창조에 기반을 둔 죌레의 노동신학은 산업주의 세계의 노동을 비판적으로 분석하는 데서 더 나아가 산업주의에 기반한 문명 전반의 반생태적 성격에 대한 비판으로 이어진다. 산업주의 사회의 노동에 대한 저자의 비판의 핵심은 임금노동으로서의 노동 개념에 대한 비판에 있다. 죌레는 오늘날 후기 산업사회에서 사회주의 전통의 인간학적 질문들은 더욱 적절할 수 있다고 말하며, 그것은 저자가 서문에서도 언급한 "노동의 종말" 현상 때문이다. 저자는 이렇게 말한다. "갈수록 임금노동이 사라진다는 것은 노동, 임금, 보수에 관한 문제가 더욱 심각해진다는 것을 의미한다. 다시 말해 자본은 노동자들의 방해를 받지 않고 전보다 더욱 자유롭게 스스로 재생산한다. 그것은 수백만의 인간들을 경제적으로 '쓸모없게' 만든다. … 생산하지도 않고 소비하지도 않는다면 그들은 무엇을 위해 존재하는가? 일도 없고 소득도 없는 인간들은 어떻게 될까?"

20세기 말의 시점에서 21세기를 내다보며 저자는 기술 발전으로 인한 실업의 확대를 자유시장이 막을 수 없으며, 수많은 사람들이 노동을 할 수 없게 된다는 새롭고도 위협적인 현실에 직면해서 임금노동으로서의 노동에 대한 자본주의 산업사회의 노동 이해를 재고할 것을 요구한다.

저자는 탈산업주의적 관점에서 산업주의 사회를 비판하고 있다.

이 책 서문에서 저자는 제레미 리프킨의 "노동의 종말"을 언급하면서 기계화 및 자동화에 의해 인간의 노동이 로봇이나 기계로 대체되고, 노동의 성격 자체가 달라질 21세기를 내다보고 있다. 죌레는 변화의 핵심으로 임금노동의 종말을 꼽고 있다. 제레미 리프킨이 말하는 "노동의 종말"이란 실은 임금노동의 종말이다. 자본주의사회에서는 노동을 당연히 임금노동과 동일시하지만, 과거 산업사회 이전에 노동은 임금노동이 아니었고, 21세기 탈산업주의 사회에서도 노동은 임금노동이 아닐 것이라고 한다. 그리고 임금노동으로서의 노동 이해가 얼마나 인간의 자기실현을 가로막는지 마르크스의 소외론에 비추어 밝히며, 새로운 형태의 노동을 찾아가는 길에 성경 창조 설화의 언어들에게서 도움을 받는다. 저자에 따르면 마르크스의 소외 이론은 자본에 대한 노동 우위의 원칙을 알려 주며, 신학적으로 말하자면 노동은 부단히 지속되는 창조 과정에 대한 살아 있는 상징이라고 주장한다.

저자는 1990년대 초부터 겪고 있는 "소득을 얻기 위한 노동의 종말"을 새로운 해방적 노동 이해, 즉 더 이상 소외를 운명으로 여기지 않는 노동 이해로 이끌어 줄 계기로 받아들여야 한다고 한다. 소득이 없으면 일도 없는가? 임금과 이윤은 노동의 유일한 의미가 아니다. 죌레는 임금이나 이윤과는 다르게 노동을 정의하는 법을 배우고, 그에 일치하는 방향으로 제도적인 변화를 이룰 것을 제안한다. 이와 관련해서 죌레는 노동이 우리가 지닌 하느님의 형상의 일부로 여겨져야 한다는 점과 노동에 관한 물음에서 예수가 말한 "나중에 온 사람", 즉 승자들의 세계에서 패배한 사람들에 대한 물음이 사라져서는 안 된다는 점을 지적한다. 우리가 창조된 존재라는 사실의 신학적 의미는 우리가 노동과 사랑을 통해 하느님의 형상을 실현하는 하느님이 공동 창조자들이라는 것이고, 그러한 의미에서 모든 인간의 노동은 하느님의 나라와 관련된다.

노동의 이러한 메시아적 의미와 관련해서 볼 때 임금노동 이데올로기는 노동시장을 떠나서는 아무 의미가 없는 상품으로 노동을 축소시킨다. 임금노동 이데올로기는 노동과 관련해서 창조가 아니라 돈만 생각하게 만든다. 산업주의 사회에서 한 인간의 가치는 그의 노동력이 지니는 시장가치로 평가된다. 그러나 자동화된 세계에서 '노동력'이라는 상품은 갈수록 쓸모없게 된다. 임금노동과는 다른 노동에 대한 이해는 없을까? 저자의 노동신학은 이러한 질문에서 출발한다. 저자는 "좋은 노동, 성취적이고 소외가 없는 노동의 본질적 요소"로 세가지를 꼽는데, 생산물 또는 결과와의 관계, 노동자가 자기 자신이나 자신의 고유한 삶의 리듬과 맺게 되는 관계, 동료 노동자들과의 관계가 그것이다. 창조와 관련해서 좋은 노동은 삶을 유지하고 풍부하게 하고 충만하게 하는 것이다. 저자는 그것을 이 책에서 구체적으로 자기 자신을 표현하게 해 주는 노동(8장), 이웃과의 관계를 회복하고 사회적 통합을 가져다주는 노동(9장), 자연과 화해하는 노동(10장)으로 기술한다.

이 과정에서 저자는 근대 이전의 자급 경제에 대한 성찰이 임금과 소득의 논리를 넘어 새로운 지평을 열어 줄 수 있을 것이라고 한다. 산업화 이전의 윤리는 창의력, 공공의 행복에 대한 기여, 자아 발전의 가능성과 같은 표상들을 경제적인 소득과 무관하게 노동 개념과 결부했다. 세속화된 산업 윤리는 노동에서 이런 모든 가치를 박탈했다. 그러나 이 시대에 새로운 노동 개념은 이러한 가치들의 회복에서 시작해야 한다. 또한 저자는 처음부터 국제적인 운동으로 시작했던 초기 노동운동의 목표를 상기시킨다. 초기 노동운동은 높은 임금만을 위해서 투쟁했던 것이 아니라, 인류는 모두 하나이며 인간 됨이란 다른 사람들, 특히 견딜 수 없는 노동조건에 시달리는 사람들과의 관계 속에서 성립한다는 생각에 투철했다. 노동운동가들은 노동 자체의 변혁을 위해서, 노동자들이 그들의 생산물의 사용가치를 알고, 자신의 능력을 충분히 활용하고, 노동 현장에서 지식을 얻고 넓힐 기회가 있는 의미 있는 활동으로 노동자들의 노동을 바꾸기 위해서 싸웠다. 저자는 이러한 초기 사회주의의 기억을 소환하여 오늘날 '노동자 없는 공장'을 목표로 하는 기술 혁명의 시대에 과거의 완전 고용을 기대하기보다는 창조에 대한 다른 관계를 실현할 수 있는 다른 노동 개념을 형성하고자 한다.

이 과정에서 저자는 그리스도교 안에 억압적이고 해방적인 두 가지 전통을 구분하며, 저주로서의 노동에 대한 억압적인 전통의 정체를 밝히고 비판한다. 그리고 다른 한편으로 인간 노동의 참된 의미와 노동의 주체, 즉 노동하는 인간의 정체성을 밝혀 주는 신학 전통을 찾아낸다. 먼저 저자는 자신의 비인간화에 자발적으로 협력하도록 인간을 조종해 온 억압적인 그리스도교 전통을 밝힌다. 특히 개신교 노동 윤리는 임금노동 체제를 이데올로기적으로 후원하고 뒷받침했으며,

어떠한 노동인지, 노동의 목적이 무엇인지 고려하지 않고 그저 부지런히, 열심히 노동하는 것을 하느님의 뜻에 일치하는 삶으로 칭송했다. 그럼으로써 틀에 박힌 무의미한 노동이 '소명'이라 불리게 되었고, 착취적인 노동 상황이 '하느님이 당신을 세운 자리'라는 명예로운 칭호를 얻게 되었다. 종교 개혁가들은 세상적인 유혹을 막고 구원을 확실시하기 위해 노동이 반드시 필요하다고 생각했다. 또한 인간은 복종해야 하며, 복종은 노동을 통해 입증해야 한다고 했다. 그것이 하느님의 뜻이라는 것이다. 따라서 아버지와 소유주, 사장에 대한 불복종은 죄가 된다. 이 권위적인 인물들의 배후에는 '그분 자신', 곧 하느님이 있기 때문이다. 그 결과 생명의 창조자를 실제로 거스르는 일, 즉 공허와 권태, 무관심 같은 죄는 무시하면서 불복종, 반항, 비판적 저항은 게으름과 죄의 만성적인 징후로 낙인찍혔다.

이러한 개신교 노동윤리 이데올로기에 의해 임금노동 체제가 강화되었고, 그것은 노동자들에게 커다란 영향을 끼쳤다. 노동은 무조건적 복종을 요구하는 무의미한 의무가 되었다. 노동자들은 문제를 제기해서도 안 되고, 노동조건을 비판하거나 산업재해와 분업에 대해 저항해서도 안 되며, 노동이 노동하는 인간에게 어떠한 영향을 끼치는가 하는 문제를 다루어서도 안 된다. 따라서 개신교 노동윤리의 잔재들은 오늘날 노동시장의 위기에서 결정적으로 중요한 의미를 지니는 취업자들과 실업자들의 연대를 파괴하는 데 기여하고 있다. "노동이 어떤 이는 소유하고 어떤 이는 소유하지 못한 상품이 되었다. 노동을 단순한 돈벌이로 환원시킴으로써, 노동에 의미를 부여했던 인간적 가치들이 사라졌다. 예를 들어 창조력과 성취, 타인과의 협업, 자연의 개조는 자연과의 일치 속에서 이루어져야 한다는 관념 같은 것들이 사라졌다." 우리가 '노동'이라 부르는 자아실현의 실천과 '사랑'이라 부르는 헌신을 상품화할 때, 즉 사랑과 노동을 상품화할 때, 우리는 삶의 근원과 단절된다.

이처럼 노동을 저주로 보는 그리스도교 전통과 대조적으로 삶의 표현이자 축복으로서의 노동을 실천한 예로 저자는 피터 모린과 도로시 데이의 가톨릭일꾼운동을 언급한다. 피터 모린과 도로시 데이는 소박한 삶과 예배 공동체, 폭력에서의 해방에 대한 그리스도교 전통들을 끌어왔다. 그들은 기도와 노동, 사고(독서)를 일치시킬 것을 주장했다. 간디와 매우 비슷하고, 또 그에게서 영향을 받은 이 가톨릭 아나키스트들은 우리가 살기 위해 끌어들인 수단, 즉 노동은 우리 삶의 목적과 일치해야 한다고 주장했다. 폭력이나 지배에서 벗어난 하느님, 이웃과의 관계를 이루고자 하는 삶의 목적에 지금 여기서 기여하는 노동이어야 한다는 것이다. 지금 여기서 나쁜 노동을 하며 잘못 살면서 훗날 노동의 영역 밖에서 자유롭게 될 수 있다는 희망을 갖는 것은 환상이다. 좋은 노동에 이르는 길은 없다. 좋은 노동이 곧 그 길이다. 가장 좋은 노동은 노동 그 자체 안에 목적이 있는 노동이며, 다른 무엇인가에 도달하기 위한 수단이 아니다.

마지막으로 노동과 관련해서 저자는 노동과 자연, 과학의 문제를 지적한다. 오늘날 대부분의 노동은 자연에 대한 폭력을 특징으로 한다. 저자에 따르면 땅에 대한 폭력과 만연한 사회적 폭력 사이에는 내적 연관성이 있다. 저자는 산업주의의 기본 전제라고 할 수 있는 자연에 대한 폭력은 언제라도 인간에 대한 폭력으로 둔갑할 수 있으며, 따라서 좋은 노동을 추구할 때 반드시 다음과 같은 질문을 던져야 한다고 보았다. 우리의 생산은 자원의 활용에 어떠한 영향을 미치는가? 그리고 그것은 자연 세계에 어떤 영향을 끼치는가? 이와 관련해서 중요한 것은 현대 과학의 문제다. 오늘날 산업사회에서 가장 중요한 생산력은 과학이다. 오늘날 거의 모든 인간 노동은 과학 연구에 의존하고 있으며, 과학만이 주변 환경에 대한 총체적인 지배를 가능하게 해 준다는 믿음이 확산되고 있다. 현대사회에서 과학은 일종의 종교의 위치를 차지하게 되었으며, 과학의 발전이 예기치 못한 부작용을 낳는다 해도 과학은 그런 것쯤 능히 처리할 수 있다고 낙관한다.

이러한 낙관주의적 이데올로기는 과학과 산업 노동의 근저에 깔려 있으며, 자연에 대한 대규모 폭력 행위로 인해 발생하는 파국적인 부작용을 마치 인간이 안전하게 해결할 수 있다는 듯이 가장하고 있다. 그러나 오늘날 자연에 가해지는 폭력은 인류의 생존 자체를 위협하며 이러한 폭력적인 행위에서 산업과 과학은 공모자다. 죌레는 땅에 대한 폭력을 과학적 필연성으로 정당화하고 자연에 대한 폭력적 행위를 과학적 객관성의 이름으로 승인하는 현실을 고발하며, 현대 과학은 결코 가치중립적이지 않다고 한다. 슈마허가 말했듯이, 오늘날 과학기술복합체는 점점 더 거대하고 복잡해지고, 자본 집약적이고 폭력적이 되었으며, 기술은 이른바 그 가치중립성과 전능성에 의해 새로운 악마가 되었다. 기술은 창조신의 자리를 차지했으며, 아무도 그 힘에서 벗어날 수 없는 하느님의 전능한 대용물이 되었다. 오늘날 매일매일 자연을 대상으로 치러지는 전쟁에서 과학은 문제 자체의 일부다. 과학은 그런 문제를 일으키기만 할 뿐, 해결에는 거의 기여하지 않는다.

게다가 가난한 사람들은 이러한 종류의 폭력에 가장 적게 가담했으면서도, 가장 일차적이고 직접적인 희생자다. 남반구의 가난한 나라들은 부유한 산업국가들에서는 금지된 살충제, 화학비료, 식품화학 첨가물을 처리하는 쓰레기 하치장이다. 그러므로 가난한 사람들과의 화해 없이 자연과의 화해는 있을 수 없고, 이를 위해 현재의 생태 파괴적인 노동 세계의 조직, 생산 목표를 근본적으로 바꾸어야 한다. 저자는 그것을 평화로의, '생태정의로의 개종'이라고 말한다. 그리고 이 필수적인 전환은 노동 세계에서는 자본에 대한 노동의 우위를 뜻하며, 구체적으로는 돈이 많이 드는 자본 집약적인 대규모 기술 개발이 아니라 슈마허가 말하는 적정 수준의 노동 집약적인 '중소규모의' 기술을 발전시키는 방향으로 가야 한다고 말한다.

3. 온전한 성과 사랑

창조 신앙에 기반을 둔 노동의 신학을 전개할 때와 마찬가지로 사랑과 성의 신학을 전개할 때도 저자는 오늘날 인간의 온전한 사랑과 성을 가로막는 것이 무엇인지 밝히는 데서부터 출발한다. 저자는 한편으로는 과거의 성적 태도를 복구하기 위해 점점 더 자연주의적 패러다임에 의존하는 보수주의자들과 대결하고, 다른 한편으로는 성을 사적인 것으로 보는 자유주의자들과 대결한다. 성적 보수주의자도, 자유주의자도 결국에는 현 사회 위계질서의 정점에 있는 백인 남성 이성애자의 특권을 보장할 뿐이다. 저자는 가령 이성애주의 강요와 핵가족 제도에 문제를 제기하며, 성에 대한 억압이나 관용의 문제를 넘어 성적 상호성과 공동체와 관련해서, 또 인간의 해방과 관련해서 성 문제를 보려고 한다. 저자는 성적 경험을 삶의 다른 영역들과 관련시키고자 하며, 궁극적으로는 신체성, 공동체성, 그리고 전 우주를 사랑의 위대한 비전 속으로 통합하는 성의 신학을 전개하고자 한다. 이 책에서 저자는 사랑의 네 차원, 즉 엑스터시와 신뢰(12장), 통전성과 연대성(13장)을 탐구한다. 사랑은 타인과 신체적으로 연합하고 타인과의 관계 속에서 의미를 찾고자 하는 엑스터시의 차원을 지니며, 사랑의 엑스터시를 경험한 사람은 자기방어를 포기하고 상대방을 신뢰하게 된다. 그리고 창조에 근거를 둔 성적 사랑은 삶의 전 영역에서 해방과 정의를 추구한다는 점에서 통전적이며, 타인과의 연대성을 추구한다.

저자에 따르면 인간의 성은 타인과의 연합을 원하는 신체적 충동과 의미에 대한 추구에 뿌리를 두고 있으며, 신학적으로 이것은 일종의 성사적 개념으로 설명할 수 있다. 성은 일종의 성사며, 육체라는 요소를 통해 은총이 나타나는 것이다. 성만찬 때 '이것은 너희를 위한 나의 몸이다'라는 그리스도의 말씀이 반복되면서 말씀과 물질이 결합하여 그리스도의 몸의 성사적 현존이 이루어지듯이, 인간의 성 역시 사랑의 말씀이 육체라는 요소 안으로 들어옴으로써 성사적 현실이 될 수 있다. 그렇다면 성행위는 하느님의 은총의 표징이 된다. 그래서 쾰레는 성을 단순히 생물학적 재생산에 확고히 결합시키려는 보수주의자들과 달리 "성은 우리가 소통하는 존재이며 공동체적 존재라는 데대한 표징이자 상징이며 수단"이고, 하느님의 뜻을 표현해서 우리가다른 사람과의 관계 속에서 우리의 참된 인간성을 발견하게 하는 길이라고 한다.

그러나 이러한 통전적인 성 이해를 가로막는 신학 전통으로 쾰레는 에로스와 아가페의 분리를 꼽았다. 그리스도교 전통에서는 성적 충동을 동물적인 것으로 보고 사실상 죄악시했다. 그렇게 함으로써 그리스도교적 사랑을 찬미하면서 동시에 그것의 가장 기본적이고 불가항력적인 표현인 성을 정죄하는 결과를 가져왔다. 사랑의 다양한 표현 양태를 통전시키지 못함으로 인해 사랑의 능력을 파편화하고, 위계질서 안에 집어넣은 것이다. 이렇게 성을 적대시함으로써 그리스도교는 우리들 가운데서 하느님의 현존에 대한 표징으로서 성을 찬미하는 대신, 은총의 신체적 상징으로서 성이 지니는 성사적 특성을 파괴했다. 저자에 따르면 이러한 억압적 유산이 미치는 최악의 영향은 영적·사회적 통전성에 대한 인간의 소망을 말살하고 성과 사랑의 통합을 불가능한 것으로 보이게 한다는 데 있다. 우리를 통전성으로 이끌어 주고 자유롭게 하며, 우리의 모든 능력과 가능성들을 발전시켜 사랑과 동일한 형상이 되도록 촉구하는 것은 성적 사랑이기 때문이다. 저자에 따르면, 정신적·심미적 영역이든, 정치적 영역이든 우리 삶의 기본 영역들을 통합하지 못하는 사랑의 관계는 타인에게 헌신하는 우리의 능력을 위축시킨다. 그러므로 아가페 없이 에로스 없고, 에로스 없이 아가페 없다.

저자는 에로스적 삶과 아가페적 삶이 하나로 통전된 전형적인 예로 성 프란치스코를 이야기한다. 프란치스코는 자신을 '하느님의 연인'이라 불렀고, 그의 생활 방식은 에로스적 사랑과 배려하는 사랑이 결합된 것이었다. "그는 기도와 격언, 바보 같아 보이는 행동들을 통해 하느님을 향한 열정과 모든 살아 있는 것들에 대한 온전한 사랑을 보여 주었다. 그는 나병환자들을 끌어안고 입 맞추었다. 그가 살았던 수도 공동체는 다정하고 에로스적인 분위기를 자아냈다. 그들은 모든 소유와 다른 사람들에게서 받은 선물까지도 나누어 주었다. 그들은 공동체의 약한 형제들의 욕구에 대해서도 주의 깊게 배려했으며, 그들을 위해 엄격한 금욕적 계율, 예컨대 금식의 계율을 깨는 경우도 드물지 않았다. 기쁨과 고통을 나타내는 극단적 표현 형태, 가령 춤과 울음도 프란치스코와 그 형제들에게는 아주 자연스러운 것이었다."

하느님은 인간을 성적 존재로 창조하셨고, 인간은 성행위의 엑스터시를 통해 잃어버렸던 원초적 연대감을 다시 느낀다. 죌레는 이 원초적 연대감이란 우리가 잃어버렸던 것, 즉 모든 것을 배려해 주는 어머니와의 연대성이며, 우리가 최초로 행복을 느꼈던 기억이고, 모든 것과의 연대성, 관계성이다. 우리가 원초적으로 경험했고 또 그리워하는 그 무엇인가를 죌레는 '포괄적 연대성'이라고 칭한다. 그렇다면 모든 생명체와의 연대 관계가 원초적인 경험이라고 할 수 있다. 인간은 다양한 분리의 단계를 통해, 즉 개체성을 형성하는 고통스러운 과정을 거치면서 그러한 원초적 연대성의 경험을 상실하지만, 성적 연합을 통해 성숙한 존재로서의 인식 단계를 부정하지 않으면서 원초적 경험에 이르는 길을 되찾는다. 성적 엑스터시는 우리를 새롭게 "대양적 감정 속으로" 밀어 넣으며, 우리를 둘러싸고 있는 세계와 하나가 되게 한다. "그 안에서는 모든 경계가 사라지고 동물과 식물, 광물도 말을 한다. 우리는 '만물의 노래'를 다시 들을 수 있게 된다."

그러므로 성적 엑스터시의 순간에 우리에게는 예전 어린 시절의 상쾌한 세계 경험이 다시 떠오르며, 옛 좌절은 사라지고 슬픔은 중화되며, 단순히 거기 존재한다는 데서 비롯되는 원초적이고 야성적인 기쁨을 다시 느끼게 된다. 성적 엑스터시의 경험은 좌절과 상실을 넘어 쾌락과 절대적인 만족의 감각을 다시 회복할 수 있게 한다. 성적 엑스터시는 "최초의 무제한적이고 동물적·시적인 양식 내지는 방법으로 주변 세계와 에로틱한 교제를 할 수 있는 직접적인 길"을 제시해 주며, 실제로 다른 존재와 연대할 수 있는 힘을 준다. 그러므로 저자에 따르면 성적 엑스터시의 긴밀한 경험은 함께 있는 것뿐만 아니라 "함께 무슨 일을 하려는" 욕구를 불러일으킨다. 그러므로 사랑의 관계에서 공동의 과업은 본질적이다. 사랑의 관계는 공동의 과업과 함께 성장한다. 저자는 함께할 가장 큰 과업은 하느님 나라라고 한다. 하느님 나라를 향한 공동의 과업에서 의를 향한 굶주림이 사랑의 에너지이며, 이 에너지는 온전한 성적 관계에서 방출된다.

이러한 관점에서 보면 오히려 열정 없는 삶, 상처받는 일도, 기쁨도 없는 삶은 죄이고, 죽음과 다를 것이 없다. 사랑을 통해 우리는 우리가 다른 사람에게 필요한 존재라는 확신을 갖게 된다. 다른 사람이 우리를 필요로 하지도 않고, 또 우리는 쉽게 대체될 수 있는 존재라는 경험을 하면 할수록, 우리는 그 정도만큼 죽어 있다. 그러나 "우리가 알다시피 우리는 형제들을 사랑하기 때문에 죽음에서 생명으로 옮겨 갔다. 사랑하지 않는 자는 죽음에 머물러 있다"(1요한3,14 참조). 성경 전통에 따르면 필요한 존재가 되려는 욕구와 다른 사람들의 필요를 충족시켜 주려는 욕구는 창조 자체에 뿌리를 두고 있다. 하느님이야말로 우리 모두를, 우리 한 사람 한 사람을 절대적으로 필요로 하고 무조건적으로 사랑하는 분이기 때문이다. "창조가 지속되기 위해서는 우리가 끝까지 더욱더 사랑하는 법을 배워야 한다고 하느님은 알려 주셨다. 굶주림과 착취, 전쟁을 통해 우리를 지배하는 죽음과 맞서 싸우는 사회적이고 정치적인 투쟁에서 하느님은 삶에 대한 우리의 열정과 통전적이고 온전한 사랑을 사용하려 한다."

4. 새로운 창조의 희망

이 책 마지막 장에서 저자는 희망을 말한다. 이 책에서 절절하게 말하듯이 인간은 스스로 창조자가 되도록 창조된 존재이며, 스스로 해방을 위해 힘쓰도록 해방된 존재이고, 스스로 사랑하는 자가 되도록 사랑받는 존재이다. 그러나 우리는 이 사실에 대해 확신할 수 없는 시대에 살고 있다. 도처에서 벌어지고 있는 폭력과 자유와 정의에 대한 억압, 피조 세계 전체를 위협하는 묵시적 상황은 우리를 움츠러들게 한다. 저자는 이러한 상황에서 출애굽의 해방 전통과 그리스도의 십자가와 부활에 대한 이야기에서 회망의 근거를 발견할 수 있다고 한다. 성경의 이 전통들은 "경제적 초강대국의 지배에서 약소민족이 해방된 이야기(출애굽)를 전하고 있으며, 폭력적 죽음에서 생명이 부활한 이야기를 하고 있다". 이 이야기들은 성경의 인간들이 하느님이라 불렀던 생명의 힘에 회망을 걸도록 우리를 도와준다.

저자가 이러한 회망의 근거를 과학과 기술이 아니라 성경에서 발견하는 것은 매우 중요하다. 오늘날 과학은 눈부신 경제적 · 기술적 발전을 가능하게 했고, 오래된 우리의 회망을 불필요한 것처럼 보이게 만든다. 소수의 전문가들만이 접근할 수 있는 과학의 진리는 가치중립적으로 보이지만, 실은 과학기술 이데올로기는 현실적 제약이나 경제적 필연성, 진보 같은 개념들을 내세워 만들어 팔 수 있는 것은 모두 만들어 팔아야 한다는 원칙에 의해 작동하고 있다. 이러한 과학은 예측할 수 없는 것에 아무런 여지를 남겨 놓지 않으며, 과학에 의해 합리적으로 통제되는 체계 안에서 회망은 과학 이전의 것, 불필요한 것이 된다. 그러나 저자는 성경의 인간들, 예수와 바오로 사도의 회망에 회망을 건다.

성경은 회망을 간절히 필요로 하고 회망을 붙들고자 안간힘을 썼던 사람들에 대한 증언이다. 그것은 무모한 환상이 아니라 삶의 부름에 대한 살아 있는 응답으로서의 회망이다. "바오로 사도에게 회망은 우리의 의도나 행위에서 나오는 것이 아니며, 그러한 것들에 선행한다. 회망은 기존의 것을 정체시키거나 연장시키는 것이 아니라 역전시킨다." 희망은 기술에 의해 도래한 "노동의 종말"을 변화시키고, 인간의 성을 상품으로 대하는 것 역시 바꾼다. 저자는 이렇게 말한다. "희망을 거스르는 희망(spes contra spem)은 주어져 있는 것, 현실의 제약을 넘어서는 것이다. 희망은 많은 사람들이 하느님이라 부르는 초월의 힘에 대한 신앙과 분리될 수 없다. … 희망에 대해 아무것도 알지 못하는 하느님 이데올로기는 신앙이라고 할 수 없다. 그러나 자신의 삶과 행동을 통해 다른 사람들과 함께 희망을 드러내는 사람은 진정으로 하느님을 믿는 사람이다."

저자에게 희망은 기본적으로 이론적 성찰이나 기대가 아니라 행동이다. 내가 희망하는 인간인지 아닌지는 나의 이론적 진단을 통해서가 아니라 나의 실천을 통해 확인된다. "희망은 사랑의 자매다. 그것은 선한 행동을 통해 자란다. 희망은 행동에서부터 나고, 이를 통해 그리스도의 부활과 함께 새 인간이 태어난다." "그리스도 안에서 새 인간은 투사며 혁명가다. 무엇을 위해 살고 죽을지 아는 여성들이며, 하느님 나라를 위해 싸우는 남성들이다. 새 인간은 공동 창조자로서 세 가지 창조의 과정, 즉 땅의 갱신과 예속에서의 해방, 죽음과 죽음을 가져오는 모든 세력에 대한 투쟁의 과정에 참여하며, 또한 사랑하는 존재다. 이 세 가지 창조 과정 가운데 어느 하나도 아직 완결되지 않았다. 세 가지 창조 과정은 지금도 계속되고 있다." 그렇게 해서 하느님은 아무 희망 없이 죽어 있는 우리가 저항하는 사람으로, 삶을 사랑하는 사람으로 변화될 수 있게 하신다.

일찍이 1986년 한국신학연구소에서 독일어 초판 번역본에 근거해서
한국어 번역을 냈을 때 나는 이 책 후반부를 번역했다. 그해 한국신학
연구소의 이정희 선생이 우리 부부에게 책을 내밀며 따끈따끈한 책
인데 교재로 쓸 수 있도록 빨리, 그것도 한 달 안에 번역해 달라고 했
다. 비만 오면 물이 차던 수유리 반지하 방에서 살 때였는데 신혼이었
고 함께 공부하고 일하는 것이 재미있을 때였다. 가난했어도 별 걱정
없이 하루하루 살던 때였다. 당시 이 책의 전반부는 남편 박재순이 번
역했고, 후반부는 내가 번역했다. 마지막에 사소한 이유로, 실은 표지
가 마음에 들지 않는다는 가당찮은 이유로 내 이름은 역자에서 빼 달
라고 했다. 지금 생각하면 우습다. 게다가 이 책을 번역하면서 정말 많
은 것을 배웠던 것을 생각하면 어리석은 행동이었다. 슈마허와 도로
시 데이, 피터 모린, 제레미 리프킨 그리고 생태적 감수성 등 지금 내
마음속에 분명한 자리를 차지하고 있는 이름들과 사상들을 사실 나는

307

쵤레의 이 책을 통해 처음 접했다. 그리고 쵤레가 글 쓰는 방식, 마음을 다한 듯한 애정 가득하고 솔직하고 소박한 문체를 좋아했고, 쵤레처럼 글을 쓰고 싶다고 생각했다. 그 생각은 지금도 변함이 없다. 나로서는 평생 마음에 담아 두고 있는 책이다. 절판이 된 지 오래라 재판이 나오지 않느냐는 질문을 여러 차례 받았는데 나도 무척 아쉬웠다. 이번에 분도출판사의 배려로 다시 출간되어 매우 기쁘고 감사하다.

유니언 신학교에서 저자가 했던 강의를 토대로 이 책의 영어 초판이 나온 시점은 1984년이었다. 1985년에 독일어 번역본이 나왔고, 1988년 1차 독일어 개정판이 나왔으며, 쵤레가 죽기 5년 전인 1998년 2차 독일어 개정판이 나왔다. 이번 한국어 번역본은 1998년의 독일어 최종 개정판에 근거한 것이다. 초판에 비해 책의 구성도 달라졌고, 특히 1990년대 사회경제 상황에 대한 저자의 인식이 반영되어 곳곳에 삭제하거나 새롭게 첨가한 부분이 있다. 최종 개정판이 나온 지도 20년이 지났지만, 지금 읽어도 시대에 뒤떨어졌다는 느낌이 들지 않는다. 번역은 처음부터 새로 했고, 몇 군데 예전 번역의 오류도 발견해서 고쳤다. 출간된 지 30년도 더 지난 이 책은 처음 읽었을 때와 다름없이 지금도 역시 좋다. 독자들의 공감을 기대한다.

2018년 겨울
박경미